리더십 101

Michael D. Mumford 엮음 | 김정희 옮김

Σ 시그마프레스

리더십 101

발행일 | 2011년 6월 20일 1쇄 발행

편집자 | Michael D. Mumford
역자 | 김정희
발행인 | 강학경
발행처 | (주)시그마프레스
편집 | 이미수
교정·교열 | 조현주

등록번호 | 제10-2642호
주소 | 서울특별시 마포구 성산동 210-13 한성빌딩 5층
전자우편 | sigma@spress.co.kr
홈페이지 | http://www.sigmapress.co.kr
전화 | (02)323-4845~7(영업부), (02)323-0658~9(편집부)
팩스 | (02)323-4197

ISBN | 978-89-5832-920-6

＊ 책값은 뒤표지에 있습니다.

우리는 오클라호마대학교 산업과 조직 심리학 대학원 프로그램에
리더십 101을 헌정하고자 한다. 이 책이 출판될 수 있도록
지지해 준 모든 사람들에게 감사를 전한다.

 **역자 서문**

리더십이란 정치나 종교 혹은 경영과 관련한 분야에만 관련되고 또한 소수의 특정한 사람만 가지고 태어나는 특성이라고 생각했다. 그래서 리더십은 종교지도자나 정치가 혹은 기업 경영자에게만 필요한 것이라고 생각했다. 그런데 Sternberg의 창의성 '추진력 이론'을 접하면서 리더십에 대한 생각을 달리하게 되었다. 그는 창의적인 산출물이 나오는 방식을 약 여덟 가지로 설명하고 있으며 여기에는 방향이 있고 의지와 에너지가 포함되어 있다. 나는 창의적인 산출물이 나오는 과정 속에서 바로 리더십이 필요하다고 생각하게 되었다. 특히 어떤 사람이 좋은 아이디어를 가지고 있어도 결과적으로 꽃을 피우지 못하는 이유들 중 하나가 리더십의 부족이 아닌가 생각하게 된 것이다. 다시 말해서 개인 내적인 리더십의 부족이나 외부 환경과 관련한 리더십의 부족 때문에 창의적인 산출물이 발현되지 않을 수 있겠다고 생각하고 막연하게 리더십에 관심을 가지기 시작했다(Sternberg의 추진력 이론에 관심이 있는 사람들은 『창의성 101』이나 『지혜 지능 그리고 창의성의 종합』을 보시오). 하지만 나는 리더십은 경영학 분야에서 주로 다룬다고 생각하고만 있어서 거리를 두고 있었다. 그런데 'Psych 101 Series' 중의 한 권인 『Leadership 101』을

접하게 되었다. 이 책은 리더십의 이론과 실제를 두 가지 관점, 즉 경영학적 측면과 심리학적 측면에서 다루고 있어서 쉽게 다가갈 수 있었으며 이 책을 통해 그동안 내가 리더십에 대해 가지고 있던 편견과 오해를 풀 수 있었다. 내가 그러했듯이 이 책을 읽는 독자들도 이 책을 읽으면서 외부로 향한 자신의 리더십뿐만 아니라 자신 내부로 향한 리더십도 확인하는 시간을 가지길 바란다.

이 책이 나오기까지 수고해 주신 (주)시그마프레스 편집부에 감사의 말을 전하고 싶다. 그리고 내 동생 김학수에게 고마움을 전한다. 그는 학부와 대학원에서 경영학을 전공하고 GM대우에서 근무하고 있으며 이 책이 나오기까지 경영학적 관점에서의 용어 선택 등 여러 가지로 도움을 주었다.

김정희
홍익대학교 교육대학원
2011년 6월

편집자 서문

리더십은 여러 다양한 학문 영역과 연구 수준에 걸쳐 많은 관심을 받아온 주제이다. 그중에서도 정치학, 경영학, 철학, 역사 그리고 심리학은 이 중요한 현상을 이해하기 위한 독특한 접근을 한다. 리더십은 거의 모든 사람들이 리더의 영향을 받거나 자신이 리더가 되어 있거나 혹은 리더십의 결과가 특히 중요하기 때문에 인기 있는 연구 주제이다. 이 책에서 우리는 리더십에 관심이 있는 사람들이 리더와 리더십에 대하여 일반적으로 생각하고 있는 수준 이상의 이해를 할 수 있도록 돕기를 기대한다. 이에 따라 이 책은 리더십에 대한 초보 학자들이나 리더십에 대한 최근의 동향에 대하여 살펴보고자 하는 사람들을 위해 쓰였다. 리더십에 대한 학문적인 접근에 익숙하지 않은 중등 및 대학 교육에 종사하는 사람들이나 리더십과 관련 있는 주제를 연구하면서 리더십에 관한 포괄적인 연구결과들을 살펴보고 싶어 하는 사람들은 이 책을 통해 도움을 얻을 수 있을 것이다.

많은 사람들이 리더십에 대하여 알고 싶어 하기 때문에 우리는 사람들이 더 심도 깊은 연구를 계속할 수 있도록 하기 위해 로드맵을 제시하려고 노력했다. 그런 과정 속에서 우리는 리더십이란 무엇인가 그리고 리더십에 대한 일반적인 가정들에 대하여 설명함으로써 초보 리더십 학자들이 그것을 기반으로 그들의 리더십 개념에 대한 이해를 쌓아갈 수 있도록 했다. 독자들이 사실과 허구를 구분하고 가정과 실증적 증거를 구분할 수 있도록 하기 위하여 우리는 심리학적 관점과 경영학적 관점에서 이 정보를 제시하고 관련된 리더십 주제에 대한 연구들을 사용한다. 이 책을 읽은 독자들은 리더십이 무엇인지, 더 넓은 사회적 시스템 속에서 그것이 어떻게 작동하는지 그리고 그것의 중요한 원인과 결과들을 이해할 수 있을 것이다.

이 책은 개론서의 성격을 가지고 있기 때문에 우리는 사람들이 구체적인 리더십 주제들에 대한 일반적인 이해를 할 수 있는 방식으로 리더십 주제들을 기술한다. 그들이 그 이상을 원한다면 특별한 영역들에 대하여 더 깊이 파고들 수 있을 것이다. 어떤 주제(예 : 리더십 특성들)에 대한 일반적인 정보를 살펴보는 것 외에 우리는 또한 현실 세계의 조직들 속에서 왜 그것이 중요하게 고려되어야 하는가와 함께 그 주제에 대한 중요한 연구결과들을 살펴본다. 우리는 연구와 적용 모두에 초점을 두는 것이 중요하다고 생각하며 그렇게 함으로써 독자들이 리더십에 대해 우리가 알고 있는 것을 어떻게 아는가뿐만 아니라, 이 주제들을 연구하기 위해 시간을 보내는 것이 왜 중요한지 그리고 우리가 발견한 것들을 가지고 무엇을 할 수 있는지를 이해할 수 있을 것이다.

이 책은 전체적으로 세 부분으로 구성되어 있다. 처음 세 개 장은 중요한 개론적인 정보를 제공하고 그 다음 네 개 장들은 구체적인 리더십 주제들에 초점을 맞추고, 마지막 장에서는 리더십 연구의 미래를 엿본다. 각 장에서 우리는 제시한 개념들을 자세하게 설명하기 위해 현실 세계의 많은 예들을 제공했다. 그밖에 각 장 마지막에는 핵심용어, 복습 문제, 더 읽을거리, 그 정보에 대한 더 많은 이해를 돕기 위한 개인 활동과 집단 활동이 포함되어 있다.

제1장에서는 리더십을 정의하는 방식을 살펴보고 리더십 연구 접근들을 연대순으로 그 개요를 살펴본다. 제2장에서는 리더십에 대한 많은 가정들과 리더십에 대한 논의에서 나타나는 중요한 질문 몇 가지를 구체적으로 논의한다. 이 질문들에 대한 상황을 제공하고 이 가정들을 논의하는 것은 초보 학자들이 더 깊은 수준에서 리더십을 이해하도록 하기 위해서 중요하다. 제3장에서는 연구 방법과 관련한 중요한 정보에 대하여 간략하게 설명한다. 이 책에서 우리는 전반적으로 중요한 리더십 연구를 살펴보기 때문에 독자들이 리더십 연구가 어떻게 수행되는가에 대해 전반적으로 이해하는 것이 매우 중요하다. 제4장에서 제7장까지는 리더십 연구에 대한 특별한 영역들에 초점을 맞춘다. 제4장에서는 리더 특성, 기술 그리고 행동, 제5장에서는 부하들과 상황적 요인들, 제6장에서는 리더들의 사고방식, 제7장에서는 특출한 리더십을 다룬다. 마지막으로 제8장에서는 리더십 연구에서 나타나고 있는 중요한 주제 몇 가지를 살펴본다.

리더십은 매우 중요한 주제이다. 이 책을 통하여 독자들이 리더십에 대하여 알고 싶어 하는 질문들에 대한 답을 얻기를 기대하며 또한 이 책이 더 많은 탐구를 위한 로드맵이 되어서 새로운 의문들을 지속적으로 제기할 수 있기를 바란다.

Michael D. Mumford, PhD
오클라호마대학교 심리학과

차례

chapter 1
리더십 연구의 역사

chapter 2
리더십 연구에 대한 관점

리더십 연구 방법

리더의 특성, 기술, 행동

부하들과 상황적 요인들

리더들은 어떻게 생각을 하는가

뛰어난 리더십

앞으로의 방향

리더십 101

1

리더십 연구의 역사

- Tamara L. Friedrich -

복종하는 것을 배우지 못한 사람은 좋은 지휘관이 될 수 없다.

– 아리스토텔레스(Aristotle)

새로운 질서의 도입에 앞장서는 것보다 더 시도하기 어렵고 실행하기 험난하고 성공하기 힘든 것은 없다.

– 니콜로 마키아벨리(Niccolo Machiavelli)

리더십은 수세기 동안 초보자와 유명한 학자 모두의 주목을 받아 온 주제이다. 아리스토텔레스의 『정치학(Politics)』(기원전 350)과 마키아벨리의 『군주론(The Prince)』(1532)에 나타나 있듯이 그것은 오늘날과 마찬가지로 유명한·역사적인 학자들 사이에서도 인기 있는 주제였다. 어떤 연구 주제들은 일부 사람들에게만 영향을 줄 수 있는 데 반해 거의 모든 사람들이 그들의 일생의 어느 지점에선가는 리더와 리더십에 노출된다. 리더십이 이렇게 지속적인 관심을 받는 이유는 분명 그에 대한 질문들이 많기 때문이며, 당신 역시 질문이 있어서 이 책을 만나게 되었을 것이다. 더 쉽게 리더가 되는 사람들이 있는가, 나는 어떻게 하면 더 훌륭한 리더가 될 수 있을까 혹은 더 일반적으로, 정확하게 리더십이란 무엇인가? 리더십 연구자들은 이런 질문들과 함께 다른 많은 질문들을 연구해 왔으며, 우리는 당신이 다음 장들을 읽어나가면서 당신의 질문에 대한 답을 찾기를 바란다. 우리는 또한 리더십이란 주제에 대하여 더 많은 질문과 비판적 사고를 할 수 있기를 기대한다.

이 책의 형식을 말하면 처음 세 장에 걸쳐 리더십 연구에 필요한 배경 지식에 대하여 우선 설명할 것이다. 구체적으로 우리는 리더십 이론들의 역사, 리더십에 대한 과거의 가정들과 이 가정들이 연구에서 다루어진 방식, 리더십을 연구하기 위해 리더십 연구자들이 사용한 일반적인 방법들에 초점을 맞출 것이다. 그 다음에는 리더십 연구에 관해 출현하고 있는 몇 가지 핵심적인 주제들로 초점을 옮길 것이다. 그리고 마지막 제8장에서는 리더십 연구의 미래를 전망해 볼 것이다. 각 장에는 사례 연구들, 중요한 연구에서 얻은 정보들, 현실 세계 리더들의 전기와 연설, 논의 질문들, 각 장에서 논의된 내용을 보충하는 활동들이 포함되어 있다. 그밖에 각 장의 중요한 개념들은 쉽게 이해할 수 있도록 하기 위해 상자글로 따로 뜻을 정리해 두었으며, 장 말미에는 더 읽을거리를 소개했다.

리더십 연구는 인기가 있다는 점을 제쳐두고라도 중대한 함의를 가지고 있기 때문에 중요하다. 최근 몇 년간 잘못된 리더십이 극적인 반향을 일으킨다는 것이 분명해졌다. 비윤리적인 Enron 사 리더들의 행동이나 태풍 카트리나 이후 사람들의 머뭇거리는 반응의 결과를 생각해 보라. 리더들은 더 큰 책임을 갖고 더 눈에 띄는 지위에 있기 때문에 리더의 행동은 조직 내 다른 사람들의 행동보다 종종 더 큰 무게를 가지고 있다. 리더들은 방향을 정하고, 계획을 세우고, 부하들에게 적절한(혹은 부적절한) 행동 방식을 보여 줄 수 있는 사람들이다. 그들은 책임과 의무를 가지고 있고 중요한 결정을 내려야만 하는 사람이다. 따라서 성공적인 혹은 성공적이지 못한 리더들의 성격과 행동을 이해하는 것은 훌륭한 리더십을 확인하고 고취하며 잘못될 수 있는 리더십을 예방하기 위한 기초를 제공할 수 있다. 더 기본적인 수준에서 우리들은 리더십 연구자들의 연구결과들을 우리가 리더이든 부하이든 관계없이 우리 자신의 삶에 적용할 수 있다.

리더십 연구들을 살펴보기 위해 우리는 여기에서 리더십 연구의 역사를 살펴보는 것으로 시작한다. 이 장의 몇 가지 중요한 학습 목표를 제시하면 다음과 같다.

학습 목표

- 리더십 연구자들이 당면하는 질문들을 이해한다.
- 리더십을 정의할 수 있는 여러 가지 방법을 이해한다.
- 시대에 따른 연구 초점의 변화를 이해한다.
- 리더십 연구의 적용을 이해한다.

리더십 정의하기

앞에서 언급했듯이 리더십은 심리학, 경영학, 역사, 정치학을 포함한 많은 영역에서 연구자들의 관심을 받아왔다. 그러나 한 연구 영역으로서의 리더십은 20세기가 될 때까지는 실제로 존재하지 않았으며, 20세기 후반에 이르러서야 장족의 발전을 하게 된다. 그 기간이 상대적으로 짧게 보일지 몰라도 이 짧은 기간 동안에 의미 있는 진전을 이루었다. 리더십에 대한 질문은 흥미진진하며 이 분야에 대한 관심은 빠른 속도로 증가하고 있다. 아직 동의된 바는 없지만 첫 번째로 가장 자주 받는 질문은 리더십이란 무엇인가이다. 이제 여러 가지 리더십에 대한 정의를 살펴보자.

리더십은 많은 방식으로 정의되었다. 살아오면서 많은 리더들을 만났을 것이기 때문에 당신은 리더십이 무엇인가에 대한 분명한 생각을 가지고 있다고 믿기가 쉽다. 하지만 이것을 생각해 보라. 우리는 미국의 대통령이 리더라는 데에 아마도 모두 동의할 것이다. 하지만 당신의 선생님이나 교수를 리더로 생각하는가? 매니저는? 리더와 매니저는 다른가? 공식적인 리더십을 가지고 있지 않은 사람이 리더십을 발휘할 수 있는가? 한 사람 이상이 리더십 역할을 이행할 수 있는가? 분명 리더십의 개념은 꽤 복잡하고 리더십에 대한 질문은 몇 가지로 나눌 수 있다.

리더십을 정의할 때 요구되는 주요 질문은 사람, 역할 혹은 과정 중에서 리더십을 무엇으로 정의할 것인가이다. 리더십을 정의하라는 요구를 받는다면 당신은 특정한 성격을 보여 주는 사람을 우선적으로 생각하는가? 아니면 당신이 한 구성원으로 있는 한 조직 속의 지위를 생각하는가?

혹은 매니저와 부하를 바꾸면 어떻게 될까라고 생각하는가? **사람 중심의 리더십 정의**person-focused definition of leadership는 한 사람을 리더로 확인할 수 있는 특성이나 기술들을 명시할 것이다. **역할 중심의 리더십 정의**role-focused definition of leadership는 리더들이 그들의 일을 하기 위해 해야만 하는 행동이나 활동에 초점을 맞출 것이다. 사람에 초점을 맞추는 것과 역할에 초점을 맞추는 것이 비슷하게 보일 수 있을 것이다. 하지만 리더십을 역할로 정의하면 한 사람 이상에 의해 리더십이 공유될 수 있다는 생각이 가능하다. 마지막으로, **과정 중심의 리더십 정의**process-focused definition of leadership는 역할에 관계없이 리더가 부하들과 상호작용하는 방식에 초점을 둔다.

리더십에 대해 답을 찾으려는 연구자들의 질문은 직접적으로 어떻게 정의를 내리느냐 하는 것과 관련이 있다. 예를 들어, 사람 중심의 관점을 가지면 어떤 유형의 사람이 리더가 될 것인가, 누가 리더로서 더 성공할 것인가, 리더는 어떤 인지 과정 혹은 의사결정 과정을 거치는가 등의 질문을 하게 될 것이다. 역할 중심 정의는 리더십 지위에 있는 사람이 하는 행동, 그 역할의 요소들이 공유될 수 있는 것인가 혹은 관리 역할과 리더십 역할 간에는 차이가 있는가와 관련된 질문들을 이끌어 낼 것이다. 마지막으로 과정 접근에서는 리더와 부하 간의 관계 혹은 리더십의 과정이 상황의 변화에 의해 영향을 받는가와 관련된 질문들이 나타날 것이다. 이 책에서 우리는 세 가지 개념들을 모두 아우를 수

> **사람 중심의 리더십** 어떤 사람을 리더로 만들어 주는 특성이나 기술로 리더십을 정의하는 방식
>
> **역할 중심의 리더십** 어떤 사람이 리더의 역할을 할 때 나타나는 행동이나 활동으로 리더십을 정의하는 방식
>
> **과정 중심의 리더십** 사람들 간에 일어나는 영향력 과정으로 리더십을 정의하는 방식

있는 일반적인 개념으로 리더십을 정의할 것이다. **리더십**leadership은 공동 목표를 향한 다른 사람들에 대한 영향력이다.

리더십을 정의하는 것 외에 우리가 리더십을 논의할 때, 특히 리더십 연구를 논의할 때 사용되는 몇 가지 용어들을 정의하는 것 역시 중요하다. 리더의 영향력을 받는 사람들은 부하, 하급자, 지지자 등 여러 명칭으로 불린다. 이 책에서 우리는 이러한 용어들 중에서 가장 일반적인 '부하'라는 단어를 사용할 것이다. **부하**follower란 리더가 공동 목표를 달성하기 위해 발휘하는 영향력을 받는 사람이다. 두 번째로 중요한 용어는 이미 몇 차례 사용된 **영향력**influence이다. Yukl(2006)에 의하면, 다른 사람에게 영향을 미친다는 것은 어떤 주어진 목표를 달성하기 위해 다른 사람의 동기나 지각을 각성시키는 것이다. 영향력을 행사하는 많은 방법이 있으며 이 구체적인 방법들은 제5장에서 살펴볼 것이다. 리더십과 함께 혹은 리더십 대신에 자주 사용되는 또 다른 용어가 **세력**power이다. 리더가 가지고 있는 많은 다른 유형의 세력이 있지만(제5장 참조) 우리는 다른 사람들에게 영향을 미치는 능력이나 잠재력이라는 Northouse(2007)에 의한 세력의 정의를 사용한다. 세력과 영향력의 개념들은 리더십의 관계와 상황 이론들에 초점을 맞춘 제5장에서 상세하게 논의될 것이다.

마지막으로, 우리가 다루어야만 하는 중요한 한 가지는 리더십과 관리

리더십 공동 목표를 향한 다른 사람들에 대한 영향력

부하 리더가 공동 목표를 달성하기 위해 발휘하는 영향력을 받는 사람들

영향력 주어진 목표를 달성하기 위해 다른 사람의 동기나 지각을 각성시키는 것

세력 다른 사람의 행동이나 태도에 영향을 미치는 한 사람의 능력

management를 구별하는 것이다 — 두 용어는 종종 같은 뜻으로 사용된다. 2008년 공화당 대통령 예비선거에서 John McCain 상원의원은 몇몇 연설에서 미국은 "경영자가 아니라 리더를 필요로 했다."라고 지적했다. 그는 Mitt Romney 주지사가 자신이 주지사로서 그리고 비즈니스 리더로서 가졌던 경영자 역할executive roles이 국가의 최고 수반으로 일하는 데 도움이 될 것이라고 주장하는 것에 반대하고 있었다. McCain 상원의원은 리더에 고정관념적으로 더 연관된 긍정적인 성질들 — 영감, 동기, 위기관리 — 을 연상시키고, 경영자의 이미지를 더 낮게 평가하고자 했던 것으로 보인다. 하지만 실제로 리더와 경영자 사이에 현저한 차이가 있는가?

Yukl(2006)이 지적했듯이 리더가 경영자 역할을 하지 않을 수도 있고 경영자가 리더 역할을 하지 않을 수도 있지만 둘 사이에는 일부 사람들이 생각하는 것보다 중복되는 부분이 훨씬 더 많다. 이 가정은 제2장에서 훨씬 더 상세하게 논의될 것이기 때문에 지금은 이 두 가지 제목의 연구들이 일반적으로 차이점에 초점을 두고 있다는 것을 지적하는 것이 중요하다. 리더와 경영자 간의 차이점으로 책 한 권을 쓴 Kotter(1990)에 의하면, 이 둘의 차이는 그것의 결과로 설명될 수 있다. 그는 경영은 조직, 구성, 분명한 문제 해결, 실행을 목적으로 하는 반면에 리더십은 비전이나 목표를 소통함으로써 변화를 시도하고 다른 사람들을 고무하여 실행하도록 하는 것에 더 초점을 둔다. 그렇지만 경영자들이 하는 많은 행동들이 또한 리더들이 맡는 일들이라는 것을 쉽게 알 수 있으며 그 반대도 마찬가지다.

리더십 연구 접근들

앞에서 이미 언급했듯이, 리더십은 수백 년간 연구되어 왔다. 하지만 초기 연구는 일반적인 관찰과 자기 자신의 경험을 논의하는 것에 더 초점을 맞추었다. 예를 들어, 몇몇 학자들은 리더들의 흥망성쇠를 기록하거나 리더들이 어떻게 통치해야 하는가에 대한 그들의 이론들을 기록했다. 가장 유명한 예가 마키아벨리의 『군주론』이며, 그 책에는 야망을 가진 군주가 리더십을 획득할 수 있는 방법, 이미 세력을 가지고 있는 군주가 효과적으로 통치할 수 있는 방법 등이 설명되어 있다. 그밖에도 리더들의 생애는 과거의 리더들로부터 배우려고 하는 미래의 리더들을 위해 수세기 동안 기록되어 왔다. 종교적인 기록들도 효과적인 리더십에 대한 관찰과 지도의 자원이 된다. 리더십에 대한 마키아벨리의 초기 연구는 매우 중요하며 종종 후속 연구를 위한 기초로 사용된다. 하지만 여러분이 지금 읽고 있는 이 책은 약 50년 전에 본격적으로 시작된 과학적인 리더십 연구에 기초를 둔 최근 연구에 초점을 두고 있다.

지난 약 50년에 걸쳐서 연구자들이 리더십의 많은 문제들에 대한 답을 찾으려고 애쓰는 과정에서 이 문제들에 접근하는 방식에 몇 가지 광범위한 변화들이 일어났다. 20세기 초의 리더십 학자들은 다른 사람들과 구별되는 리더들만의 특성이나 특징을 찾는 데 관심이 있었다. 하지만 결론적인 연구결과가 부족했기 때문에 연구자들은 리더가 보여 주는 행동에는 어떤 차이가 있는지 그리고 그들이 어떤 상황에서 어떤 행동을 하는가에 더 초점을 맞추기 시작했다. 하지만 리더십에는 리더 행동 이상의 것이 있다는 것이 분명해졌으며, 학자들은 관계의 역동성과 상황의 역동성,

특히 리더와 부하 간의 관계를 이해하려고 노력하게 되었다. 최근에 리더십 분야는 리더의 의사결정 형태와 뛰어난 리더십과 일반적인 리더십에 어떤 차이점이 있는가에 더 초점을 맞추고 있다. 지금까지 연구되어 온 몇 가지 리더십 연구 주제들에 대하여 탐구하고 난 후에 마지막 장에서 우리는 미래 학자들이 초점을 두게 될 몇 가지 영역들을 논의할 것이다. 그림 1.1은 리더십 연구의 초점이 변해 온 모습을 연대기적으로 보여 주고 있다. 이 장에서 우리는 리더십 연구에 대한 이러한 접근들을 간단하게 살펴볼 것이고, 다른 장들에서는 각 접근에 대해 상세하게 논의될 것이다. 비록 우리가 이 접근들에 해당하는 시대에 따라 논의하고 있지만, 한 가지 특별한 접근이 그 시대에 사용된 유일한 접근은 아니라는 것을 주지하는 것이 중요하다. 사실 이 접근들은 시대에 관계없이 연구자들에 의해 모두 사용되어 왔는데 우리는 각 시대의 가장 대표적인 접근에 대하

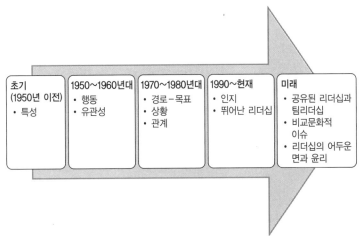

그림 1.1 리더십 연구의 시대적 변화

여 논의할 것이다.

초기 : 1950년 이전

특성 접근

정보화 시대가 시작되기 전에 리더의 자리에 있는 사람들의 실수나 위반을 노출하는 한입소리sound bite[1]의 맹공과 함께 리더십에 대한 생각은 매우 낭만적으로 묘사되었다. 리더들은 일반인들과 구별되는 예외적인 성질을 지닌 비범한 사람들이었다. 더 구체적으로 말하면, 사람을 리더로 만드는 특징이나 특성이 있다고 생각되었다. 이 접근에는 리더의 특성에 대해 전반적으로 긍정적인 생각이 박혀 있었다. 따라서 초기 리더십 연구자들은 이 예외적인 특성들을 확인하려고 했다. 적용된 이론들은 리더십에 긍정적으로 접근했기 때문에 종종 위인great man이론이라고 불렸다.

이 접근을 사용한 연구들은 소위 말하는 특성 접근을 사용했으며, 그것은 리더들을 구별해 내는 개인적인 속성들을 확인하는 데 초점을 두었다. 이런 특성들이 그 사람을 리더가 되게 해 주거나 이 특성들을 가지고 있지 않은 사람들보다 더 효과적인 리더가 되게 해 준다고 믿었다. 예를 들어, 특성 접근을 사용한 초기의 연구 조사에서 Stogdill(1948)은 집단의 리더는 지능, 각성, 사회성, 자신감과 같은 특성에 있어서 집단 구성원들과 다르다는 것을 발견했다. 다른 연구들은 이 특성들이 실제로 리더십에 영향을 미치는 데에 관계되는 상황적 요인들과 함께, 여타의 특성들을 확인했다. 하지만 전통적인 특성 접근은 리더에게만 초점을 맞춘다 ─ 이 점을 어떤 사람들은 이 접근의 약점으로 본다. 이런 약점이 인식되고, 초기 특성 연구들의 연구결과에서 일치되는 결론을 얻을 수 없었기 때문에 리더십 연구자들의 초점이 특성 접근에서 점차적으로 이동하게 되었다. 연구결과와 강점, 약점, 적용을 포함한 특성 접근에 대한 더 상세한 논의 는 제4장에서 찾아볼 수 있다.

1950년대~1960년대

행동 접근

초기 특성 연구들에서 나타난 불충분한 연구결과에 대해 좌절한 후에 리 더십 연구자들은 리더들의 개인적인 특성보다는 그들의 행동에 대한 평 가로 방향을 돌렸다. 예를 들어, 한 리더의 성격 특성이 그가 리더로서 성 공할 것인가를 예측하는 연구 대신에 행동 접근을 선택한 연구자는 그 리 더가 그의 부하들과 함께 어떤 목표 설정 행동을 하는가 그리고 그 행동 들이 바라던 결과를 이끌어 내는가에 대해 관심을 가질 수 있다. 오하이 오주립대학교와 미시간대학교에서는 이 시기에 행동 접근의 기반으로 간주되는 중요한 행동주의 연구들이 수행되었다.

　오하이오주립대학교의 연구자들은 사람들에게 그들의 상급자의 행동 에 대한 설문 조사를 실시했다. 연구자들은 이를 통해 리더의 행동이 크게 두 가지로 분류되는 것을 발견했다 — 구조 주도와 관련한 행동(예 : 나의 상사는 부하들에게 특별한 업무를 배정한다), 배려와 관련한 행동(예 : 나 의 상사는 부하들을 동등하게 대우한다)(Fleishman, 1953). 미시간대학 교의 연구자들은 리더 행동을 평가하기 위해 현실세계 리더들을 인터뷰 하고 설문조사를 했으며, 그들은 이 행동들과 효과적인 리더십의 집단수준 지표(예 : 집단 생산성)의 관계를 조사했다. 그들은 세 가지 행동 유형 — 과제 지향 행동, 관계 지향 행동, 참여적인 리더십 행동 — 을 기초로 해서 효과적인 혹은 비효과적인 리더로 분류할 수 있다는 것을 발견했다(Katz, Maccoby, Gurin, & Floor, 1951; Likert, 1967). 그들의 연구 결과들이 비판을 받기는 했지만, '과제 지향' 혹은 '구조 주도'와 '관계 지향' 혹은 '배려'의 일반적인 분류는 오늘날까지 리더십 연구에서 사용되고 있다.

제4장에서 더 상세하게 논의되는 이 두 가지 초기 연구에 뒤이어, 행동 접근은 많은 인기를 얻었지만 리더 행동을 너무 많은 종류로 분류한다는 비판을 받기도 했다. 그밖에 많은 연구들이 리더의 행동에 대하여 부하들이 관찰한 것에 대해서 반응하도록 하는 것에 의존했다. 이 접근은 리더의 행동에 대해 보고하는 사람들이 리더가 하는 모든 행동을 목격하고 있다고 가정한다는 제한점을 가지고 있다. 나아가 행동 접근의 많은 연구들은 바라는 결과에 대한 리더 행동의 효과 예측을 일반화했다. 연구자들이 특성 접근을 활용한 것과 비슷하게 부하들의 동기와 같은 다른 변인들의 영향력이 행동 접근을 사용하는 연구자들에 의해 종종 고려되지 않았다. 따라서 리더십 학자들은 특정한 성향을 가지고 있거나 특정 유형의 행동을 하는 리더들의 성공이 다른 변인들의 여하에 달려있는 것이 아닐까 하고 의심하기 시작했다. 이렇게 해서 리더십 위상에서 상황적 변인들을 더 많이 고려하는 연구 방향으로 이동하게 되었으며, 그 첫 번째가 유관성 접근이다.

유관성 접근

리더십 연구에서 상황적 변인들을 고려하려는 첫 번째 노력은 LPC 유관성 모델(Fiedler, 1967)이라고 부르는 리더십 모델에 의해 시도되었다. Fielder는 한 집단의 궁극적인 생산성을 예측하는 데에 LPC 유관성 모델을 사용하여 리더의 동기적 경향성과 상황 특성 간의 상호작용을 탐색하려고 했다. 리더의 동기적 경향성은 가장 함께 일하기 힘들었던 동료나 가장 덜 선호하는 동료(least preferred co-worker, LPC)에 대해 질문함으로써 결정되었다. 그들의 LPC 점수에 기초해서 과제 동기 혹은 관계 동기로 리더의 동기를 분류했다(지금까지 우리가 공부한 어떤 다른 접근이 생각나는가?). Fiedler와 그의 동료들은 이후 리더의 상황을 리더-구성원 관계, 리더의 힘 있는 지위, 그 집단의 과제 구성 수준에 기초해서 분류했다. 그들은 LPC 점수가 높은 리더나 점수가 낮은 리더가 상황의 유형에 더 잘 들어맞는다는 것을 발견했다(예 : 좋은 리더-구성원 관계, 구조화된 과제, 강한 힘 있는 지위). 즉 그들은 상황이 어떤 리더 특성이나 행동이 더 적절한가에 영향을 미칠 수 있다는 것을 발견했다.

이 접근의 강점과 약점에 대해서는 제5장에서 상세하게 논의될 것이다. 하지만 간단히 단점을 언급하자면 유관성 접근은 어떻게 혹은 왜에 대한 설명이 없다는 것이다. 비록 어떤 리더 특성과 집단 수행 간에 유의미한 관계가 발견되었어도 우리는 이 효과의 기제를 이해하지 못한다. 예를 들어, LPC 척도에서 높은 점수를 받은 리더가 리더-구성원 관계가 좋지 않은 상황에서 왜 더 좋은가에 대한 이유를 여전히 알지 못하는 것이다. 그 후에 리더십 연구자들의 초점은 그 상황을 고려하는 유관성 접근 방법으로 확장하려는 시도를 했지만, 여전히 어떻게 그리고 왜에 대한 질문에 대한 답을 얻으려고 노력 중이다.

1970년대~1980년대

경로-목표 접근

기억하겠지만 리더십은 집단 목표를 위한 다른 사람들에 대한 영향력으로 정의된다. 경로-목표 리더십 이론은 리더가 주어진 상황에 어떻게 반응하고 그 집단 목표를 향한 부하들의 경로에 어떻게 영향을 미치는가에 대해 설명함으로써 유관성 이론을 확장시킨다. 구체적으로 말하면 경로란 부하들의 직무 만족과 수행이다. House(1971), House와 Mitchell (1974)은 상황과 부하의 동기적 욕구에 따라 수행과 만족을 최대화하기 위하여 리더가 행동하는 유형을 지지적 리더십, 지시적 리더십, 참여적 리더십, 성취 지향적 리더십의 네 가지로 나누었다. 예를 들어, 특별히 스트레스가 많은 상황에서 리더는 부하가 그 과제를 달성할 수 있다고 믿게 하고, 따라서 불안을 감소시키고 수행과 만족을 증가시키도록 하는 지지적인 행동을 할 수 있다.

이 접근의 특히 중요한 공헌은 어떤 리더 행동이 다양한 유형의 상황에서 부하의 행동과 수행을 효과적으로 유지하거나 향상시키기 위해 효과적으로 작용하는 것을 알 수 있다면, 비슷한 상황에서 적절하게 반응하도록 리더들을 훈련시킬 수 있다는 것이다. 하지만 추후 연구들에서 일관성 있는 연구결과가 나타나지 않았다. 그 이유에 대해 어떤 연구자들은 리더 행동들은 독립적으로 고려해야 한다고 보았으며 각 리더는 한 가지 행동 유형으로 분류될 수 있다고 했다. 하지만 리더들은 여러 가지 유형들을 혼합해서 행동하는 것으로 보이며, 어떤 시점에 여러 행동들의 상호작용이 일어나기 때문에 그 작용을 해석하기가 더 어렵다. 이런 점들을 고려하여 Hersey와 Blanchard(1993)는 여러 상황들 속에서 두 가지 유형의 리더십 행동들 간 상호작용을 평가하는 상황적 리더십 이론을 제안했다.

상황적 접근

Hersey와 Blanchard(1993)의 상황적 리더십 이론의 전제는 상황이 다르면 요구되는 리더 행동의 결합도 달라져야 한다는 것이다. 구체적으로 그들은 지지적 리더십 행동과 지시적 리더십 행동이 부하의 발달 수준에 따라서 적절한 조합을 이루어야 한다고 제안했다. 경로-목표 이론은 지지적 행동과 지시적 행동을 독립적으로 보았고, 상황적 이론은 각 행동 유형의 수준에 따른 조합을 평가했다. 예를 들어, 지지적 행동 수준이 낮고 지시적 행동 수준이 낮은 리더는 위임형으로 간주되는 반면, 지지적 행동 수준이 낮고 지시적 행동 수준이 높은 리더는 지시형으로 간주된다. 위임형, 지시형, 코치형, 지지형은 네 가지 리더십 유형 중에서 어떤 유형이 적절한가는 부하의 발달 수준에 따라서 다르다.

이 이론의 핵심은 발달의 수준은 정적이지 않으며, 리더는 상황에 따라서 어떻게 행동할지 적절하게 조합할 줄 알아야 한다는 것이다. 유관성 이론 및 경로-목표 이론과 함께, 상황 이론은 리더들에게 여러 가지 리더십 유형을 언제, 어떻게 사용할 것인가를 가르칠 수 있기 때문에 리더

훈련 프로그램에 사용될 수 있다. 예를 들어, 코칭형은 지지적 행동과 지시적 행동 모두가 높으며 부하의 발달 범위가 중간 정도 — 어느 정도의 능력과 미미한 책임감 — 일 때 효과가 있다. 부하의 업무 헌신도를 높이기 위해서 정서적 지지를 하는 동시에 업무에 대한 부하의 부족한 경험을 보완하기 위해서 지시적 행동을 하도록 리더를 가르칠 수 있다. 비록 실천적 이론, 유관성 이론, 경로−목표 이론 그리고 상황적 이론 모두가 집단 상황(예 : 부하 집단의 발달 수준)에 어떻게 대응해야 하는가를 이야기하는 것으로 보인다는 비슷한 비판을 받고 있지만, 그 집단의 구성원들이 개인적으로 매우 다른 욕구를 가지고 있거나 다른 상황적 변인들을 제시할 수 있다. 리더십에 대한 관계 접근은 리더와 부하 한 명 간의 수준에서 상황을 설명하려고 한다.

관계 접근

리더십에 대한 관계 접근은 리더와 부하 간 일대일의 관계에 초점을 둔다. 이전의 리더십 연구에 대한 접근들은 전형적으로 리더가 모든 부하들을 같은 방식으로 대한다고 가정한 반면에, 쌍dyadic 접근은 리더와 부하 간 관계의 차이점을 연구한다. 당신이 속했던 집단의 상황을 생각해 보라. 리더가 모든 구성원들에게 동등한 관심을 보여 주었는가? 리더가 더 많은 책임을 부여하거나 더 도전적인 업무를 줌으로써 특정 구성원을 더 신뢰하는 것으로 보였는가? 어떤 구성원이 그 업무를 수행하기 위해 필요 이상으로 리더와 상호작용했는가? 이 교환 관계에 관련하여 수직적 쌍 이론vertical dyad theory이라고 불리던 이론이 바로 리더−멤버 교환leader-member exchange, LMX 이론이다.

LMX 이론의 기본 전제는 리더와 부하 간의 관계는 서로 주고받으면서 발달한다는 것이다. Graen과 Uhl-Bien(1995)은 교환 관계가 거치는 몇 가지 단계를 설명했다. 초기 관계에서는 리더와 부하 모두가 기술이나 자원과 같은 것을 포함하는 교환 관계에서 서로가 줄 수 있는 것을 사정한다. 기대치가 충족되거나 초과하면 그 교환 관계는 더 발달할 수 있다. 순수하게 형식적인 업무 요구의 교환에 기초한 그런 관계는 낮은 교환 혹은 외집단out-group 관계로 간주된다. 이 형식적인 요건을 넘어서는 관계로 발전하여 양자 간에 신뢰감이나 충성심이 생기면 높은 교환 관계 혹은 내집단in-group 관계로 간주된다. 마지막으로 어떤 관계는 성숙한 관계라고도 말하는 세 번째 단계로 발달할 수 있으며, 여기에는 서로에게 그리고 그 노력의 궁극적인 목표에 대한 동등한 헌신이 존재한다.

어떻게 다른 변인들이 리더와 부하 간에 형성된 다른 교환 관계와 관련되는가를 알아보기 위한 수백 개의 연구가 실시되었다. 예를 들어, 리더십 학자들은 부하와 리더의 관계 유형이 부하의 동기, 직무 만족, 직무 수행에 영향을 미치는가를 평가했다. 하지만 LMX 연구결과들은 종종 교환 관계의 측정에 관련된 비판에 시달렸다. 리더와 부하 간의 관계가 높거나 낮은 것을 결정하는 것이 무엇인지 그리고 내집단에 두 명의 부하들이 있을 경우 그들이 내집단인 이유가 같은지 혹은 다른지 구분하기가 어렵다는 것이다. 예를 들어 한 부하는 정규 업무시간 이상을 투자해서 집단 업무를 수행하기 때문에 높은 교환 관계를 가지는 데 반해서 다른 부하는 그 리더와 강한 대인관계를 가지고 있기 때문에 높은 교환 관계를 가지고 있을 수 있다. 둘 다 높은 교환 관계로 분류되지만 그들은 같은 결과를 나타낼 것인가? 이와 같은 질문들은 LMX 이론과 일반적인 관계 접근의 다른 강점과 약점들과 함께 제5장에서 논의될 것이다.

1990년대~현재

인지 접근

리더십 이해를 위한 인지 접근은 본질적으로 리더들이 어떻게 생각하고, 다른 사람들이 리더에 대해 어떻게 생각하고, 그들의 사고 과정이 특별한 상황(예 : 위기, 창의적인 문제)에서 어떻게 변하는가를 알아봄으로써 리더십을 이해하려고 하는 연구를 말한다. 여기에는 지능이나 문제 해결 기술과 같은 리더 혹은 부하의 인지적 자원에 대한 연구(이것은 특성 접근과 어느 정도 중첩된다), 계획, 문제 상황 평가, 사회적 상호작용 감시 혹은 미션이나 비전 개발과 같은 리더십 관련 행동의 인지적 단계에 대한 연구, 리더와 리더십 관련한 지각에 대한 연구 등이 있을 수 있다.

인지적 특성, 특히 일반적인 인지 능력 혹은 지능은 리더십 영역에서 수십 년간 연구되어 왔지만, 리더의 인지 능력과 관련한 이론의 개발에 특별히 초점을 두는 연구는 1980년대 말과 1990년대 초에 인지 자원 이론cognitive resources theory(Fiedler, 1986)이 개발될 때까지 나타나지 않았다. 이 이론은 리더가 겪는 스트레스가 의사결정을 할 때 그들의 인지적 자원 — 지능과 경험 — 을 활용하는 방식에 영향을 준다고 제안했다.

인지와 리더십에 관련한 두 번째 연구들은 암묵적 리더십 이론이다. 암묵적 리더십 이론은 리더는 누구인가, 효과적인 리더는 어떻게 수행하는가에 대해 사람들이 가지고 있는 암묵적 믿음이나 가정이 어떻게 리더십 과정에 관련되는가를 제안한다(Lord & Maher, 1991). 예를 들어, 리더의 행동에 대한 부하의 반응은 그 리더가 실제로 효과적으로 수행하고 있는가 하는 것보다는 성공적인 리더는 누구인가에 대한 그들의 지각 요인에 의한 영향을 받을 것이다. 당신이 가지고 있는 리더의 원형을 생각해 보라. 만일 효과적인 리더에 대한 당신의 정신적 이미지가 연단에서 부하들을 동기화시키는 카리스마가 있는 연설자라고 한다면, 궁극적인 팀 목표를 위해 다른 사람들에게 영향력을 미치고는 있지만 훌륭한 연설자가 아니라면 그 리더에 대해 더 비판적일 수 있다. 반면에 문제 해결과 의사결정이 리더십에 더 중요하다고 생각하는 부하는 그 리더를 더 높이 평가할 것이다.

최근에 리더십 학자들은 리더들이 전형적인 리더십 활동을 통해 발휘하는 인지적 단계를 이해하려고 노력한다. 예를 들어, 리더들이 창의적으로 문제를 해결하고(Mumford, Connelly, & Gaddis, 2003), 비전을 개발하고(Strange & Mumford, 2002), 위기에 대처하고(Mumford, Friedrich, Caughron, & Byrne, 2007), 계획하는(Marta, Lertiz, & Mumford, 2005) 과정에서 겪는 인지적 과정들을 관찰했다.

분명 리더의 복잡한 인지 과정을 이해하는 것은 쉽지 않은 과제이다. 하지만 대부분의 이런 노력들은 그 과정들을 평가하기 쉽게 만들어서, 특별한 영역(예 : 위기나 개혁) 내에서의 리더의 인지를 평가한다. 그래도 그 과정을 이해하는 것은 다른 변인들(예 : 직원들의 비난)이 리더십의 궁극적인 결과에 어떻게 영향을 미치는가를 정확하게 이해하는 데 중요하다. 예를 들어, 이전의 연구는 리더의 창의적인 사고 기술과 집단 수행 간에 상관 관계가 있다고 지적했다. 하지만 상관 관계에 대한 정확한 이유는 분명하지 않았다. 창의적으로 문제를 해결하는 과정에서의 리더의 인지 과정에 대한 더 많은 연구를 통해 어떤 지점에서 리더의 창의적 사고 기술이 가장 결정적인가 하는 더 자세한 관점을 제공하게 되었다(Mumford et al., 2003). 이미 인지와 리더십 연구에서의 상당한 예비 연구들이 실시되었지만, 앞으로는 이 영역의 연구가 의미 있게 확장될 것으로 보인다. 제6장에서는 리더 인지 이론에 대해 평가하고 나아가 그것의 함의, 강점과 단점에 대해서 살펴볼 것이다.

뛰어난 리더십

최근의 리더십 연구에서 우세한 마지막 접근은 뛰어난 혹은 예외적인 리더의 예에 초점을 맞추는 것이다. 20세기 전반에 개발된 위인 리더십 이론과 이것이 어떻게 다른 것인가 하고 당신은 자문할 것이다. 중요한 차이는 뛰어난 리더십이 모두 효과적이거나 좋다는 것이 아님에도 불구하고 위인 이론에서는 모든 리더십이 좋다고 가정된다는 점이다. 오히려 리더십이 뛰어나다는 것은 리더의 영향력이 긍정적인가 혹은 부정적인가와 상관없이 그 리더의 영향력의 크기를 의미한다. 예를 들어, 아돌프 히틀러가 세상에 대한 상당한 부정적인 영향을 미쳤지만, 그럼에도 불구하고 그의 영향력은 여전히 대단한 것이었으며 그를 뛰어난 리더라고 말할 수 있다는 것이다. 이전의 연구들은 뛰어난 리더십의 예들이 흔치 않았

고, 뛰어난 리더에 접근해서 연구하는 것이 어려웠기 때문에 뛰어난 리더
십에 대한 평가를 회피했을 것이다. 하지만 리더십 현상에 대해 완전하게
이해하기 위해서는 리더십의 가장 본보기가 되는 예들을 평가해야 한다.
또한 개인, 집단, 조직에 미치는 뛰어난 영향력을 가지고 있는 특별한 리
더들을 이해하는 것이 중요하다.

뛰어난 리더십에 대한 대부분의 연구는 특히 Bass와 Avolio(1990)의
변혁적 리더십에 대한 측정이 개발된 후에 발전하여 카리스마적 리더십
이론이나 변혁적 리더십 이론(Burns, 1978) 주위에서 맴돌았다. 카리스
마적 그리고 변혁적 리더십은 둘 다 리더의 비전을 정의하는 행동에 기초
한다. 그것은 리더가 부하들을 동기화하기 위해 사용하는 상당히 강력한
행동이다. 비전을 정의하는 행동이란 리더가 그의 부하들을 위해 비전 혹
은 바라는 성과를 정의 내리는 행동을 말한다. 큰 감동으로 비전을 전달
하는 리더의 모습은 상당히 힘이 있을 수 있으며, 변혁적 그리고 카리스
마적 리더십의 효과를 평가하려고 하는 이론들은 리더십 학자와 일반 대
중 모두의 인기를 쉽게 얻었다.

변혁적 리더(비전을 제시하고, 동기를 불러일으키고, 지적 자극을 주
고, 부하들에 대한 개인적인 배려를 하는 리더)와 거래적 리더(수행에 대
한 보상을 주고 결정적인 사례나 실수에 대해 특별한 대응을 하는 리더)
의 발달, 출현, 수행을 비교하여 평가하는 연구들이 지난 10~15년간 리
더십 연구를 주도했다. 하지만 이렇게 두 가지 리더십으로 분류하는 것에
는 어느 정도 제한점이 있는 것으로 나타났기 때문에 이 경향은 변하고
있다. Mumford(2006)가 지적하듯이, 반드시 변혁적이거나 카리스마적

이지 않으면서도 중요한 영향력을 행사하는 리더들이 있다.

빌 게이츠가 현대 세계에 미친 영향을 생각해 보라. 분명 그는 마이크로소프트 사를 운영하는 데 있어서 충분히 뛰어난 리더였다. 하지만 그는 특별히 카리스마적이지는 않았다. 따라서 Mumford(2006)는 세 가지 유형의 뛰어난 리더십인 카리스마적 리더십, 이념적 리더십 그리고 실용적 리더십을 제안한다. 뛰어난 리더의 이 세 가지 유형은 발달 형태, 그들이 세상을 보는 방식, 부하들과 상호작용하고 목표를 달성하기 위해 애쓰는 방식에서 차이가 있다. 예를 들어, 카리스마적 리더십과 이념적 리더십은 모두 비전을 기반으로 한다고 볼 수 있다. 하지만 카리스마적 리더는 이상적인 미래 지향적 비전을 가지고 있는 반면에 이념적 리더는 이상적인 과거 지향적 비전을 가지고 있다. 한편 실용적 리더의 행동은 좀 더 문제 해결 비전에 기초한다. 뛰어난 리더십에 대한 다른 이론들 속에서 이 분류법에서 설명하는 구체적인 차이점들은 제7장에서 더 논의될 것이다.

미래

이 연구자들이 리더십과 관련한 많은 문제들을 설명하기 위해 노력해 온 것은 분명하지만, 새로운 문제들이 없지 않다는 것 또한 분명히 알아야 한다. 조직이나 일의 성격이 시간에 따라 변하기 때문에 리더십의 성격도 변하고 설명해야 할 질문의 유형들도 변할 것이다. 예를 들어, 조직은 리더십 위계 수준의 수가 적어지면서 편평하게 되어가고 있다. 그외에 실무 팀의 사용은 더 활발해지고 있다. 이 두 가지 변화는 리더들로 구성된 집단이나 공유된 리더십의 사례에 대한 연구뿐만 아니라 집단과 팀의 리더십에 대한 연구의 발전을 필요로 할 것이다.

또한 세계화는 앞으로의 리더십 연구의 방향을 이끄는 결정적인 역할을 할 것이다. 여러 나라에서의 노동력을 비교하는 의미 있는 연구들이 있지만, 조직들이 여러 나라들로 확장되기 시작하면서 문화에 따른 리더십의 차이가 있는지, 만약 있다면 어떤 차이가 있는지를 이해하는 것이 중요할 것이다. 예를 들어, 미국인들에게 관리자 역할을 맡겨서 외국으로 회사를 확장하려고 하는 미국 회사들은 이 연구결과의 함의가 무엇인지 연구에 관심을 기울여야 할 것이다. 리더십과 문화 간의 관계를 이해하려는 의미 있는 노력이 이미 GLOBE(Global Leadership and Organizational Behavior Effectiveness, 글로벌 리더십과 조직 행동의 효과) 연구 프로그램으로 시작되었다. GLOBE 연구 프로그램은 여러 문화에 걸친 리더십과 조직적 실천을 평가하기 위한 목적으로 전 세계 180명 이상의 연구자들로 구성된 네트워크를 조직했다(House, Hanges, & Ruiz-Quintanila, 2004).

세 번째, 상당히 중요한 리더십 연구 추세는 리더십의 어두운 면을 이해하는 것이다. 앞에서 논의되었듯이, 리더십에 대한 일반적인 접근은 대부분의 리더십을 긍정적으로 보고 있었다. 하지만 리더십의 결과가 부정적인 사례도 있다. 해를 끼치려는 의도를 갖고 있거나(예 : 테러리스트 집단의 폭력적이고 이념적인 리더) 부정적인 결과를 초래하는 비윤리적인 의사결정을 하거나(예 : Enron 경영자들의 비윤리적인 행동) 비의도적인 실수를 하는(예 : 새로운 상품의 잠재적인 성공에 대한 잘못된 예측)

리더십의 결과로 부정적인 결과가 나타날 수 있다. 리더십이 잘못된 길을 가는 것을 예방하기 위해 그리고 만일 잘못된 길을 갔다면 최소한 그것으로부터 배우기 위해서라도 리더십 연구자들은 리더십의 어두운 면에 영향을 미치는 특성, 행동, 상황, 관계, 인지 요인들을 평가하는 데에 초점을 두고 연구해야 할 것이다. 예를 들어, 리더가 실수를 할 수 있는 상황들(예 : 스트레스가 매우 높은 상황이나 완전히 새로운 상황)을 평가하는 연구는 이런 상황을 예방하기 위한 가치 있는 도구를 제공할 수 있을 것이다. 앞으로의 리더십 연구의 잠재적인 방향은 앞에서 언급한 것들과 함께 제9장에서 훨씬 더 상세하게 논의될 것이다.

요약

리더십은 여러 해 동안 많은 분야에서 인기 있는 연구 주제였다. 하지만 가장 의미 있는 발전은 대부분 20세기 중반을 지나 비교적 최근에 일어났다. 그 주제는 인기가 있을 뿐만 아니라 리더들이 우리의 삶에 중요한 영향을 미치는 잠재력을 가지고 있기 때문에 리더십 연구의 함의는 상당히 중요하다. 리더십을 어떻게 정의할 것인가에 대해 학자들 간 일치된 의견이 항상 있는 것은 아니다. 그래도 일반적으로는 집단적 목표를 이루기 위해 다른 사람들에게 영향을 미치는 과정이라고 정의하고 있다. 리더십 정의에 대한 완전한 일치가 없듯이 리더십 연구에도 많은 접근들이 있다. 지난 수십 년에 걸쳐 리더십 연구는 접근 방식에 있어서 몇 가지 커다란 변화를 겪었다. 1940년대 이전에 연구자들은 리더를 비리더들과 구별해 주는 특별한 특성이나 속성들을 밝히는 데 초점을 맞추었다. 하지만 불충분한 연구결과들 때문에 연구자들은 리더들의 특성보다 그들의 행동에 초점을 맞추게 되었다. 이 행동 접근은 리더 행동을 조사할 때 상황적 특성들을 고려하기 시작하는 유관성 접근과 함께 1950년대와 1960년대의 주를 이루었다. 1970년대와 1980년대에는 연구의 초점을 또 다른 곳으로 이동시켜서 상황적 요인들과 리더와 부하 간의 개인적 상호작용이 커다란 관심을 받았다. 1990년대와 최근의 연구에서는 리더십의 인지적 측면과 함께 예외적인 혹은 뛰어난 리더십을 더 자세히 연구하고 있다. 미래의 리더십 연구는 업무와 조직이 구조화되는 방식의 변화에 따라 영향을 받을 것이며, 따라서 팀 리더십과 공유된 리더십, 문화에 따라 리더십에 차이가 있는가 하는 문제 등이 중요한 관심거리가 될 것이다. 마지막으로 최근 발생한 심각한 리더 실수(예 : Enron 사, 태풍 카트리나)로 미루어 볼 때, 리더십의 어두운 면 혹은 리더가 의도적이었든 비의도적이었든 잘못 행동하는 것에 대한 관심이 증가하고 있다.

핵심 용어

- 과정 중심의 리더십 정의
- 리더십
- 부하
- 사람 중심의 리더십 정의
- 세력
- 역할 중심의 리더십 정의
- 영향력

복습 문제

1. 이 책에서 사용될 리더십의 정의는 무엇인가?

2. 1950년대와 1960년대에 사용된 주된 연구 접근은 무엇이었는가?

3. 위인 리더십 이론은 무엇을 의미하는가?

4. 사람 중심, 역할 중심, 과정 중심 리더십의 차이는 무엇인가?

5. 어떤 접근이 리더와 부하 간의 일대일 관계에 초점을 맞추는가?

6. 현재 그리고 미래에 연구자들이 초점을 두는 주제에는 어떤 것들이 있는가?

7. 상황적 접근의 기본적인 주장은 무엇인가?

논의 문제

1. 당신은 왜 리더십 연구에 관심을 가지는가?

2. 리더십을 연구하는 것이 왜 중요한가?

3. 리더십에 대한 한 가지 정의를 가지고 있는 것이 왜 중요한가?

4. 왜 연구자들은 리더십을 연구하는 다른 접근을 택하는가?

5. 우리가 이해해야 하는 리더십에 대한 가장 중요한 요인은 무엇이라고 생각하는가?

개인 활동

개인 활동 1

리더 스포트라이트

다음은 루스벨트 대통령의 첫 취임 연설문에서 발췌한 부분이다. 그는 대공황에 빠져 있는 국가의 당시 상황을 설명하고 국가를 위기에서 구할 계획을 세우고 있다. 연설문을 읽으면서 초기 리더십 학자의 관점을 택하여 리더십을 보여 준다고 생각되는 루스벨트 대통령의 특성은 무엇인지 밝혀라.

후버 대통령, 대법원장, 동료 여러분. 오늘은 국가에 헌신함을 맹세하는 날입니다. 제가 오늘 이 취임식에서 우리나라의 긴박한 상황에 맞는 솔직하고 결단력 있는 연설을 국민들이 기대한다는 것을 잘 알고 있습니다. 지금이야말로 진실을, 있는 그대로의 사실을 솔직하고 대담하게 말할 때입니다. 현재 우리가 처한 상황에 정직하게 맞서는 것을 겁낼 필요도 없습니다. 이 나라는 지금까지 그래 왔듯이 난관을 견뎌낼 것이며, 재기하여 번영할 것입니다.

먼저 우리가 두려워해야 할 유일한 것은 오직 두려움 그 자체뿐이라는 저의 확고한 믿음부터 밝히는 바입니다. 이름도 없고, 불합리하며, 부당하게 후퇴를 전진으로 전환시키는 데 필요한 노력을 마비시키는 테러를 말하는 겁니다. 우리나라는 국민의 생활이 암울한 시기에 처할 때마다 솔직하고 활력 있는 지도자들이 국민들의 이해와 지지를 받았으며 그것은 바로 승리의 원동력이었습니다. 지금 어려운 이 상황에서 국민 여러분께서 그와 같은 지지를 다시 한 번 보내 주리라 확신합니다. 여러분과 저는 이런 정신으로 우리 모두의 어려움에 맞서고 있습니다 …… 그러나 우리의 곤궁은 물질적인 결핍에서 오는 것이 아닙니다. 우리가 메뚜기 떼의 재앙에 시달리는 것도 아닙니다. 우리 선조들이 굳은 신념으로 두려움 없이 이겨낸 수많은 위기에 비하면, 우리는 아직 감사해야 할 일이 많습니다. 자연은 여전히 많은 것을 주고 인간의 노력은 그것을 몇 배로 늘려 왔습니다. 풍요가 우리 문 앞에 있지만, 공급의 측면에서 그것을 마음껏 쓸 수가 없습니다. 이는 인류의 물류 교환을 지배했던 사람들이 자신들의 고집과 무능으로 인해 실패했고 그 실패를 인정하고 물러났기 때문입니다. 사람들의 마음과 생각에서 거부당한 파렴치한 환전업자의 관행은 여론이라는 법정에 기소되어 서 있습니다. 그들이 노력한 건 사실이지만 그들의 노력은 진부한 관습의 틀 안에 쏟아부어졌습니다. 신용 실패에 직면한 그들은 더 많은 돈을 빌려 주려고만 했습니다. 그들은 우리 국민들로 하여금 자신들의 잘못된 지도력을 따르게 만든 이윤이라는 미끼를 빼앗긴 후에 신뢰 회복을 눈물로 간청하면서 간곡한 권고에 호소했습니다. 그들은 자기 세대의 규칙만 알고 있습니다. 그들에게는 비전이 없으며 그리고 비전이 없을 때는 망하는 법입니다. 환전업자들은 우리 문명의 신전 속에 있는 높은 자리에서 도망쳤습니다. 우리는 이제 그 신전을 예전의 진정한 형태로 복원할 수 있습니다. 그런 복원의 척도는 우리가 금전적인 이윤보다 고귀한 사회적 가치를 적용하는 정도에 달려 있습니다. 행복은 단순한 금전의 소유에 있지 않고, 성취의 기쁨, 창의적인 노력의 전율 속에 있습니다. 노동의 도덕적인 자극제라 할 수 있는 그런 즐거움이 더 이상 덧없는 이윤을 정신없이 쫓느라 망각되어서는 안 됩니다. 여러분, 이런 암울한 날들이 우리에게 진정한 운명이란 그 운명을 섬기는 것이 아니라 우리 스스로를, 우리 동포들을 섬기는 것임을 가르쳐 준다면, 우리가 짊어져야 하는 그 모든 것은 그만한 가치가 있을 것입니다 …… 우리는 이런 규율에 자신의 목숨과 재산을 기꺼이 내놓을 준비가 되어 있고 또 그럴 용의가 있다는 것을 저는 압니다. 왜냐하면 그래야 더 큰 대의를 목표로 하는 지도력이 가능하기 때문입니다. 저는 이렇게 할 것을 제안하며, 더 큰 목표들이 지금까지 무장 투쟁의 시기에만 일깨워진 의무의 화합과 함께 성스러운 의무로서 우리 모두에게 구속력을 가질 것임을 맹세합니다. 이런 맹세와 함께 저는 공동문제에 잘 훈련된 공격을 하는 데 몸 바친 국민들이 부여한 이 훌륭한 군대의 지휘권을 주저 없이 맡겠습니다. 이런 모습 속의 행동, 즉 이런 목표를 위한 행동은 우리가 조상에게서 물려받은 정부 형태 아래서 가능합니다 …… 제 안에 잠재된 믿음을 위해 저는 시대에 적합한 용기와 헌신을 회복시킬 것입니다. 그 정도는 할 수 있습니다. 우리는 국가적 결속이라는 따뜻한 용기로 우리 앞에 놓인 힘든 시기에 대처하고 있습니다. 과거의 소중한 도덕적 가치를 찾고자 하는 분명한 인식, 노소를 막론하고 단호히 임무를 수행할 때 생기는 순수한 만족감을 가지고 말입니다. 우리는 완벽하고 영구적인 국가의 생존을 보장하는 것을 목표로 하고 있습니다. 우리는 진정한 민주주의의 미래를 불신하지 않습니다. 미합중국 국민들은 실패한 적이 없습니다. 어려울 때 그들은 직접적이고 강력한 행동을 원하고 있다는 위임장을 썼습니다. 그들은 지도자의 지휘 아래 규율과 방향을 요구해 왔습니다. 그들은 저를 자신들의 소망을 실현하는 도구로 선택했습니다. 저는 그것을 선물로 기꺼이 받아들이겠습니다. 나라에 헌신을 맹세하면서 우리는 겸허하게 신의 은총을 기원합니다. 우리 모두를 보호해 주소서. 저의 앞날을 인도해 주소서.

개인 활동 2

당신 자신의 삶에서 좋은 리더라고 생각되는 실제 인물과 나쁜 리더라고 생각되는 실제 인물에 대하여 생각해 보라.

1. 무엇이 좋은 리더를 만드는가?

2. 무엇이 나쁜 리더를 만드는가?

3. 당신이 쓴 글을 다시 읽어 보고 당신이 리더를 볼 때 사람, 역할 혹은 과정 중 어디에 초점을 맞추고 있는지 생각해 보라.

집단 활동

집단 활동 1

몇 개의 집단으로 나누거나 반 전체를 한 집단으로 구성해서 논의하라.

집단의 모든 구성원들은 각자 다음 문제에 대하여 글로 써서 답해야 한다. 당신은 리더십을 어떻게 정의하는가?

정의들을 논의하고 그것들 중에서 공통된 주제를 확인하라.

공통된 주제를 사용하여 리더십에 대한 한 집단의 정의를 내려라.

집단 활동 2

소집단을 구성하라.

한 집단에서 새로운 클럽 한 가지를 개발하는 계획을 세워야 한다. 그 클럽을 개발하면서, 당신은 당신의 일반적인 목표(예 : 학생 정부, 서비스), 멤버십 필요조건, 클럽 이름, 첫해의 목표, 당신의 클럽을 위한 자금 마련 방법 등을 정해야만 한다.

그 과제를 끝낸 후에, 그 집단 속에서 누가 리더로 나타났는지 생각해 보라.

1. 리더십 역할을 맡은 사람이 한 사람 이상이었는가?

2. 왜 그 사람을 리더라고 생각하는가? 그들은 어떤 행동을 했는가?

3. 이 특별한 사람이 왜 리더가 되었다고 생각하는가?

더 읽을거리

Bass, B. M. (1990). Part I: Introduction to concepts and theories of leadership. In B. M. Bass (Ed.), *Bass & Stogdill's handbook of leadership: Theory, research, and managerial applications* (pp. 3–58). New York: The Free Press.

Hackman, J. R., & Wagerman, R. (2007). Asking the right questions about leadership: Discussion and conclusions. *American Psychologist, 62*, 43–47.

Northhouse, P. G. (2007). Introduction. In P. G. Northouse (Ed.), *Leadership: Theory and practice* (pp. 1–14). Thousand Oaks, CA: Sage Publications.

Yukl, G. (2006). The nature of leadership. In G. Yukl (Ed.), *Leadership in organizations* (pp. 1–24). Upper Saddle River, NJ: Prentice Hall.

 역자주

1) 주로 인터뷰나 연설 등의 핵심적인 내용. 라디오나 텔레비전, 영화에서 소개되는 긴 대사, 연설, 논평 등에서 마치 사과를 한입에 베어 물듯이 앞뒤 다 떼어낸 특정한 소리 한입을 뜻함.

2

리더십 연구에 대한 관점

- Jay J. Caughron -

바다가 조용할 때는 누구나 키를 잡을 수 있다.

                    – 퍼블리어스 사이러스(Publilius Syrus)

만일 당신의 행동이 다른 사람들로 하여금 더 많은 꿈을 꾸게 하고, 더 많이 배우게 하고, 더 많은 일을 하게 하고, 더 나은 사람이 되도록 영감을 준다면 당신은 리더이다.

                    – 존 애덤스(John Quincy Adams)

지금까지 주요한 리더십 이론과 그 역사적 상황에 대하여 소개를 했으니까, 이제 리더십에 대한 가장 기본적인 몇 가지 질문들에 대하여 그것들이 우리에게 무엇을 말해 주는지 살펴볼 것이다. 앞에서 언급했듯이 리더십은 학자들뿐만 아니라 일반인들도 수천 년 동안 관심을 가져 온 주제이다. 리더십에 대한 근원적인 관심은 우리 모두가 리더를 가지고 있거나 한때 리더 역할을 한 경험을 가지고 있기 때문일 것이다. 하지만 사람들이 리더십에 관련하여 다양한 믿음, 가치, 경험을 가지고 있기 때문에 리더십에 대한 광범위한 의견, 미신, 가정 그리고 오해가 있다. 여기에서 우리는 여러 가지 리더십 이론들이 리더십에 대하여 무엇을 말해 줄 수 있는지 미신과 의견 등을 살펴볼 것이다.

  이 장은 리더십과 관련하여 일반적으로 쟁점이 되는 여섯 가지 진술을 중심으로 조직될 것이다. 각 쟁점들은 20세기에 리더십 연구에서 나타난 결과를 중심으로 설명될 것이다. 당신은 리더십이 간단하지 않은 주제라는 것을 알게 될 것이고 나머지 장들에서 나타나는 세세한 것들에 뛰어들기 전에 최근의 리더십 연구와 이론에 친숙해질 것이다.

- 리더십에 대한 질문들을 이해하기 시작한다.

- 리더십 연구에서의 논쟁과 쟁점에 친숙해진다.
- 사람들이 리더십에 대하여 갖고 있는 가정들을 확인하고 탐구하기 시작한다.
- 리더십을 둘러싼 많은 신화가 있다는 것을 인식한다.
- 리더십에 대하여 이론적으로나 실천적으로 복잡한 것이라고 생각하기 시작한다.

이 장의 주요 주제로 바로 뛰어들기 전에 즉시 깨져야 할 한 가지 신화가 있다. 이 신화는 리더십이란 정상에서만 일어난다는 것이다. 즉 대통령이나 최고경영자와 같이 높은 지위에 있는 리더들을 생각하기 쉽다. 하지만 리더십은 우리들 주위에서 매일 일어난다. 최고경영자가 회사를 이끌어나가지만, 그의 지도 하에 있는 매니저들이 그 회사를 구성하는 직원들로 구성된 집단을 이끌어 가지 않는다면 리더가 성공적일 수 없다. 마찬가지로 부하들을 돌보고 지시하는 대장, 연대장, 분대장이 있기 때문에 대통령이 군대를 효과적으로 지휘할 수 있는 것이다. 조직에서의 리더십은 그 조직의 정상에서만 일어나는 것이 아니라 많은 수준에서 일어나기 때문에 각 수준에서의 리더십을 살펴보아야만 한다. 어떤 이론들은 한 조직의 높은 지위에서 일어나는 리더십에 초점을 맞추지만, 많은 이론들은 조직의 꼭대기에 있지 않는 사람들이 보여 주는 리더십에 초점을 맞춘다. 모든 수준에서의 리더십이 중요하다. 여러 수준에서 일어나는 리더십 없이 조직이 기능할 수 없으며, 따라서 다양한 수준에서의 리더십을 여기에서 살펴볼 것이다.

리더는 태어나는가 혹은 만들어지는가?

이 질문은 리더십에 대한 논의에서 자주 접하는 질문들 중 하나이며, 초기 리더십 이론들 뒤에서 이끌어 가는 힘이었다. 제1장에서 이야기했듯이, 가장 초기의 리더십 이론들을 **특성 리더십 이**

특성 리더십 이론 리더는 자신을 리더로 만들어 주는 독특한 특성을 가지고 있다고 말하는 이론론trait theory of leadership(혹은 위인 이론)이라고 불렀다. 이런 종류의 연구들에 의하면 리더들은 그들을 리더가 되게끔 해 주는 독특한 특성을 가지고 있다. 따라서 만일 당신이 특성 이론가들에게 리더는 태어나는가 혹은 만들어지는가 하고 묻는다면, 그들은 리더는 태어난다고 말할 것이다. 특성 리더십 이론에 의하면 똑똑하고 자신감 있고 사회적인 사람이 효과적인 리더인 경우가 많다. 이런 특성을 갖고 있지 않은 사람이 리더가 되기 위해 노력하고 또한 리더 역할을 잘 수행할 수도 있지만, 리더십 지향적인 특성을 갖고 있는 사람만큼 잘할 수는 없을 것이다.

행동 리더십 이론behavioral theory of leadership은 특성 리더십 이론과 극명한 대조를 이룬다. 제2차 세계대전 이후 특성 이론에 대한 관심이 약해지기 시작하면서, 연구자들은 리더십은 특정한 속성을 가지고 있는 특별한 사람만이 가질 수 있는 것인가에 대해 의심하기 시작했다. 연구자들은 리더십이 리더의 성격, 지능, 동기 혹은 특성이라기보다는 그 사람이 행동하는 방식에 대한 것이 아닌가 살펴보기 시작했다. 오하이오주립대학교와 미시간대학교의 연구자들은 리더십 행동을 두 가지 유형으로 나눌 수 있다고 보았다. 업무를 조직하고 방향을 제시하는 행동은 **업무 지향 행동**task-oriented behavior(혹은 구조 주도)이라고 했다. 관계를 구축하고 부하들을 동기화시키는 일을 중심으로 하는 행동은 **관계 지향 행동**relations-oriented behavior(혹은 타인 배려)이라고 불렀다(Fleishman, 1951,

행동 리더십 이론 리더를 그들이 가지고 있는 특성이 아니라 그들이 취하는 행동으로 묘사하는 이론

업무 지향 행동 업무 집단의 활동을 계획하고 조직하는 리더의 행동

관계 지향 행동 관계를 구축하고 부하를 동기화시키는 리더의 행동

1953, 1973; Halpin & Winer, 1957). 행동주의 이론가들에게 리더십이
란 리더가 가지고 태어난 특성보다는 그들이 하는 행동에 대한 것이었다.
그렇기 때문에 훌륭한 리더로 만들어 주는 어떤 특정한 특성을 가지고 태
어나지 않은 사람이라도 효과적인 리더십과 관련된 행동을 배울 수 있다
는 것이다. 따라서 만일 행동주의 리더십 이론가에게 리더는 태어나느냐
혹은 만들어지느냐 하고 묻는다면, 그들은 아마도 리더십 지향적인 행동
을 하게 만든다면 리더로 만들 수 있다고 대답할 것이다.

　요약하면 초기의 리더십 이론들은 리더가 된 사람들의 특성을 강조하
는 경향이 있었으며 리더는 만들어지기보다는 태어난다고 했다. 사실 지
능과 같은 특성들은 리더가 수행하는 방식에 영향을 미치는 것으로 나타
났다. 하지만 리더십 연구가 계속되면서 리더는 지능적이고, 사회적이고,
자신감 있는 것 이상으로 훨씬 더 복잡하다는 것이 분명하게 드러났다.
오하이오주립대학교와 미시간대학교의 연구자들이 보여 주었듯이 리더
십의 많은 부분은 리더가 하는 행동에 대한 것이다. 구체적으로 한 집단
이 일해 나가는 업무와 목표를 구조화하는 행동방식과 부하들을 배려하
는 행동방식이 두 가지 기본적인 리더십의 양식이다.

　그렇다면 어느 이론이 옳은가? 이 질문에 대한 대답은 두 가지 이론 모
두가 리더십에 대한 답을 제공한다는 것이다. 리더십에 관련된 어떤 특성
이 존재하고 그 특성들이 리더가 잘 수행하는 데 도움이 되겠지만 그것이
전부는 아니다. 리더십은 또한 행동과 관련이 있다. 리더가 취하는 행동
의 유형은 그 리더의 성공과 실패에 커다란 영향력을 가지고 있다. 제4장
은 어떤 특성과 행동이 특히 효과적인 리더십과 관련이 있는가에 대하여

더 상세하게 다룰 것이다. 비록 효과적인 리더십과 관련된 특성과 행동이 있지만, 이 요인들만으로는 리더십을 충분히 이해할 수 없다. 리더가 처하는 상황이 그 어떤 리더의 특성이나 행동의 효과성에도 강력한 영향력을 가지고 있다. 이 문제는 다음의 주요 논의 주제가 되는 리더십 상황으로 옮아가도록 해 준다.

리더십은 리더에게만 관련된 문제인가?

다소 역설적이게도 심리학 연구가 지난 100년간 발전하면서 심리학자들이 밝힌 가장 근본적인 결론들 중 하나가 실제로는 그 마음에 대한 것이 아니라 그 마음의 바깥에서 일어나는 것에 대한 것이었다. 더 구체적으로 말하면, 심리학자들은 수없이 많은 연구를 거쳐서 한 사람이 처하는 상황이 그의 행동에 매우 커다란 영향을 미칠 수 있다고 결론 내렸다. 리더들 역시 사람이라는 것을 생각할 때, 리더가 처하는 상황이 그 리더가 무엇을 할 것인가에 강한 영향을 미칠 뿐만 아니라 그 리더의 행동이 얼마나 성공적일 것인가에도 강한 영향을 미칠 것이라는 것이 분명해진다. 한 조직에서 성공했던 리더가 그 조직을 떠나 다른 리더십 위치에서는 비참하게 실패하는 수많은 사례들이 있다. 그 리더가 갑자기 그의 모든 지도력을 잃은 것이 아니다. 그 리더가 마주하는 상황이 변했으며, 그 상황이 그의 성공할 수 있는 능력을 방해한 것이다. 이것은 다음 질문을 하게 한다. 리더십에서 실제로 그 리더에 관련된 것은 어느 정도인가?

상황이 리더에 미치는 영향에 대한 두 가지 이론이 있다. 상황이 리더에게 큰 영향을 미친다는 점에서는 두 이론이 모두 일치하지만, 리더가

외부 영향에 어떻게 대처해야 하는가
에 대해서는 다르다. **유관성 리더십 이론**
contingency theory of leadership을 신봉하는
사람들은 리더들은 어떤 유형의 리더
십을 갖는 경향이 있고, 리더십을 발휘
할 때에는 그 유형을 벗어나지 않는 것
이 그 리더에게 가장 좋다고 주장할 것

> **유관성 리더십 이론** 어떤 상황에
> 는 적절한 리드가 다른 상황을
> 리드하기에는 적절하지 않을 수
> 있다고 제안하는 이론
>
> **상황적 리더십 이론** 리더들은 그
> 들이 직면하는 상황을 인식할 수
> 있어야 하고 그 상황에 맞추기
> 위해 그들의 리더십 유형을 조정
> 해야만 한다는 이론

이다. 하지만 **상황적 리더십 이론**situational theory of leadership은 리더들은 상황
이 변함에 따라 그들의 리더십 유형을 적절하게 변화시킬 수 있어야 한다
고 말한다.

　Fred Fiedler는 앞 장에서 소개된 가장 널리 인정받고 적용되는 유관
성 리더십 이론을 개발했다. Fiedler와 그의 동료들은 업무 지향 리더십
유형과 관계 지향 리더십 유형을 빌리기는 했지만 그것을 발전시켜서 리
더가 대면하는 상황을 세 가지로 분류할 수 있다고 제안했다. ① 리더에
게 매우 유리한 상황, ② 리더에게 적당하게 유리한 상황, ③ 리더에게 매
우 불리한 상황(Fiedler, 1967, 1970). 그밖에 이 연구자들은 업무 지향적
인 리더들은 두 가지 조건에서 수행을 잘하는 경향이 있다고 제안했다.
① 그 상황이 매우 유리할 때(예 : 리더가 분명한 목표를 달성하기 위한
풍부한 자원을 가지고 있을 때), ② 그 상황이 매우 불리할 때(예 : 어려운
업무를 가지고 있고 자원이 부족할 때). 매우 유리한 상황 속에서 리더는
관계를 형성하거나 그의 부하들을 지지하는 데 시간을 낭비할 필요가 없
다. 사실 만일 리더가 그렇게 하면 부하들이 그들이 맡은 업무를 수행하

는 데 방해가 된다. 한편 매우 불리한 상황에서 리더는 관계를 형성할 시간이 없고 부하들에게 지시하고 그 문제를 대처하는 데에 집중해야만 한다. 관계 지향적인 리더들은 적당하게 유리한 상황 속에서 더 잘 수행하는 것으로 기대되었다. 이런 유형의 상황에서 리더들은 그의 부하들과 관계를 형성하는 데 에너지를 쓸 수 있는 시간이 있고, 부하들은 그들의 리더로부터 지지를 받음으로써 더 생산적이 되기 때문이다.

가장 널리 알려진 상황적 리더십 이론은 Hersey와 Blanchard의 생활주기 리더십 이론이다(Hersey & Blanchard, 1969, 1972). 이 연구자들은 리더들은 부하들의 성숙도에 따라 그들의 리더십 유형을 변화시켜야 한다고 제안했다. 경험이 있거나 성숙한 부하들은 관련된 업무 경험과 적절한 수준의 동기 그리고 책임을 감수하려는 의지를 가지고 있는 것으로 묘사된다. Hersey와 Blanchard는 경험이 부족한 부하들을 가지고 있는 리더는 업무 지향 행동에 초점을 맞추고 관계 형성은 덜 강조해야 한다고 말했다. 부하들이 경험을 쌓게 되면서 리더는 업무 지향적인 행동에 조금씩 관심을 덜 가질 수 있다. 하지만 관계 지향 행동과 관련해서는 상황이 더 복잡하다. 집단이 성장하면서, 리더는 관계 형성에 더 초점을 두어야 하지만 어느 정도까지만 그렇다. 일단 그 집단이 꽤 성장하고 리더와 부하 간의 관계가 잘 형성되면, 리더는 관계 지향 행동에 조금씩 관심을 덜 가지기 시작해야 한다. 부하들이 원숙해지면 자신의 일을 알아서 효율적으로 하게 되며, 관계 형성에 초점을 맞추는 것은 그들에게 방해가 되기 때문이다. 따라서 리더는 본질적으로 부하들이 알아서 일을 하도록 내버려 두어야 한다(Hersey & Blanchard, 1969, 1993).

리더의 수행에 영향을 미치는 또 다른 요인은 부하들의 의견이다. **암묵적 리더십 이론**implicit theory of leadership은 리더는 누구이고 리더는 어떻게 행동해야 하는가에 대하여 부하들이 가지고

> **암묵적 리더십 이론** 리더십에 대하여 사람들이 갖고 있는 신념과 가정이 리더십을 향한 그들의 지각과 행동에 어떻게 영향을 미치는가를 알아보는 이론

있는 의견과 생각에 대한 이론이다(Anderson, 1966; Eden & Leviatan, 1975; Lord & Maher, 1991). 부하들이 리더에 대해 갖고 있는 믿음, 의견, 기대는 효과적인 리더십에 영향을 미치며, 특히 리더가 그것들에 부합하지 않은 수행을 하면 커다란 영향을 미친다. 이 이론의 지지자들에 의하면 부하들은 그들이 가지고 있는 리더상과 일치하는 리더에게 더 긍정적으로 반응하는 경향이 있다. 여기에서 뜻하는 것은 리더가 부하들이 생각하는 대로 행동해야 한다는 것이 아니라 리더는 부하가 갖고 있는 의견과 기대를 신중하게 고려해야 한다는 것이다. 이것들을 신중하게 받아들임으로써 리더는 그에 위배되는 행동에 대하여 더 조심스러울 수 있고 팀 수행을 촉진하기 위해 다른 사람들이 가지고 있는 의견을 활용할 수 있다.

결론적으로, 리더가 상황에 의해 어떻게 영향을 받는가에 대한 연구는 흥미 있고 중요한 시사점들을 보여 주었다. 첫 번째 그리고 가장 중요한 것은 리더십은 한 사람이 이끌어 가는 것이 전부가 아닐 수 있다는 것이다. 어떤 리더가 어떤 상황을 이끌어 가는 데에는 성공적인 데 반해 다른 상황에서는 그렇지 않을 수 있다. 리더가 통제할 수 없는 많은 요인들이 리더의 수행에 큰 영향을 미친다. 업무의 유형이나 한 집단이 추구하는

목표, 리더가 자유롭게 사용할 수 있는 자원의 양, 지도 하에 있는 부하의 유형, 리더십에 대해 부하들이 갖고 있는 의견 등 모두가 뛰어난 리더십 경험과 기술을 갖고 있는 리더에게도 성공하게 하거나 실패하게 할 수 있는 중요한 요인들이다. 이제 새로운 질문이 생긴다. 한 리더의 수행이 그가 처하는 상황에 의해 결정된다면, 리더는 우리에게 반드시 필요한 존재인가?

우리는 정말 리더를 필요로 하는가?

이 문제로 고심하기 전에 리더가 그의 집단을 위해 실제로 무엇을 하는가를 논의하는 또 다른 이론을 생각해 보자. **경로-목표 이론**path-goal theory은 리더는 우선적으로 두 가지 종류의 활동에 대한 책임이 있다고 본다. 그것은 ① 목표 지향 활동과 ② 경로 지향 활동이다. **목표 지향 활동**goal-oriented activity에는 목표를 설정하고, 변경하고, 정의하고, 조정하는 것이 포함된다. **경로 지향 활동**path-oriented activity은 한 집단이 집단 목표를 추구하는 방식을 조성하는 작업이다. 이것에는 자료를 획득하고, 새 집단 구성원들을 찾고, 집단에 도움이 되는 것에 대해 보상하고, 집단 구성원들을 안내하는 것들이 포함된다(House, 1971).

유관성 이론이나 상황적 이론과 마

> **경로-목표 이론** 목표를 설정하고, 정의하고, 명료화하며, 부하들이 그 목표를 달성하도록 동기화시켜 부하들이 목표 달성을 향해 분명한 경로를 볼 수 있도록 돕는 것을 리더의 역할로 강조하는 이론
>
> **목표 지향 활동** 집단 목표를 설정하고 변경하고 명료화하고, 정의내리기 위해 리더가 취하는 행동
>
> **경로 지향 활동** 안내를 하거나 자료를 획득하는 것과 같이 한 집단이 그 집단의 목표를 추구하는 방식을 조성하기 위해 리더가 취하는 행동

찬가지로, 경로-목표 이론도 리더의 상황이 미치는 영향을 인정한다. 구체적으로 이 이론은 리더십을 네 가지 유형으로 분류할 수 있다고 주장한다.

- 지지적 리더십 : 부하를 적극적으로 격려하는 리더십
- 지시적 리더십 : 방향과 지시를 제공하는 데 초점을 맞추는 리더십
- 참여적 리더십 : 부하들이 의사결정에 참여하도록 하는 리더십
- 성취 지향적 리더십 : 목표를 설정하고 부하들을 독려하는 데 초점을 맞추는 리더십

어떤 유형의 리더십이 어떤 상황에서 가장 좋은가 하는 것은 한 집단이 하고 있는 업무의 유형과 그 집단 내 부하들의 유형에 달려 있다(House & Mitchell, 1974). 재미있는 것은 경로-목표 이론에 영감을 받아서 어떤 연구자들은 근본적으로 리더의 필요성을 의심하기 시작했다는 점이다. 만일 한 집단이 그들 자신의 목표를 설정하기 위한 충분한 경험을 가지고 있고, 그 목표에 도달하기 위한 경로에서 필요로 하는 충분한 자원을 가지고 있으며 그 업무가 그 집단이 그것을 하기 위한 동기를 유지하기에 충분히 재미있다면, 리더는 필요하지 않다(Howell, Dorfman, & Kerr, 1986). 이것을 **리더 대체 이론**leader substitutes theory이라고 한다. 이 이론에 의하면, 만일 한 집단에 적절한 상황이 주어진다면, 그들은 리더가 있는 집단보다 더

> **리더 대체 이론** 어떤 상황에서 집단이 효과적으로 기능하기 위해 리더를 필요로 하지 않는다고 주장하는 이론

좋다고 할 수 없을지 몰라도 더 나빠지는 않을 정도로 직무를 잘 수행할 수 있을 것이다(Kerr, 1977; Kerr & Jermier, 1978). 기본적으로 이 이론은 만일 리더와 관련된 경로 지향 그리고 목표 지향 업무가 리더 없이 해결될 수 있다면, 그 집단은 리더 없이 기능할 수 있다는 것이다.

지금까지의 내용을 요약하면, 사실 어떤 경우에는 최소의 리더십으로도 집단이 기능할 수 있는 것으로 보인다. 하지만 리더가 없는 집단이 모든 상황에서 잘 기능할 것으로 기대할 수는 없다는 점에 유의해야 한다. 한 집단이 리더 없이 기능하는 것이 가능하지만, 많은 상황에서 최적의 조건이라고 할 수는 없다. 그밖에 집단 구성원 간 그리고 집단과 더 큰 조직 간의 협조는 그 집단에 리더가 없다면 더 어렵게 될 수 있다(Bass, 1990). 어떤 지점에서 누군가가 집단과 그 집단이 소속되어 있는 조직 간 정보를 소통하기 위한 책임을 져야 한다. 대부분의 경우에 누군가가 의사결정을 하고 그 집단에 지시를 하는 책임을 져야 한다. 조직이 그를 리더로 인정하든 인정하지 않든 그것과는 관계없이 그 사람이 리더이다.

리더는 힘든 결정을 어떻게 하는가?

리더는 종종 스스로 결정을 내려야만 하는 상황에 처하게 된다. 여기에는 부하나 동료에게 충고하는 것, 다른 사람들에게 어떻게 행동하도록 지시할 것인가 결정하는 것 혹은 단순하게 부하에게 어떤 행동 코스를 추구하도록 허가하는 것 등이 있다. 리더 의사결정은 매우 광범위한 주제이며 최근의 연구들에 의해 피상적으로 다루어지기 시작했을 뿐이다. 이 주제에 대한 연구 방식을 **인지적 리더십 이론** cognitive theory of leadership이라고 한다. 이 이론은 비교적 새로운 리더십 연구 영역이지만 리더의 의사결정 방식, 리더

> **인지적 리더십 이론** 리더 효과를 결정하는 데 있어서 리더의 사고 방식과 의사결정 방식을 강조하는 이론

로서의 의사결정의 어려움, 리더로서 어려운 결정을 할 때 고려해야 할 점들에 대하여 다루고 있다.

리더가 의사결정 할 때 직면하는 몇 가지 도전들을 생각해 보는 것으로 시작해 보자. 앞에서 논의했듯이, 리더 주위에는 리더에게 영향을 미칠 수 있는 많은 요인들이 있다(심리학자들이 상황적 요인이라고 말하는 것). 여기에는 리더의 부하들, 그 리더의 집단이 달성하려고 애쓰고 있는 과제 혹은 목표의 유형, 리더가 자유롭게 사용할 수 있는 자원의 양 등이 있다. 특히 리더 의사결정에서 고려해야 할 또 다른 중요한 요소는 시간이다.

리더들은 많은 정보 자원들을 관리해야 하고 끊임없이 그들의 시간과 주의를 요구하는 것에 대처해야 한다. 이것들은 부하가 보고하는 정보일 수도 있고 주주들의 요구일 수도 있다. 리더가 접수하고 응답해야만 하는 요청 건수가 너무 많을 수 있고 이는 리더에게 커다란 스트레스를 안길 수도 있다. 제한된 시간 내에 많은 요구에 대해 응답해야 하고 끊임없이 결정을 내려야만 하는 일들 때문에 생긴 이 스트레스는 리더 의사결정에 큰 영향을 미칠 수 있다.

인지적 자원 리더십 이론cognitive resources leadership theory은 리더들이 복잡하고 스트레스가 많은 상황 속에서 어떻게 의

> **인지적 자원 리더십 이론** 문제 해결이나 의사결정을 할 때 리더가 사용하는 지능의 유형을 강조하는 이론

사결정을 하는가를 밝히려는 시도로 개발되었다. 원래는 더 지적인 리더가 더 좋은 결정을 한다고 생각되었지만 이것이 항상 진리인 것은 아니다 (Fiedler, Potter, Zais, & Knowlton, 1979). 매우 높은 지능을 가지고 있는 리더들은 스트레스가 많지 않은 상황에서는 수행을 잘하는 것으로 보인다. 하지만 스트레스가 많은 상황에서는 리더의 경험이 더 중요하다. 이 연구결과에 대한 이유는 아직 연구되고 있는 중이지만, 경험이 부족하면서 지적인 리더는 스트레스를 받을 때 직접적으로 그 문제와 연결되지 않은 이슈들에 초점을 맞추는 경향이 있는 것으로 보인다. 기본적으로 그들은 집중을 하지 못하게 된다. 리더가 생각하려고 하는 정보의 양이 그의 사고 시스템에 과부하를 걸게 된다. 즉 리더의 인지적 자원을 다 써버리게 되어 지능이 보통 때와는 달리 덜 중요한 요인이 되어 버린다.

많은 경험을 갖고 있는 리더에게는 그와 반대되는 현상이 일어난다. 경험이 많은 리더는 스트레스가 많은 조건에서 그의 경험에 의지할 수 있다. 이것은 그들의 집단이 어려운 상황에서 벗어나게 하는 행동방침을 계획할 수 있도록 해 주고 안정된 기반을 회복하도록 해 준다. 따라서 리더가 당면하는 상황은 그의 개인적인 속성과 선호하는 유형에 따라서 그 리더가 얼마나 성공적일 것인가를 결정하게 될 것이다(Fiedler, 1986).

리더의 사고 유형이 얼마나 효과적인가에 상황이 영향을 미칠 수 있다는 것을 아는 것도 중요하지만 또 한 가지 문제가 남아 있다. 리더들은 어려운 의사결정을 어떻게 하는가? 리더가 결정해야만 하는 여러 유형의 일들, 리더가 당면하는 여러 상황들, 좋은 결정을 하는 리더에 의존하고 있는 다양한 사람들의 집단이 있다는 사실들을 고려할 때, 이것은 대답하

기 매우 복잡한 질문이라는 것이 분명
해진다. 이제 연구자들은 리더들이 정
확하게 어떻게 결정하는가를 연구하기
시작하고 있다. 즉 리더들은 매일매일

리더 문제 해결 이론   리더의 수
행을 리더가 문제 해결과 의사결
정을 어떻게 잘하느냐로 설명하
는 이론

당면하는 문제들을 어떻게 해결하고 있는가? 이것을 **리더 문제 해결 이론**
leader problem-solving theory이라고 한다.

비록 리더 문제 해결에 대한 연구가 아직 초기 단계에 있을 뿐이지만,
연구자들은 리더들이 문제를 해결하려고 할 때에는 예측 가능한 단계들
을 거친다는 것을 발견하고 있다. 이 단계들이 모든 상황에서 모든 리더
들에게 같지는 않겠지만, Mumford와 동료들은 리더십 문제 해결 모델
을 제안했다. 그 모델을 검증하고 정교화 하는 연구가 진행 중인 상태지
만, 전체적인 연구는 그 모델을 지지하고 있다(Mumford, Friedrich et
al., 2007). 이 모델을 포함하여 다른 리더십 인지 모델들에 대한 더 상세
한 논의는 제6장에서 제시된다. 하지만 이 모델이 보여 주듯이 리더 문제
해결은 복잡하며 서로 영향을 미치면서 상호작용하는 많은 다른 과정들
을 포함하고 있다. 리더들은 정보의 중요한 단편들을 확인하고 그것들을
의미 있는 방식으로 통합할 필요가 있을 뿐만 아니라 그들은 그들 자신과
그들의 집단, 그들의 결정에 의해 영향을 받을 수 있는 다른 사람들 또한
고려해야만 한다.

결론적으로, 리더십이란 어려운 결정을 하는 것에 대한 것인가? 리더
의 수행은 그들이 사고하고 문제를 해결하는 방식에 의해 영향을 받는 것
으로 보인다. 대부분의 리더십 상황의 복잡성을 고려하면, 복잡하고 애매

한 상황을 고려하여 의사결정을 하는 것이 효과적인 리더의 중요한 요소이다. 하지만 의사결정이 리더십의 중요한 한 부분이지만 다른 사람에게는 영향력을 미치고 관계를 형성하는 것과 같은 요소들 또한 중요하다.

정상에서는 정말 외로운가?

어떤 리더들은 부하들과 공개적으로 거리를 유지하려고 하는 반면에, 어떤 리더들은 부하들과 강한 유대를 형성하려고 애쓴다. 부하들과 리더의 관계를 강조하는 리더십 이론을 **관계적 리더십 이론**relational leadership theory 이라고 부른다.

리더-멤버 교환 이론leader-member exchange theory 혹은 LMX 이론은 리더와 부하들 간의 관계에 관한 문제를 연구한다. 이 이론의 핵심은 리더들은 그의 부하들 개개인과 특별하고 독특한 관계를 맺는다는 것이다. 리더가 더 좋은 관계를 갖는 부하들도 있고 그렇지 않은 부하들도 있다. 어떤 부하들은 리더와 질적으로 높은 수준의 관계를 갖고 어떤 부하들은 낮은 수준의 관계를 갖는다(Graen, 1976; Graen & Cashman, 1975). 이런 높거나 낮은 관계의 수준이 내집단과 외집단을 구성하게 된다. 리더와 높은 질적 관계를 갖는 사람들이 내집단이 되고, 낮은 질적 관계를 갖는 사람들이 외집단을 형성한다.

내집단에 속하는 사람들은 외집단에 속하는 사람들에 비해 많은 이점을 가

> **관계적 리더십 이론** 관계 형성을 리더가 그의 부하들에게 영향력을 행사하는 주요한 방법으로 강조하는 이론
>
> **리더-멤버 교환 이론** 리더가 내집단 부하와 외집단 부하를 형성하고 이 두 부하 집단에게 다른 방식으로 영향력을 미친다고 제안하는 이론

진다. 일반적으로 말하면, 리더는 외집단에 속한 사람들보다 내집단에 속한 사람들을 더 좋아하며 내집단 구성원들을 외집단 구성원들보다 더 유능하다고 생각한다. 내집단에 속한 사람들은 더 좋은 업무를 배당받고 리더로부터 더 많은 관심을 받는다. 외집단에 속한 사람들은 덜 바람직한 업무를 맡게 되고, 일이 잘못되면 더 많은 비난을 받는 경향이 있고, 리더로부터 지원도 덜 받는다. 내집단에 속한 부하들은 특별한 대우를 받기도 하지만, 내집단의 일원으로서 불이익을 받기도 한다. 내집단에 속한 부하들은 더 열심히 일하고, 집단을 위해 더 많은 짐을 지고, 실무 집단에서 발생하는 위기나 최종 순간에 발생하는 문제들에 대처해야 한다는 기대를 받는다.

요약하면, 리더들은 일반적으로 그들이 이끄는 어떤 집단에서든 가장 중심적인 인물이지만, 리더들이 자신의 힘만으로 모든 것을 할 수 없다는 것에 주목해야 한다. 리더들은 전형적으로 그들이 이끄는 집단이나 집단들에서 핵심 부하들로 구성된 작은 집단을 끌어낼 것이다. 이 핵심 부하들은 리더가 의무를 실행해 가기 위해 기댈 수 있는 사람들이다. 이것은 리더가 혼자서 리더십의 짐을 짊어질 수 없다는 것을 의미한다. 한 집단이 최고 수준의 능력을 발휘하도록 하기 위해 리더는 주위에 있는 사람들에게 의존해야만 한다. 이렇게 리더와 부하들 간의 관계를 강조하는 것은 리더가 그의 부하들에게 막대한 영향력을 미칠 수 있다는 것을 말해 준다. 이 문제가 이어서 소개되는 논의의 주제이다.

부하들로부터 사랑받고 존경만 받으면 당신은 효과적인 리더인가?

지금까지 우리가 논의해 온 대부분의 이론들은 높은 수준의 리더십에 특별히 초점을 맞추지는 않는다. 이런 리더들(흔히 예외적인 리더라고 부르는)은 기업의 최고경영자 혹은 국가의 대통령이나 국무총리를 말한다. 이런 지위에 있는 리더들은 수백만 명에게 영향을 미칠 수 있는 결정을 한다. 따라서 영향력이 미치는 범위가 작은 리더들을 연구하는 것도 중요하지만 이런 예외적인 리더들을 연구하는 것도 중요하다.

변혁적 리더십 이론transformational leadership theory은 리더가 부하들에게 어떻게 영향을 미치는가 하는 문제를 다룬다. 이 이론에 의하면, 어떤 리더들은 부하들과 강력한 유대를 형성할 수 있으며 그 결과 부하들이 자신들을 바라보는 방식과 그들이 대면하는 문제들을 대하는 방식에 변화를 일으킨다. 또한 어떤 리더들은 부하들의 내부에 변화를 일으키지 않고 단순히 부하들의 행동을 지시한다. 부하들에게 변화를 일으키는 리더들을 변혁적 리더라고 말한다. 반면에 부하들 내부에 변화를 일으키지 않고 지시를 하는 리더를 거래적 리더라고 부르며 그들은 종종 리더라기보다 관리자manager로 묘사된다(Bass, 1990). 이 이론을 지지하는 사람들은 거래적 리더는 효과적인 관리자가 될 수 있고 어떤 상황에서는 좋은 리더가 될 수도 있지만, 대부분의 경우에는 변혁적 리더들이 거래적 리더들보다 더 효과적일 것이라고 말할 것이다. 그밖에 이 이론의 지지자들은 앞에서 제시한 명제에 대해 아마도 동의할 확률이 높

> **변혁적 리더십 이론** 부하들이 자신들, 그들의 세상, 세상 속 그들의 위치를 인식하는 방식을 리더가 어떻게 만들고 조성하는가에 의해 리더의 효과성을 설명하려고 하는 이론

다. 즉 부하들의 사랑과 존경을 얻지 못하는 리더들은 부하들의 사랑과 존경을 얻는 리더들보다 덜 효과적일 것이다.

하지만 다른 연구자들은 성공적인 리더들이 부하들로부터 사랑과 존경을 받아야 한다는 말에 동의하지 않을 것이다. **Mumford의 뛰어난 리더십 이론**Mumford's theory of outstanding leadership에 의하면, 부하들의 사랑과 존경을 받는 리더들도 있지만 이것이 성공적인 리더가 되기 위한 유일한 방법은 아니다. 제1장에서 지적했듯이, Mumford와 그의 동료들은 고도로 효과적이라고 증명된 세 가지 유형의 리더 ─ 카리스마적 리더, 이념적 리더, 실용적 리더 ─ 를 확인했다(Mumford, Antes, Caughron, & Friedrich, 2008; Mumford, Scott, & Hunter, 2006; Mumford, Strange, & Bedell, 2006). **카리스마적 리더십**charismatic leadership을 사용하는 리더들은 전형적으로 변혁적 리더들의 모습과 비슷하다. 그들은 부하들과 가까운 유대를 형성하는 경향이 있고 사람들이 문제를 다른 방식으로 볼 수 있게 해 주기 때문에 광범위하게 다양한 사람들을 끌어모을 수 있다. 카리스마적 리더들은 특히 20세기에 학자들로부터 커다란 관심을 받았다. **이념적 리더십**ideological leadership을 따르는 리더들은 그

Mumford의 뛰어난 리더십 이론 리더가 집단을 이끌어 가는 방식에 의해 카리스마적 리더, 이념적 리더 혹은 실용적 리더로 분류할 수 있다고 주장하는 이론

카리스마적 리더십 리더가 미래에 대한 긍정적인 비전을 제시하는 경향이 있고, 자신감이 매우 높고 정직하고 인자하게 보이고, 리더의 의제(agenda)나 조직보다는 그 리더에게 충성하는 광범위하게 다양한 부하들을 끌어들이는 리더십 유형

이념적 리더십 리더가 이상적인 과거 상태로 돌아가려고 하는 욕구를 표현하는 경향이 있고 리더와 비슷한 가치 체계를 갖고 있는 매우 헌신적인 부하들로 구성된 작은 집단을 끌어들이는 유형의 리더십

들의 부하들과 가까운 유대를 형성하는 경향이 있지만, 그들의 이념적 신념을 공유하는 사람들과만 가까운 유대를 형성한다. **실용적 리더십**pragmatic leadership 을 사용하는 사람들은 카리스마적 리더나 이념적 리더와 매우 다르다. 그들은 그들에게 당면한 문제를 해결하는 실천적인 경로를 강조하는 경향이 있다. 실용적 리더들은 부하들과 유대를 형성하기보다는 부하들이 당면하고 있는 문제를 해결하는 데 도움이 될 수 있는 사람들과 관계를 형성하는 데 초점을 두는 경향이 있다.

결론적으로 말하면, 지금까지 논의된 많은 이론들이 중간 수준의 조직에서 일상적으로 발휘되는 리더십에 초점을 맞춘 반면에, Bass의 변혁적 리더십 이론이나 Mumford의 뛰어난 리더십 이론과 같은 몇몇 이론들은 최고 수준의 조직에서 일어나는 리더십에 분명하게 초점을 맞춘다. 변혁적 리더십 이론을 지지하는 사람들은 진짜 효과적인 리더들은 그의 부하들과 강력한 유대를 형성해서 부하들에게 변혁을 일으킨다. 하지만 Mumford의 뛰어난 리더십 이론의 지지자들은 그것은 효과적인 리더가 되기 위한 한 가지 방식일 뿐이라고 주장한다. 이 연구자들은 부하들과 강한 유대를 형성하지도 않고 부하들에게 변화를 전혀 시도하지 않고서도 효과적인 리더들이 될 수 있다고 지적할 것이다. 따라서 매우 효과적인 리더가 되기 위해서는 부하들의 사랑과 존경을 얻기 위해 노력해야 하는가 하는 문제는 누구에게 질문하느냐에 달렸다. 하지만 그것은 효과적인 리더가 되기 위한 한 가지 방법일 뿐인 것 같다.

요약

리더십 연구는 지난 50년간 커다란 발전을 했다. 비록 특성 이론이 밀려나기는 했지만 효과적인 리더의 중요한 요소로 지능과 사회적 기술을 확인한 것은 중요한 발견이었다. 행동주의 이론은 리더십은 리더들이 누구인가에 대한 것이기도 하지만 리더들이 무엇을 하는가에 대한 것이라는 사실도 강조했다. 또한 행동주의 이론은 최소한 리더십의 어떤 측면들은 학습될 수 있으며 리더십은 어떤 특성을 가지고 있는 개인에 대한 것만이 아니라고 했다. 리더십에 대한 유관성 접근과 상황적 접근은 리더가 대면하는 상황들이 리더가 얼마나 효과적일 수 있는가와 큰 관계가 있다는 사실에 주목하게 한다.

리더십에 대한 특성 이론, 행동주의 이론, 유관성 이론, 상황적 이론을 바탕으로 해서 경로−목표 이론은 부하들을 동기화시키는 데 있어서 목표의 중요한 역할을 보여 주었다. 그것은 또한 부하들의 역할과 집단의 업무 특성을 강조함으로써 집단이 리더를 필요로 하는가에 대한 생각에 이의를 제기했다. 리더와 부하들 간의 관계를 관리하는 것의 중요성이 리더십 연구에 대한 관계 접근에 의해 강조되었다. 인지 이론들은 리더의 지능과 경험이 리더 수행의 중요한 예측자라는 것을 보여 주었다. 비슷하게, 학자들은 리더들이 문제 해결을 위해 사용하는 단계와 과정을 연구하기 시작했다. 비록 이 접근은 아직 초기에 불과하지만, 리더가 어떻게 생각하는가를 이해하는 것이 이 복잡한 현상을 연구할 때 중요하게 고려되어야 한다는 점을 지적한다. 마지막으로 뛰어난 리더십 이론은 리더십 연구자들의 관심을 큰 집단을 통합하고 공동 목표를 추구해 나가도록 동기화시키기 위한 능력과 지위를 가지고 있는 리더들에게 관심을 돌리도록 했다.

리더십 연구의 미래는 밝으며 더 많은 사람들이 리더십이 시민권 지도자나 선출직 공무원이 되는 것만이 아니라는 것을 깨닫기 시작하면서 연구 수행 방법도 발전한다. 대신에 리더십은 우리가 직장에서, 학교에서 혹은 레크리에이션 활동에 참여하는 일상에서 마주치는 무엇이다. 바라건대 이 장이 당신에게 리더십 연구에 대한 어떤 근본적인 문제에 대한 분명한 개관을 보여 주고, 일상생활에서 경험하는 리더십에 대하여 생각하는 틀을 제공해 주었기를 바란다.

리더 스포트라이트 : 에이브러햄 링컨

에이브러햄 링컨이 노예해방 선언문을 발표했을 때 미국에 있는 노예들을 해방시켰다는 것은 일반적인 오해이다. 하지만 선언문(여기에 포함되어 있는)을 조심스럽게 읽어 보면 그는 북쪽과 전쟁 중이었던 남부 지역에 있는 노예제도만 불법이라고 선언했다. 링컨은 이미 북부의 통제에 들어 왔거나 북부에 충성하는 남부의 주들이 노예제도를 유지하는 것은 예외로 했다. 링컨은 대통령이 되기 전 몇몇 연설에서 노예제도에 반대한다고 말했다. 왜 링컨은 노예제도를 완전히 철폐하지 않고 북부에 충실한 노예제도를 가지고 있는 주들에 예외를 주었을까? 노예해방 선언문을 읽으면서 다음 문제를 생각해 보라. 링컨이 선언문을 작성할 때 그는 어떤 상황적인 힘을 대면하고 있었는가? 링컨은 전장에서의 리더십 없이 효과적인 최고 사령관이 될 수 있었을까? 링컨이 이 중요한 결정을 할 때 그는 어떤 요인들을 고려해야만 했는가? 링컨은 이 선언문을 쓸 때 카리스마적이었을까 이념적이었을까 혹은 실용적이었을까?

노예해방 선언문

미합중국 대통령에 의해 발표된 선언문

1862년 9월 22일을 기하여 링컨 대통령은 다음과 같은 내용의 선언문을 발표하였습니다.

현재 미합중국에 대하여 반란 상태에 있는 주 또는 주의 일부 지정 지역의 노예들은 1863년 1월 1일 이후부터 영원히 자유의 몸이 될 것이다. 육해군 당국을 포함하여 미국의 행정부는 그들의 자유를 인정하고 지켜 줄 것이며, 그들이 진정한 자유를 얻고자 노력하는 데 어떠한 제약도 가하지 않을 것이다.

미합중국 행정부는 상술한 1월 1일에 여전히 미합중국에 대하여 반란 상태에 있는 주들과 주의 일부 지역이 있다면 이들 지역을 선포에 의해 지정할 것이다. 그리고 그날까지 주 또는 주민 유권자의 과반수가 투표하여 선출한 대의원들을 성의를 갖고 미합중국 의회에 파견하고 있다면 이를 뒤엎을 만한 다른 증언이 없는 한, 그 주와 주민은 미합중국에 대하여 반란상태에 있지 않은 것으로 간주할 것이다.

그러므로 미합중국의 대통령인 나, 에이브러햄 링컨은 미합중국 정부의 권위에 대한 실제 무장 반란 시에 미합중국 육해군 총사령관으로서 부여된 권한에 의거하여 이 반란을 진압하기 위한 적합하고 필요한 조치로서 1863년 1월 1일부터 그 이후 100일 동안 미합중국에 대항해 반란 상태에 있는 다음과 같은 주와 주의 일부 지역을 반란주로 지명하는 바이다.

Arkansas, Texas, Louisiana(New Orleans 시를 포함하여 Parishes of St. Bernard, Plaquemines, Jefferson, St. John, St. Charles, St. James Ascension, Assumption, Terrebonne, Lafourche, St. Mary, St. Martin, Orleans는 제외), Mississippi, Alabama, Florida, Georgia, South Carolina, North Carolina, Virginia(Norfolk 시와 Portsmouth 시를 포함하여 West Virginia란 이름으로 지정된 48개 카운티, Berkley, Accomac, Northampton, Elizabeth City, York, Princess Ann과 Norfolk 카운티는 제외) 그리고 여기서 제외된 지역은 현 시점에서 본 포고가 공포되지 않은 경우와 마찬가지로 다룬다.

상기 권한과 언급한 목적을 위하여 나는 이상의 반란주로 지정된 주와 주의 일부 지역에서 노예로 있는 모든 사람은 이제부터 자유의 몸이 될 것임을 선포한다. 그리고 육군과 해군 당국을 포함하여 미합중국의 행정부는 상기자들의 자유를 인정하고 유지할 것이다.

나는 자유가 선언된 상기의 노예들에게 자기 방어를 위해 필요한 경우가 아니라면 모든 폭력 행위를 삼갈 것을 명한다. 그리고 그들에게 허용된 모든 경우에 적합한 임금을 벌기 위하여 충실히 노동할 것을 권유하는 바이다.

그리고 본인은 적합한 조건을 갖춘 자는 미합중국 군대에 입대하여 요새, 진지 및 기타 부서에 배치되고, 모든 종류의 선박에도 배치될 것임을 알리는 바이다.

그리고 진실로 정의를 위한 행위이며 군사상의 필요에 의하여 헌법에 의해 보증된 이 선언에 대하여 전능하신 하나님의 은총과 인류의 신중한 판단이 함께 하기를 기원한다.

이상의 증언으로서 나는 여기에 서명하고 합중국의 국새를 찍는다.

1863년, 미합중국 건국 제87년, 1월 1일, 워싱턴 시에서

핵심 용어

- 경로-목표 이론
- 관계적 리더십 이론
- 리더 대체 이론
- 리더-멤버 교환 이론
- 변혁적 리더십 이론
- 실용적 리더십
- 업무 지향 행동
- 이념적 리더십
- 인지적 자원 리더십 이론
- 특성 리더십 이론
- Mumford의 뛰어난 리더십 이론

- 경로 지향 활동
- 관계 지향 행동
- 리더 문제 해결 이론
- 목표 지향 활동
- 상황적 리더십 이론
- 암묵적 리더십 이론
- 유관성 리더십 이론
- 인지적 리더십 이론
- 카리스마적 리더십
- 행동 리더십 이론

복습 문제

1. 초기 행동주의 리더십 이론들은 거의 모든 리더 활동을 두 가지 범주로 분류했다. 그 두 가지는 무엇인가?

2. 어떤 리더십 이론이 리더가 내집단 부하들과 외집단 부하들을 형성한다고 말하는가?

3. 경로−목표 이론은 네 가지 다른 리더십 유형을 묘사한다. 네 가지 유형을 나열하고 기술하라.

4. 리더십에 대한 유관성 접근과 상황적 접근에 대하여 비교 대조하라.

5. 인지적 자원 리더십 이론은 리더가 지능과 경험을 사용하는 방식을 논의한다. 각각 어떻게 사용되는지 기술하고 지능이 더 중요한 상황과 경험이 더 중요한 상황을 열거하라.

논의 문제

1. 암묵적 리더십 이론은 부하들이 그들의 리더와 집단에 대해 가지고 있는 아이디어와 의견이 리더가 얼마만큼의 영향력을 그 집단에 미칠 것인가를 결정한다고 한다. 리더가 집단에 영향력을 행사하려고 할 때 부하들의 의견을 고려해야 하는지 아닌지를 논하라.

2. 유관성 이론은 리더는 그의 리더십 유형과 상황이 잘 맞아야만 한다고 말한다. 상황적 이론은 리더는 융통성이 있어야 하고 상황에 맞도록 그의 유형을 바꾸어야 한다고 말한다. 각 접근에 대하여 찬성하는 점과 반대하는 점을 기술하고 당신이 가장 좋다고 생각하는 전략에 대한 주장을 펴라.

개인 활동

개인 활동 1

힘이 있는 높은 지위에 있는 리더 세 명을 열거하고(예 : 회사 사장 혹은 세계적인 리더), 그들을 효과적인 리더로 만든 속성, 행동, 상황적 요인들을 기술하라.

개인 활동 2

제2장에서 배운 내용을 기초로 해서, 다음 중에서 세 가지를 선택하여 답을 작성하라.

1. 집단이 실패하면 그 이유는 리더에게 있다.
2. 실패한 집단을 좋은 리더에게 믿고 맡기면 그 집단을 전환시킬 수 있다.
3. 좋은 리더는 좋은 부하를 필요로 하지 않는다.
4. 좋은 리더는 좋은 부하들에 의해서만 만들어진다.
5. 카리스마가 없다면 결코 효과적인 리더가 될 수 없을 것이다.
6. 리더십은 무형의 자질이다. 어떤 사람은 가지고 있고 어떤 사람은 가지고 있지 않다.
7. 좋은 리더는 그의 부하가 무엇을 생각하는지 걱정할 필요가 없다.
8. 만일 부하가 행복하지 않다면, 리더가 일을 잘못하고 있는 것이다.

집단 활동

집단 활동 1

리더-멤버 교환 이론은 리더가 부하들을 공평하게 대우하지 않는 경우가 많다고 한다. 다른 사람들보다 더 많은 책임을 갖게 되는 부하도 있고, 다른 사람들보다 더 좋은 업무를 배당받는 부하도 있다. 다음 주제에 대하여 논의하라. 이것은 직원들에게 공평한 것인가? 이것은 실무 집단에 어떤 문제를 일으킬 수 있는가? 외집단에서 내집단으로 사람들은 어떻게 이동할 수 있는가? 리더가 모든 그의 부하들과 높은 수준의 관계를 맺어서 외집단 없이 하나의 큰 내집단을 갖는 것이 가능한가?

집단 활동 2

행동주의 리더십 이론은 업무 지향 활동과 관계 지향 활동의 중요성을 강조한다. 이 두 유형의 행동 중에서 어느 것이 더 중요한가 논의하라. 업무 지향 활동에 초점을 맞추는 것이 집단에게 해로울 수 있는 상황이 있는가? 관계 지향 활동에 초점을 맞추는 것이 집단에 해로울 수 있는 상황이 있는가? 가장 효과적인 리더는 업무 지향 행동과 관계 지향 행동 모두가 높은가?

더 읽을거리

Bass, B. M., & Riggio, R. E. (2005). *Transformational leadership*. Mahwah, NJ: Lawrence Erlbaum Associates, Inc.

Fiedler, F. E. (1967). *A theory of leadership effectiveness*. New York: McGraw-Hill.

Graen, G. B. (2005). *New frontiers of leadership (LMX Leadership: The series)*. Charlotte, NC: Information Age Publishing.

Hersey, P. H., Blanchard, K. H., & Johnson, D. E. (2008). *Management of organizational behavior* (9th ed.). Upper Saddle River, NJ: Prentice Hall.

Mumford, M. D. (2006). *Pathways to outstanding leadership: A comparative analysis of charismatic, ideological, and pragmatic leaders*. Mahwah, NJ: Lawrence Erlbaum Associates.

리더십 101

3

리더십 연구 방법

- Alison L. Antes -

사람들은 알고 싶어 하며 그것이 과학의 씨앗이다.

– 랠프 에머슨(Ralph Waldo Emerson)

연구는 형식화된 호기심이다. 그것은 목적을 가지고 꼬치꼬치 캐는 것이다.

– 조라 닐 허스튼(Zora Neale Hurston)

제목만 흘깃 보고서 이 장을 안 읽고 뛰어넘고 싶었겠지만, 그 유혹을 이겨내야만 한다. 리더십이라는 주제를 충분히 이해하기 위해서는 리더십에 대한 지식이 어떻게 획득되는지 알아야만 한다. 일상생활 속에서 일반적으로 리더십에 노출되기 때문에 사람들은 직관적으로 리더십을 이해한다고 믿을 수 있다. 하지만 리더십이 어떻게 작용하는가에 대한 아이디어들은 이론적으로 평가되고 잘 설계된 연구를 통해 검증되어야만 한다. 궁극적으로 리더십에 대한 지식은 연구를 통해 획득되어야만 한다. 비록 이 장이 다른 장들에 비해서 더 테크니컬하게 보일 수 있겠지만, 이 책에서 보여 주는 모든 주제들은 리더십 연구와 연구자들이 그들의 연구를 수행하기 위해 사용하는 방법에서 나온다. 사실 이 장의 제목인 리더십 연구방법이라는 주제는 리더십 이해의 기본이다. 만일 이 장의 내용이 어렵다고 생각한다고 해도 실망하지 마라. 훌륭한 연구자들도 수년에 걸쳐서 연구 방법을 공부한다. 사실 연구 방법만 공부하는 수업도 있고 연구 방법에 대한 책도 많이 나와 있다.

우리는 리더십 연구에서 사용되는 방법들을 이해하기 위해 필요한 몇 가지 연구의 기초를 논의함으로써 이 장을 시작할 것이다. 리더십 연구에 적용되는 주요 방법들을 공부하면서 우리는 이 접근들의 장점과 단점을 논의할 것이다. 이 장은 효과적인 리더십 연구를 수행하기 위한 몇 가지 중요한 권고로 결론을 내릴 것이다. 이 장을 읽고 나면 당신은 리더십 연구에 대하여 더 깊이 이해할 수 있기 때문에 리더십에 관한 주제에 대하여 더 잘 이해하게 될 것이다. 이 장의 몇 가지 학습 목표를 여기에 제시한다. 그러고 나서 우리는 당신이 이 주제에 대하여 더 상세하게 공부하기 전에 두 가지 기본적인 질문을 할 것이다.

- 리더십 연구에 사용되는 전통적인 방법과 최근의 방법을 이해한다.
- 여러 리더십 연구 방법들의 장점과 단점을 이해한다.
- 효과적인 리더십 연구 수행을 위한 권고들을 이해한다.

연구란 무엇인가?

연구research란 관심 있는 현상에 대한 지식을 확장하기 위하여 그 주제에 대한 정보를 수집하는 관찰이나 실험을 활용하는 형식적이고 체계적인 과정이다. 리더십 연구에서 그 관심 있는 현상은, 물론, 리더십이다. 일반적으로 말하면, 리더십 연구의 목표는 다음과 같다. ① 리더십을 기술하기, ② 리더십의 원인을 결정하기, ③ 리더십을 설명하기, ④ 리더십을 예언하기.

이러한 목표들 중에서 어떤 목표를 선택하여 리더십 연구를 할 것인가 하는 문제는 그 연구와 그 연구자가 가지고 있는 목표와 관심에 달려있다. 또한 이 장을 공부하면서 알게 되겠지만, 특정한 목표에 따라 적절한 연구 방식이 달라진다. 리더십 연구는 주로 리더에게 주된 초점을 맞추게 되겠지만, 리더에 의한 영향을 받는 부하들,

> **연구** 관심 있는 현상에 대한 지식의 확장에 공헌할 수 있는 결론을 내리기 위해 관찰이나 실험을 활용하여 그 주제에 대한 정보를 수집하는 형식적이고 체계적인 과정

집단, 조직도 연구한다.

연구 방법이란 무엇인가?

연구자들이 관심을 가지고 있는 현상에 대한 그들의 아이디어와 문제에 접근하기 위한 절차나 테크닉을 개발할 때 그들은 연구 방법을 사용한다. 따라서 리더십 연구에 있어서 **연구 방법**research method이란 리더십에 대한 정보를 수집하기 위해 사용되는 테크닉 혹은 절차를 말한다. 수천 개의 리더십 연구들은 다양한 방법을 사용하여 여러 리더십 상황(예 : 기업, 군대, 정치, 교육) 속에서 수행되었다. 연구자가 연구를 위하여 어떤 방법을 사용할 것인가 결정하는 것을 설계한다고 말한다. 그래서 연구에서 사용될 연구 방법과 절차로 구성되는 최종 계획을 **연구설계**research design라고 부른다.

> **연구 방법** 연구에 대한 정보를 수집하기 위해 사용되는 테크닉 혹은 절차
> **연구설계** 연구에서 사용될 연구 방법과 절차로 구성되는 최종 계획

리더십 연구의 기본

여기에서는 연구의 몇 가지 기본을 다룬다. 이 정보들 중 일부는 어떤 독자들에게는 복습이 될 수 있겠지만, 연구자들에 의해 사용되는 언어를 이해하는 것은 중요하다. 그러므로 우리는 기본적인 연구 용어들과 연구 유형들 간의 중요한 차이점을 설명할 것이다. 우리는 또한 연구 과정의 성격에 대해서도 논의할 것이다.

연구에 사용되는 언어

이론은 연구에서 결정적인 개념이다. **이론**theory이란 특정한 현상에 대하여 설명할 수 있는 개념(혹은 아이디어)이다. 이론에 의해 제안된 아이디어들은 구체적인 가설이 될 수 있고 그것은 다시 연구에서 검증될 수 있다. **가설**hypothesis

> **이론** 특정한 현상에 대하여 설명할 수 있는 개념(혹은 아이디어)
>
> **가설** 변인들 간에 기대되는 관계를 나타내는 이론에서 나오는 진술
>
> **변인** 여러 가지 양이나 유형으로 존재할 수 있는 성분, 특성, 조건

은 변인들 간의 기대되는 관계를 나타내는 이론에서 나오는 진술이다. 예를 들어, 변혁적 리더십 이론(제7장 참조)에 기초한 한 가지 가설은 '리더의 연설 속 정서적 메시지가 부하의 동기에 영향을 미칠 것이다'로 진술될 수 있다. **변인**variable은 여러 가지 양이나 유형으로 존재할 수 있는 성분, 특성, 조건이다. 예를 들어, 성별, 지능, 동기는 모두 변인이다. 변인은 연구에서 중요한 관심 대상이다.

변인의 두 가지 중요한 유형은 독립변인과 종속변인이다. **독립변인**independent variable은 연구에서 관심 있는 현상을 설명하는 변인이다. **종속변인**dependent variable은 독립변인에 의존하는 혹은 독립변인에 의해 영향을 받는 변인

> **독립변인** 연구에서 관심 현상을 설명하는 변인
>
> **종속변인** 독립변인에 의존하는 혹은 독립변인에 의해 영향을 받는 변인

```
독립변인              종속변인
(예 : 리더의 지지)  →  (예 : 부하의 수행)
```

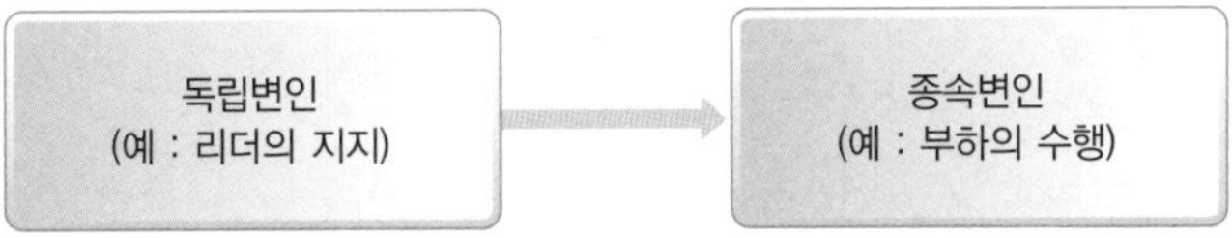

그림 3.1 독립변인과 종속변인 간의 관계

이다. 독립변인과 종속변인 간의 관계가 그림 3.1에 나타나 있다. 예를 들어 연구자가 리더의 지지가 부하의 수행에 미치는 영향을 조사한다면, 리더의 지지는 독립변인이 되고 부하의 수행은 종속변인이 된다. 독립변인은 종속변인에 영향을 미치거나 그 원인이 된다.

또 하나의 중요한 변인은 통제변인이다. **통제변인**control variable은 연구자가 통제하고 싶거나 변하지 못하게 하고 싶은 변인이다. 앞에서의 리더 지지 예에서 보면, 부하의 일 경험이 확실하게 통제되도록 하는 것이 중요할 것이다. 그것은 리더의 지지와 부하의 일 경험 모두가 부하의 수행에 영향을 미치기 때문이다. 만일 부하의 일 경험을 일정하게 하지 않는다면, 연구자는 부하의 수행에서의 차이가 리더의 지지 때문인지 부하의 일 경험 때문인지 알 수가 없다. 많은 변인들이 리더십 연구에서 연구될

리더 변인	부하 변인	상황 변인
• 성격 • 자신감 • 정서 • 대인관계 기술 • 문제 해결 • 의사결정 • 지지 행동 • 동기 • 세력 • 영향력 전술 • 지식 • 수행	• 경험 • 헌신 • 만족도 • 능력 • 창의성 • 신뢰 • 리더에 대한 지각 • 동기 • 수행	• 조직 유형 • 집단 크기 • 조직 크기 • 조직 구조 • 일의 복잡성 • 일의 상호 연관성 • 환경적 불안정성 • 집단 응집력

그림 3.2 리더십 연구에서의 변인들의 예

수 있다. 리더십 연구에서 기본적으로 관심 있는 변인들로는 리더, 부하 그리고 리더십이 발휘되는 상황에 관련한 변인들이다(Yukl, 2006). 그림 3.2는 이런 중요한 세 가지 종류의 변인들을 제시하고 있다.

리더십 연구에서 변인들에 대한 수집된 정보를 자료라고 한다. **자료**data란 연구를 통해 관찰되거나 획득된 정보의 조각들이다. 자료 수집의 대상이 되는 사람을 **연구 대상자**research subject(혹은 참여자participant)라고 부른다. 연구자들은 **측정**measurement이라는 단어를 종종 사용하는데, 그것은 변인에 대해 수집

> **자료** 연구를 통해 관찰되거나 획득된 정보의 조각들
> **연구 대상자(혹은 참여자)** 자료 수집의 대상이 되는 사람
> **측정** 변인에 대해 수집한 자료를 숫자로 나타내는 것
> **측정도구** 수치 자료를 수집하기 위해 사용되는 질문지나 검사도구
> **서베이** 연구 참여자들이 그들의 반응을 선택하여 사용할 수 있도록 하는 숫자 척도로 된 질문들

한 자료를 숫자로 나타내는 것을 의미한다. 종종 수치 자료를 수집하기 위해 사용되는 질문지나 검사도구를 **측정도구**measure라고 부른다. 사람들이 생활 속에서 만나는 측정의 예를 생각해 보자. 체중계로 당신의 몸무게를 잴 때, 당신은 당신 체중(변인)에 대한 수치를 얻는 것이고 그것은 숫자(kg)로 표시된다.

리더십 연구에 대한 미묘한 문제는 많은 변인들이 측정하기가 간단하지 않다는 점이다. 예를 들어, 당신이 성실성(예 : 자신감 있고, 조직적이고 자신의 일에 철저한)이라는 리더 성격 변인을 측정하기를 원한다고 생각해 보자. 이 변인을 측정하기 위해 당신은 그 리더를 성실성 척도에 올려놓을 수가 없다. 그래서 연구자들은 일반적으로 참여자들에게 그들 자신에 대한 질문이나 진술에 답하도록 부탁함으로써 변인을 측정한다.

예를 들면, "나는 항상 준비가 되어 있다." 그리고 "나는 세부적인 것들에 주의를 한다." 등이다(Goldberg, 1999). 이 질문이 일반적으로 **서베이**survey라고 말하는 것이다. 서베이에서 참여자들에게 그들의 반응을 선택할 수 있도록 숫자 척도를 준다. 예를 들어 앞의 진술문에 대한 대답으로 1, 2, 3, 4 혹은 5를 선택하도록 하는데, 여기에서 1은 그 진술은 매우 부정확하다를 의미하고 5는 그 진술은 매우 정확하다를 의미한다.

리더십 연구에서 흥미 있는 독립변인은 일반적으로 리더 효과성이지만, 이것을 어떻게 측정할 수 있는가? 이것은 답하기 어려운 문제다. 연구자들은 리더 효과성을 여러 가지 방식으로 측정했지만, 일반적으로는 리더가 그의 부하들이나 조직에 미치는 효과로 결정한다(Yukl, 2006). 리더가 그의 부하들이나 조직에 미칠 수 있는 효과가 크기 때문에 많은 변인들을 살펴볼 수 있다. 예를 들어 조직의 성장, 생산성, 이익 혹은 부하의 헌신, 만족도, 신뢰도를 조사할 수 있다. 리더 효과는 광범위한 개념으로서 그것을 연구하기 위해서는 여러 부분들로 세분화해야 한다. 따라서 많은 경우에 연구자들은 같은 연구에서 여러 가지의 리더 효과성 변인들을 살펴본다.

질적 연구 대 양적 연구

질적 연구qualitative research는 리더 행동을 관찰하거나 리더나 부하들을 면접하고 상세한 기록을 해서 자료를 수집하는 것을 말한다. 질적 연구는 연구의 핵심 이슈들을 실제로는 알 수 없다는 의미에서 사실상 탐색적인 경우가

> **질적 연구** 리더 행동을 관찰하거나 리더나 부하들을 면접하고 상세한 기록을 해서 자료를 수집하는 연구

많다. 질적 연구의 상세한 기록은 주제
나 양상을 끌어내고 리더십의 성격에
대하여 그것들이 무엇을 의미하는지

양적 연구 특별한 가설을 검증하
기 위해 변인들을 측정하는 연구

해석함으로써 분석된다. 이에 반해 **양적 연구**quantitative research는 특별한 가
설을 검증할 때 변인들을 측정하는 것에 초점을 맞춘다. 이 두 유형의 중
요한 차이는 자료에서 구하는 그것의 성격이다. 질적 연구에서의 자료가
서술적이고 숫자가 아닌 형태를 취하는 반면에 양적 연구에서의 자료는
수치로 측정되고 표현된다. 가끔 질적 연구에서 나온 연구결과들이 양적
연구에서 검증되는 가설을 위한 아이디어를 제공한다.

실험 연구 대 비실험 연구

양적─질적 구분 이외에 연구 방법은 실험 연구와 비실험 연구로 구분할
수도 있다. **비실험 연구**nonexperimental research에서는 관심 있는 변인들 간의
관계를 자연스럽게 발생하는 대로 그
변인들을 관찰하거나 측정함으로써 연
구한다. **실험 연구**experimental research에서
는 연구자가 관심 있는 독립변인을 조
작하고 모든 다른 변인들을 통제하거
나 일정하게 함으로써 관심 있는 변인
들을 직접적으로 연구한다.

비실험 연구 관심 있는 변인들
이 자연스럽게 일어나는 대로 관
찰하거나 측정함으로써 그 관계
를 알아보는 연구

실험 연구 연구자가 관심 있는
독립변인을 조작하고 모든 다른
변인들을 통제함으로써 관심 있
는 변인들을 직접적으로 격리시
키는 연구

조작 연구자가 다른 집단에 미
치는 영향을 알아보기 위해 독립
변인을 바꾸는 것

　　독립변인을 **조작**manipulate한다는 것
은 독립변인에 미치는 영향을 알아보

실험 조건 독립변인의 다른 처치가 적용되도록 참여자들을 다르게 집단 구성을 하는 것
통제 집단 실험에서 처치가 주어지지 않는 집단
무작위배치 연구 참여자들을 다른 실험 집단에 무선적으로 배치하는 행동

기 위해 연구자가 실험 집단의 독립변인과 통제 집단의 독립변인의 처치를 다르게 하는 것을 의미한다. 예를 들어, 만일 연구자가 부하의 헌신(예 : 직무에 대한 애착과 충성심)에 대한 리더의 피드백(예 : 부하들에게 그들이 어떻게 하고 있는지 말해 주는 것)의 효과를 알고 싶어 한다면, 그 연구자는 한 집단에게는 긍정적인 피드백을 주고 다른 집단에게는 부정적인 피드백을 줌으로써 참여자들에게 주는 피드백의 유형을 조작할 수 있을 것이다. 연구 참여자들이 이 조건들 속에서 다른 처치에 노출되기 때문에 긍정적인 피드백과 부정적인 피드백을 종종 **실험 조건**experimental condition이라고 부른다. **통제 집단**control group에는 처치를 주지 않고(앞의 예에서는 피드백을 주지 않는 것), 실험 집단을 그 통제 집단과 비교한다.

종속변인에 영향을 미칠 수 있는 모든 다른 변인들을 통제하거나 일정하게 함으로써 연구자는 실험 연구에서 독립변인이 어떻게 종속변인에 영향을 미치는가를 보여 줄 수 있다. 모든 다른 변인들을 통제하는 것은 참여자들을 통제 집단과 실험 집단에 무작위로 배치함으로써 가능하다. **무작위배치**random assignment란 연구 참여자들이 실험 집단과 통제 집단에 무작위로 배치되는 것을 의미한다. 이 절차는 평균적으로 그 집단들이 그 처치에 노출되기 전에는 모든 다른 변인들이 동등하다는 것을 보장하기 때문에 다른 변인들을 통제한다고 말할 수 있다. 실험에서 이런 통제가

가능하기 때문에 연구자는 독립변인이 종속변인의 원인이 되는지에 대한 결론을 내릴 수 있는 것이다. 비실험 연구에서는 독립변인과 종속변인 간의 원인과 결과의 관계에 대한 결론을 분명하게 내릴 수 없다.

앞의 예에서, 만일 긍정적 피드백 집단과 부정적 피드백 집단에 따라 부하의 헌신이 다르다면, 그 연구자는 피드백의 유형이 부하가 헌신하는 정도의 차이에 대한 원인이 된다고 결론 내릴 수 있을 것이다. 만일 비실험 연구가 피드백이 부하의 헌신과 관련이 있다는 것을 발견한다면, 독립

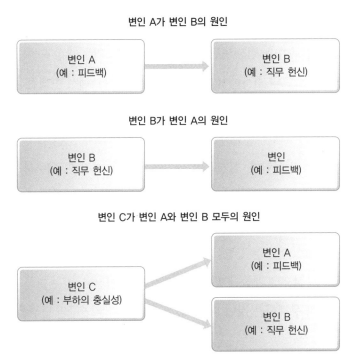

변인 A가 변인 B의 원인

변인 A
(예 : 피드백) → 변인 B
(예 : 직무 헌신)

변인 B가 변인 A의 원인

변인 B
(예 : 직무 헌신) → 변인
(예 : 피드백)

변인 C가 변인 A와 변인 B 모두의 원인

변인 C
(예 : 부하의 충실성) → 변인 A
(예 : 피드백)

변인 B
(예 : 직무 헌신)

그림 3.3 비실험 연구에서의 가능한 변인 관계들. 비실험 연구에서는 독립변인과 종속변인이 어떻게 관련이 되는가를 설명할 수 있는 세 가지 가능성이 있다. 연구자는 독립변인(변인 A)이 종속변인(변인 B)의 원인이 된다는 것을 확신할 수 없다.

변인과 종속변인 간의 관계에 대한 세 가지 가능성이 있을 것이다. 이 세 가지 가능성이 그림 3.3에 나타나 있다. 한 가지 가능성은 피드백(변인 A)이 부하의 직무 헌신(변인 B)의 원인이 된다는 것이다. 또 다른 가능성은 직무 헌신(변인 B)이 피드백(변인 A)의 원인이라는 것이다. 마지막 가능성은 부하의 성실성과 같은 어떤 다른 변인(변인 C)이 피드백(변인 A)과 직무 헌신(변인 B) 모두의 원인이 된다는 것이다.

현장 연구 대 실험실 연구

연구에 대한 또 다른 구분은 연구가 수행되는 장소와 관련되는 현장 연구 대 실험실 연구이다. **현장 연구**field research는 자연스러운 상황 — 예를 들어 최고경영자를 그의 회사에서 연구하는 것과 같이 — 에서 수행된다. 현장 연구는 연구 참여자들을 자연스러운 환경에서 연구하기 때문에 가치가 있지만, 연구가 되는 중요한 요인들에 영향을 미칠 수 있는 요인들에 대한 통제를 하기 어렵다. 실천적인 관점에서 보면, 현장 연구는 시간과 비용이 많이 들고 연구되는 집단이나 조직의 정상적인 기능을 방해할 수 있기 때문에 수행하기가 어렵다.

한편 실험실 연구는 실험실에서 관심 있는 변인들을 연구한다. 실험실 연구에서는 실제로 관심이 있는 것들에 영향을 미칠 수 있는 다른 변인들을 연구자가 통제하는 것이 더 쉽다. 하지만 실험실 연구의 단점은 그 상황이 현실적이지 않다는 것이다. 따라서 실험실에서 발견한 연구결과들이 실제 세상에서 일어나는 것과 일치하

현장 연구 자연스러운 상황에서 수행되는 연구

는 정도에 의문이 생긴다. 실험실 연구에서의 또 다른 일반적인 이슈는 대학생들을 참여자로 사용하는 문제다. 대학생들은 대학교에서 쉽게 접근할 수 있기 때문에 연구에서 사용되지만, 실세상의 리더들은 실험실 연구에 참여하기 위해 그들의 스케줄에서 시간을 내어 줄 확률은 적다. 연구자들은 대학생들이 실세상에서의 리더십을 연구하기 위한 적절한 표본인가에 대해 가끔 논쟁한다.

연구 과정

이제부터는 연구 과정에 관련된 단계들을 간단하게 살펴보기로 한다(Graziano & Raulin, 2004). 그림 3.4는 연구 단계들을 잘 보여 주고 있다. 첫째, 리더십 학자들은 리더십이 어떻게 작용하는가에 대한 일반적인 아이디어, 이론 혹은 문제를 개발해야만 한다. 다음에 연구자는 다른 리더십 연구자들이 그들의 연구에서 이론화하고 발견한 것들을 살펴봄으로써 관심 주제에 대한 기존의 연구와 이론에 대해 잘 알고 있어야 한다. 그 다음에는 처음의 아이디어나 이론을 검증할 수 있는 가설이나 연구 문제로 정교화함으로써 구체적인 연구 문제나 가설을 설정할 필요가 있다. 가설이 설정된 후에 이 가설을 검증하기 위한 연구 방법이 선택되고 연구 설계를 해야 한다. 이 단계에서, 연구자는 어떤 연구 방법을 사용할 것인가를 결정해야 한다. 이 장의 나머지 부분에서는 연구 방법들과 각 연구 방법이 가지고 있는 핵심적인 장점과 단점에 대한 다양한 의견들을 다룰 것이다.

비록 연구 과정에서의 그 다음 단계들은 이 책에서 다루지 않지만, 연구 방법을 선택하고 연구 설계를 한 후의 후속 절차를 알아두는 것도 중

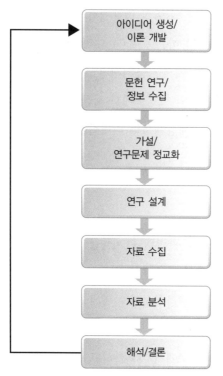

```
┌─────────────┐
│ 아이디어 생성/ │◀──┐
│  이론 개발   │   │
└─────────────┘   │
      ▼           │
┌─────────────┐   │
│ 문헌 연구/   │   │
│  정보 수집   │   │
└─────────────┘   │
      ▼           │
┌─────────────┐   │
│   가설/      │   │
│ 연구문제 정교화 │   │
└─────────────┘   │
      ▼           │
┌─────────────┐   │
│   연구 설계   │   │
└─────────────┘   │
      ▼           │
┌─────────────┐   │
│   자료 수집   │   │
└─────────────┘   │
      ▼           │
┌─────────────┐   │
│   자료 분석   │   │
└─────────────┘   │
      ▼           │
┌─────────────┐   │
│   해석/결론   │───┘
└─────────────┘
```

그림 3.4 연구 과정에서의 주요 단계들. 연구에는 여러 단계가 있으며, 아이디어 개발로 시작해서 연구 설계로 진행된 후 자료를 수집하고 해석한다. 연구에서 얻은 결론은 후속 연구 주제에 대한 새로운 아이디어를 제공한다.

요하다. 연구가 설계된 후에는 이전 단계에서 개발된 연구 절차를 적용한다. 그것은 자료 수집 단계에 속한다. 자료 수집 후의 단계는 전형적으로 통계를 사용하여 자료를 분석하며, 질적 자료를 위해서는 내용 분석이 사용될 수도 있다. **통계**statistics란 연구자가 양적(예 : 숫자) 자료를 조직하고 이해하고 결론을 이끌어 내는 것을 도와주

통계 연구자가 양적 자료를 조직하고 이해하고 결론을 이끌어 내는 데 도움을 주는 개념, 규칙, 절차

는 개념, 규칙, 절차들이다. **내용 분석** content analysis은 수집된 질적(예 : 비슷자) 자료를 검토하는 과정으로 어떤 변인, 주제 혹은 양식에 대하여 정보를 검

토하며, 그 후에 적절한 결론이 도출된다. 특히 정보를 조사하고, 숫자값을 범주화하고, 분류하고, 정보에 숫자값을 부여하기 위해 심사자들이 사용될 때, 흔히 내용 분석을 내용 부호화content coding라고 한다. 심사자들은 대개 그 연구되는 주제에 대한 전문가이거나 그 변인을 인식하고 부호화할 수 있도록 훈련받은 사람들이다. 마지막으로 그 가설이 옳은지 혹은 연구 문제에 대한 답이 명료화되었는지에 대한 결론을 내린다.

이 단계들이 끝난 후에 다른 중요한 단계들이 있다. 그 연구에서 얻은 결론을 작성하고 다른 연구자들에게 전달해야 한다. 이 연구결과들은 그 연구자와 다른 연구자들이 리더십이 어떻게 작용하는가를 이해하기 위한 혹은 현재 이론을 검증하기 위한 새로운 가설을 찾아낼 수 있는 아이디어를 개발하기 위해 사용될 것이다. 연구에서 알게 된 것을 추후 연구에 전달하기 위해 사용되는 이 과정이 그림 3.4에서 결론 단계에서 다시 연구의 초기 단계로 돌아가는 화살표로 나타나 있다.

이것은 간단하게 설명한 연구 과정이라는 것을 염두에 두는 것이 중요하다. 실제로 연구가 수행될 때 반드시 이 단계별로 수행되지는 않는다. 예를 들어, 아이디어가 먼저 나오고 그 다음에 기존 연구를 검토하는 것이 아니라, 기존 연구와 이론을 검토하고 리더십에 대한 아이디어를 개발하는 것이 종종 함께 일어나며, 이것은 독자들의 연구 과정에서의 기본적

인 이해를 돕기 위한 것일 뿐이다. 연구자가 각 단계에서 결정해야 할 것은 수없이 많으며 여기에서 논의되지 않은 많은 세세한 것들이 있다는 것을 염두에 두어야 한다.

리더십 연구에서의 방법

이제 리더십에 대한 연구문제와 가설에 사용되는 구체적인 연구 방법으로 돌아가자. 첫째, 우리는 서베이 방법을 다룬다. 서베이 방법은 역사적으로 리더십 연구에서 가장 인기 있는 방법이다. 다음에 우리는 실험 연구에 대해서 논의하고, 그 다음에 역사측정학적 연구와 양적 연구를 다룬다. 각 연구 방법은 장점과 단점을 가지고 있으며 이 점들에 대해서 조명해 볼 것이다.

서베이 연구

서베이 연구survey research에서 연구자는 일반적으로 리더의 부하들인 참여자의 표본을 선택하며, 리더십에 대한 자료를 얻기 위해 그들에게 설문지에 답하도록 부탁한다. 예를 들어, 리더-멤버 교환 이론(제2장과 제5장 참조)에 기초한 특별한 설문지는 부하들에게 리더와 그들의 관계의 질에 대한 질문에 답하도록 요구한다. 한 질문은 "당신의 리더는 당신의 잠재력을 인식합니까?"이다(Graen & Uhl-Bien, 1995). 부하들은 1에서 5 사이의 답을 선택한다. 1은 '전혀 아니요', 3은 '적당히', 5는 '충분히'를 의미한다. 리더-멤버 교환(독립변인)이

> **서베이 연구** 자료를 수집하기 위해 참여자 표본에게 설문지를 시행하는 연구 방법

부하의 동기(종속변인)에 미치는 영향을 알아보는 서베이 연구에서 연구자는 부하 동기에 대한 다른 조사로부터도 자료를 수집할 것이다.

서베이 연구에서 리더십과 같은 복잡한 것을 연구하기 위해 한 가지 독립변인과 한 가지 종속변인 간의 관계만 연구하는 것으로는 부족하기 때문에 일반적으로 두 가지 이상의 변인에 대한 자료를 수집한다. 예를 들어, 부하의 동기를 조사하는 것 이외에 연구자는 부하의 수행을 측정할 수도 있다. 연구자들은 그들의 연구에서 통제하기를 원하는 통제변인을 측정하기 위해 조사하는 경우도 가끔 있다. 이 경우에 리더-멤버 교환과 부하의 동기와 수행 간의 관계는 부하가 리더와 함께 일한 기간에 의한 영향도 받을 수 있다. 그러므로 연구자는 그들이 함께 일한 기간에 대해 자료를 수집하고 이것을 통제변인으로 사용할 수 있다.

그밖에 연구자들이 일반적으로 측정하고 연구하고 싶어 하는 특별한 두 가지 유형의 변인들이 있다. 이 변인들은 그림 3.5에 나타나 있다. 첫 번째 유형은 **매개변인**mediator variable으로 독립변인과 종속변인 간의 관계를 설명하는 변인이다. 예를 들어, 리더-멤버 교환이 부하의 수행에 미치는 영향에서, 리더-멤버 교환이 업무 관련 지식의 접근에 영향을 미칠 가능성이 있기 때문에 부하의 수행은 지식에 의해 매개되거나 설명될 수 있다. 두 번째 유형의 특별한 변인은 **조절변인**moderator variable이며 그것은 두 변인 관계의 강도에 영향을 미친다.

예를 들어, 만일 리더-멤버 교환과 부하의 동기 간 관계가 부하가 하고 있는 일이 재미있을 때에는 증가하고 재미

> **매개변인** 독립변인과 종속변인 간의 관계를 설명하는 변인
> **조절변인** 변인들 간의 관계의 강도에 영향을 미치는 변인

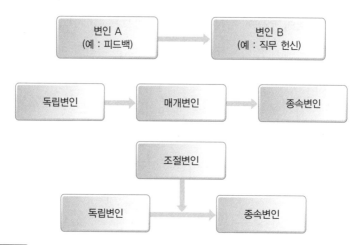

그림 3.5 매개변인과 조절변인. 그림 3.1에서는 독립변인과 종속변인만 나와 있지만, 이 그림에서는 매개변인과 조절변인이 첨가되었다. 매개변인은 독립변인과 종속변인 간의 관계를 설명하는 변인인 반면에, 조절변인은 독립변인과 종속변인 간의 관계의 강도에 영향을 미친다.

없을 때에는 감소한다면, 일의 흥미 수준이 조절자가 된다.

Johnson(2008)에 의해 수행된 한 연구는 서베이 연구의 좋은 예이다. Johnson은 리더십에서 정서의 역할을 연구했다. 학교 교사가 부하들이고 교장이 리더들이었다. 교사들에게 정서에 대한 세 가지 조사를 했다. 첫째, 교사들의 일반적인 정서 상태(예 : 그들이 일반적으로 긍정적으로 느끼는가 혹은 부정적으로 느끼는가)를 측정했고, 둘째, 직장에서 그들의 일반적인 정서(예 : 직장에 있는 동안 그들이 긍정적으로 느끼는지 혹은 부정적으로 느끼는지), 마지막으로 그들이 다른 사람들의 정서에 의해 얼마만큼 영향을 받는 경향이 있는지를 조사했다. 또한 교사들의 변혁적 리더십(제7장 참조)에 대한 다중성분 리더십 설문지Multifactor Leadership Questionnaire, MLQ 조사를 했다. 이 조사에서 교사들은 그들의 교장들이 목표가 달성될 것이라는 자신감을 표현하고 가치에 대해 이야기하는 것과 같은 카리스마적인 리더십 행동을 나타내는가 하는 것을 보고했다(Bass & Avolio, 1995). 마지막으로 교사들에게 그들의 교장들이 다른 사람들과 협동하기와 같은 도움이 되는 행동을 얼마나 할 것인가에 대한 조사에도 답하도록 했다.

이 연구에서는 교장들도 조사했다. 그들은 교사들과 같은 두 가지 설문지를 완성했다 — 그들이 일반적으로 그리고 직장에서 얼마나 긍정적으로 혹은 부정적으로 느끼는가에 대하여. 그들은 또한 성실성이나 상냥함과 같은 성격 특성을 측정하는 설문지에도 답했으며, 그것은 통제변인으로 사용되었다.

그녀의 자료에 기초해서, Johnson(2008)은 직장에서의 리더의 정서는 부하의 직장에서의 정서에 영향을 주며, 특히 타인의 정서에 의한 영향을 많이 받는 부하들에게 영향을 미친다는 결론을 내렸다. 그녀의 연구에서 리더가 직장에서 긍정적일 때 부하들이 직장에서 더 긍정적이고, 리더가 직장에서 부정적일 때는 부하들이 덜 긍정적이었다. 그녀의 연구는 또한 직장에서의 부하의 긍정적인 정서가 리더를 더 카리스마적이고 더 도움이 되는 직무 행동을 하게 한다고 보는 것과 관련이 있었다.

장점과 단점

서베이 연구의 한 가지 장점은 비교적 비용이 적게 들고 꽤 쉽게 연구 참여자들에게 실시할 수 있다는 것이다. 서베이 연구를 실시하기 위한 인터넷의 사용이 인기를 얻고 있는데 그것은 사람들이 어느 곳에서나 조사에 접근할 수 있고 컴퓨터를 통해 쉽게 자료를 수집할 수 있기 때문이다. 연구 참여자들이 연구실로 갈 필요 없이 편안하게 연구에 참여할 수 있도록 하면, 많은 참여자들로부터 자료를 수집하기가 비교적 쉽다. 그럼에도 불구하고 이 유형의 연구는 많은 단점을 가지고 있기 때문에 좋은 서베이 연구를 실시하는 것은 어려울 수 있다.

첫 번째로, 서베이 연구가 리더십의 이해에 독특하고 중요한 어떤 공헌을 하기 위해서는 가설을 설정하고 어떤 변인들을 결정하는 데에 있어서 많은 노력을 해야 한다. 특히 연구자가 어떤 변인들을 연구에 포함시킬 것인가를 결정하는 것이 중요하다. 몇몇 중요한 변인들이 핵심적인 독립변인과 종속변인들만큼 분명하지 않을 수 있다. 구체적으로 연구자는 그 연구에 통제변인, 매개변인, 조절변인을 포함시킬 필요가 있는지 결정해야만 한다.

서베이 연구에 대한 또 다른 도전은 연구에 포함시킬 설문지를 선택하는 것이다. 연구자들이 연구에 사용할 수 있는 많은 설문지를 이미 갖고 있다면 그것을 이용하는 것도 도움이 될 수 있다. 하지만 연구에 사용되기 위해서는 그 설문지가 효과적이라는 것을 보여 주어야만 하기 때문에 기존의 설문지를 사용하는 것은 도전적일 수 있다. 어떤 변인을 측정하는 설문지가 없을 때, 새로운 설문지를 개발하는 것은 어렵고 시간이 걸리는 과정이 될 수 있다. 사실 한 장을 통틀어 혹은 책 한 권을 검사도구를 어떻게 개발하고 그 설문지가 효과가 있는가에 대해 설명하는 것만으로 채울 수도 있다. 결국 서베이 연구에서 나온 자료의 장점은 그 자료를 수집하기 위해 사용된 설문지의 장점을 능가할 수 없다는 것을 기억하는 것이 중요하다.

이 아이디어와 연결되어 있는 것이 서베이 연구의 또 다른 중요한 단점이다. 이것은 서베이 연구가 연구 참여자들이 설문지에 있는 질문에 정확하게 답할 수 있다고 가정한다는 것이다. 왜 참여자들이 정확하지 않을 수 있는가에 대한 수많은 이유가 있다. 무엇보다도 참여자들은 그들이 그들의 리더의 행동에 대한 질문을 받으면 정확하게 기억을 못할 수도 있고 혹은 리더가 하는 모든 것을 보지 못했을 수도 있다. 또 다른 문제로는 참여자들은 자신들이 정확하게 답하고 있다고 생각할 수 있겠지만, 실제로는 현실에 기초하지 않은 질문에 답하고 있을 수 있다는 것이다. 예를 들어, 단순히 그의 리더를 좋아하거나 싫어하는 것이 어떻게 반응하는가에 영향을 미친다(Brown & Keeping, 2005). 그래서 리더가 매우 효과적이지만 만일 개인적으로 그를 좋아하지 않는다면 효과성에 대한 리더의 질문에 그 부하는 정확하지 않은 답을 할 수 있다.

서베이 연구의 또 다른 중요한 결점은 설문지를 통해 모든 리더십 현상을 포착할 수 없다는 점이다. 예를 들어, 리더가 문제를 해결할 때 어떻게 생각하는가 하는 것은 연구의 중요한 이슈지만, 이 이슈에 대해 서베이 연구를 사용하여 연구하기는 어려울 것이다(Mumford, Friedrich, Caughron, & Antes, 출판 중). 그밖에 서베이 연구는 리더십이 실제로 어떻게 일어나는가 하는 복잡성을 포착하지 않기 때문에 제한점을 가지고 있다. 상황과 사회적 역동과 같은 중요한 변인들이 제외되었을 수 있다. 마지막으로 서베이 연구는 비실험적이다. 따라서 이 유형의 연구에서는 변인들 간의 원인과 결과의 관계를 확인하는 것이 불가능하다.

실험 연구

리더십을 연구하기 위한 실험 연구는 서베이 연구가 가지고 있는 몇 가지 제한점들을 다루면서 많은 인기를 얻었다. 예를 들어, Jaussi와 Dionne (2003)은 비관습적인 리더 행동이 부하의 창의성에 미치는 영향을 살펴보기 위해 한 가지 실험을 했다. 그 표본은 대학생들로 구성되었고 두 가지 독립변인으로 변혁적 리더십(제7장 참조)과 리더십 행동이 있었다. 참여자들을 변혁적 리더십이 높거나 낮은 조건 그리고 리더 행동이 관습적이거나 비관습적인 조건에 배치했다. 이 독립변인들은 연구 조교가 낮은 변혁적 리더 혹은 높은 변혁적 리더 역할을 하고 비관습적인 행동을 하거나 혹은 하지 않는 역할을 하도록 함으로써 조작되었다. 비관습적인 행동에는 리더가 그의 이름의 알파벳 이니셜을 탁자 위에 쓰고, 특별한 티셔츠를 입으라고 부하들에게 말하고, 의자 위에 서는 행동 같은 것들이 포함된다. 참여자들에게 갈등적인 주제에 대하여 이야기하게 하고(예 : 학교에서 점수 제도를 없애기) 그룹 발표를 하게 했다. 심사자들은 집단 발표의 질과 창의성에 대하여 평가를 했다. 그들의 연구에서 Jaussi와 Dionne은 비관습적인 리더 행동이 부하들이 그들의 리더를 창의성에 대한 역할 모델로 보게끔 하는 원인이 되었고 그것은 각 집단을 결합시키는 데 도움이 되었다. 궁극적으로 비관습적인 리더 행동은 부하들을 더 창의적으로 만들었다.

리더 역할을 하는 한 사람이 독립변인을 조작하기 위해 사용된 Jaussi 와 Dionne(2003)의 연구와 반대로, 리더십의 실험 연구를 위한 또 다른 접근은 연구 참여자들에게 비즈니스 리더의 역할을 맡는 상상을 하라고 요구한다. 그러고 나서 참여자들에게 리더가 그들의 일터에서 하는 실세계의 업무와 비슷한 업무를 처리하도록 부탁한다(Mumford et al., 출판중). 이 유형의 연구는 종종 시뮬레이션 연구라고 불린다. 시뮬레이션 연구는 특히 리더의 의사 결정, 문제 해결, 계획, 창의성을 포함하는 리더의 인지(예 : 리더가 사고하는 방식)를 알아보기 위한 중요한 가치가 있다.

시뮬레이션 연구에서 참여자들에게 완성하도록 요구하는 과제 속에서 독립변인이 조작된다. 예를 들어, 만일 연구 문제가 문제 해결에 대한 과거 사고 혹은 미래 사고의 영향에 대한 것이라면, 문제를 해결하려고 하기 전에 한 조건의 참여자들에게는 그들의 과거 경험을 생각하라고 요구하고, 다른 조건의 참여자들에게는 미래에 경험할 것 같은 것에 대해 생각하라고 요구할 것이다(Antes & Mumford, 출판 중). 또 다른 가능한 조작의 예는 문제의 복잡성이다. 문제 복잡성은 참여자들에게 한 조건에서는 두 가지 주요 이슈를 포함하고 있는 문제를 제시하고 다른 조건에서는 다섯 가지 주요 이슈를 포함하고 있는 문제를 제시함으로써 조작할 수 있다. 시뮬레이션 연구가 효과가 있기 위해서는 참여자들이 완성하는 연구 과제가 실제 리더십 상황의 성격을 반영해야만 한다(Mumford et al., 출판 중).

장점과 단점

실험 연구의 가장 눈에 띄는 장점은 원인과 결과 관계에 대하여 결론을 도출할 수 있다는 점이다. 그밖에 실험 방법은 연구자가 서베이 연구에서는 알아볼 수 없는, 특히 리더의 사고나 의사결정과 같은 현상의 변인을 살펴볼 수 있도록 해 준다. 하지만 실험 연구에 단점이 없는 것은 아니다.

　실험 연구에 대한 가장 일반적인 비판은 실세계의 복잡성이 부족하기 때문에 실험 연구는 비현실적이라는 점이다. 실험은 제한된 상황 속에서 제한된 수의 변인들만 연구할 수 있다. 따라서 이 연구결과들이 실세계에 어떻게 적용되는가를 이해하는 것은 제한적일 수 있다. 하지만 연구되는 변인들이 이론에 기초해서 신중하게 선택될 때, 그 결과들이 실세계에서 어떻게 작용할지 훨씬 더 잘 이해될 수 있다(Mumford et al., 출판 중). 이런 선상에서 리더십 연구는 실제 리더와 부하들 간에 일어나는 사회적 상호작용을 정확하게 만들어 낼 수 없다는 비판을 자주 받는다. 이와 관련하여 실험은 단기적이고 전형적으로 하루 내에 일어나며 보통 몇 시간 정도라는 비판도 제기된다. 분명 실세계의 리더십은 실험에서는 불가능한 훨씬 긴 시간에 걸쳐 발휘된다. 그밖에 리더들은 여러 수준에서 영향을 미치는 데 반해서 종종 실험에서는 연구되지 않는다. 전형적으로 리더

현장 연구에 대한 노트

이 장에서 지금까지 기술한 연구들은 주로 실험실에서 실시된 실험에 초점을 맞추었으며 실험실은 리더의 자연스러운 환경 대신에 인공적인 환경이다. 비록 실험실에서 수행된 실험이 가장 잘 통제할 수 있는 장점이 있지만, 현장 실험은 현실에서 행동을 연구하기 때문에 실제 상황과 실제 관계를 살펴본다는 의미에서 가치가 있다. 현장 실험은 실제 실험과 비슷하기 때문에 일반적으로 준실험이라고 부른다. 하지만 현장 실험에서는 실험 조건에 대한 완전한 통제가 없기 때문에 진실험이 아니다. 현장 실험은 특히 연구자가 모르는 많은 변인들이 연구하려고 하는 변인들에 영향을 미칠 수 있기 때문에 실험실 실험보다 실시하기가 훨씬 더 어려울 수 있다. 그밖에 현장 실험에 참여하는 실제 리더를 구하는 것이 어려울 수도 있다.

십 연구는 개인이나 집단 수준에서 연구될 뿐이지만, 리더들은 한 조직에 영향을 미치고 나아가 사회에 영향을 미칠 때도 있다. 일반적으로 리더십 연구가 이런 수준들에 영향을 미치는 리더십을 정확하게 알아보기 위해 애쓰고 있지만, 실험은 특히 이 점에서 제한적이다.

역사측정학적 연구

역사측정학적 연구에서는 리더십에 대한 결론을 끌어내기 위해 역사적 정보가 사용된다. 리더의 연설, 자서전, 전기 등을 포함하는 역사적 문서는 리더십에 대한 커다란 잠재적인 정보원이다. 사실 역사적 정보는 특히 연구하기가 어려운 뛰어난 리더들에게 접근할 수 있게 해 주기 때문에 역사측정학적 연구는 뛰어난 리더들(제7장 참조)을 연구하는 한 가지 중요한 접근이다(Mumford, 2006). 역사측정학적 연구에서 조사된 역사적 정보는 우선 전형적으로 질적이다(예 : 비슷자적). 녹음된 연설이나 책에 기록된 글이 대표적이다. 하지만 역사적인 질적 자료는 내용 부호화를 통해 심사자들로 하여금 그것에 숫자값을 부여하게 함으로써 양적 자료가 될 수 있다.

Strange와 Mumford(2002)의 연구에서 60명의 유명한 역사적 리더들의 전기를 특수한 리더 행동에 따라 부호화하였다. 그들은 카리스마적 리더와 이념적 리더 — 두 유형의 리더 모두 리더십의 기초를 비전에 두지만 초점을 두는 가치관이 다르다(예 : 카리스마적 리더는 사회적 요구에 초점을 두고 이념적 리더는 개인적 가치관과 기준에 초점을 둔다) — 가 각각 다른 행동 유형을 가지고 있는지 알아보고 싶었다.

내용 분석은 리더 행동에 대한 글을 읽고 카리스마적 리더(예 : 그가 생각하는 역할 모델이 그 자신인 리더)와 이념적 리더(예 : 현재 세력을 가지고 있는 사람들을 불신임하는 리더)의 행동특성 체크리스트에 그 행동들을 비교함으로써 이루어진다. 특별한 리더에 대한 글귀가 카리스마적 행동이나 이념적 행동의 행동특성에 포함될 때마다 체크리스트에 표시되었다. 이 체크 표시가 다시 계산되고 각 행동에 대한 점수가 되었다. 카리스마적 행동과 이념적 행동에 대하여 부호화를 하는 것 외에 리더의 성취(예 : 리더의 행동에 의한 영향을 받은 사회와 사람들의 삶에 대한 공헌)가 부호화되었다. 이 연구에서 얻은 결과는 카리스마적 리더십과 이념적 리더십은 분명히 다른 행동으로 나타나기 때문에 그것들은 비전에 기초한 다른 유형의 리더십이라는 것이다.

장점과 단점

역사측정학적 리더십 연구의 한 가지 장점은 리더에 대한 역사적 정보가 많다는 점이다. 역사적 정보의 사용은 종종 같은 연구 속에서 여러 가지 변인들을 살펴보는 것을 가능하게 해서 리더십과 리더십의 상황에 대한 풍부한 정보를 제공한다. 나아가 역사적 정보의 성격 때문에 역사적 자료를 연구하는 것은 서베이 연구와 실험 연구의 중요한 제한점이었던 오랜 기간에 걸친 리더십을 연구할 수 있도록 해 준다.

하지만 역사측정학적 연구에도 많은 단점들이 있다. 첫 번째는 연구되는 자료와 관련한 문제이다. 리더십에 대한 좋은 자료를 얻기 위해 역사적 자료는 가능한 한 정확하고 완전해야만 한다. 자서전과 전기를 사용할 때 발생하는 일반적인 문제는 정보가 저자의 관점에서 제공되기 때문에 그 정보가 현실을 반영하는지 저자의 해석과 의견을 반영하는지 알 수 없다는 점이다. 역사측정학적 연구의 또 다른 약점은 획득할 수 있는 역사적 정보는 어떤 특정한 리더십과 특정한 리더들(일반적으로 매우 영향력이 있거나 유명한 리더들)만 연구한다는 것이다(Mumford et al., 출판 중). 마지막으로 내용 부호화 절차의 개발과 실행이 복잡하고 시간이 많이 걸리는 과정이라는 것이다. 부호화 체계는 이론에 기초해야 하고 부호화되는 역사적 정보에 적절해야만 한다. 관심 있는 변인을 잘 사정하기 위한 방법을 결정하기 위해서 가끔은 연구자의 창의성이 필요한 경우도 있다.

질적 연구

앞에서 기술한 서베이 연구와 실험 연구 방법들은 성격상 양적이며, 역사측정학적 연구는 질적 그리고 양적 모두의 혼합으로 간주된다. 하지만 순수하게 질적인 연구 또한 리더십 연구에 대한 가치 있는 접근일 수 있다(Bryman, 2004). Murphy와 Ensher(2008)에 의한 한 연구에서 창의적인 팀에서의 리더십에 대한 연구를 위해 특별히 텔레비전 프로그램 제작 팀원들을 면접했다. 연구자들은 창의적인 팀에서의 리더십에 대한 이론을 정교화할 수 있도록 해 주는 자세한 정보를 수집하기를 원했기 때문에 그들의 연구에서 질적 방법을 사용했다. 면접은 약 1시간 걸렸고 연구자들은 상세하게 기록하고 인터뷰를 녹음했다. 면접에서의 질문들은 경력, 발달 경험, 과거 멘토링 관계, 카리스마적 리더십 등에 대한 것이었다. 면접에서 수집된 자세한 기록들은 내용 분석을 사용하여 조사했다. 구체적으로 연구자들은 면접 반응을 읽고 논의된 리더들의 여섯 가지 카리스마적인 리더십 행동을 중심으로 부호화했다. 예를 들어, 뚜렷한 비전 제시와 부하들의 요구에 대한 민감성이다. 연구자들은 또한 인터뷰를 분석하기 위해 한 가지 컴퓨터 프로그램을 사용했다. 그 프로그램은 감독들이 그들의 리더십 스타일에 대해 이야기할 때 리더십 단어를 사용하는 것에 대해 탐색했다. 그들의 자료에 기초해서 Murphy와 Ensher는 카리스마적 리더십이 창의적인 팀의 리더들을 위한 중요한 리더십 유형일 수 있다고 결론을 내렸다.

면접이 질적 리더십 연구에서 자료를 수집하기 위한 일반적인 테크닉이지만, 다른 접근들도 사용될 수 있다. 예를 들어, 리더들을 관찰하고 그들의 행동을 자세하게 기록할 수 있다. 다른 접근에서는 리더들에게 자신의 생각과 경험을 일기로 적도록 부탁할 수 있다. 결정적 사건접근이라 하는 한 접근은 사람들에게 리더십에 대한 특별히 좋은 예와 나쁜 예를 적어보라고 부탁한다. 이 정보가 일단 수집되면, 연구자들은 그것을 조사하여 중요한 주제들과 패턴들을 찾는다.

장점과 단점

질적 연구의 장점 중 하나는 그것이 전형적으로 실제 리더십 상황에서 수행되며 실세계에서 리더십을 연구할 수 있다는 점이다. 또한 풍부하고 자세한 자료를 수집하는 것도 가능하다. 예를 들어 리더십은 많은 수준 (예 : 개인, 집단, 조직)에서 그리고 오랜 시간에 걸쳐서 연구될 수 있다

(Mumford et al., 출판 중). 그 외에 리더십은 많은 관점에서 연구될 수 있다. 부하, 동료, 리더들이 모두 리더십에 대한 정보를 제공할 수 있다. 앞에서 기술한 감독들의 연구에서와 같이 질적 연구는 종종 리더십 이론에 많은 통찰을 제공할 수 있는 독특한 리더십 사례들의 연구를 위해 사용된다. 전체적으로 질적 연구는 리더십 이론을 개발하고 확장하기 위해서 중요하다.

질적 연구에 대한 한 가지 비판은 획득한 정보가 그 연구자의 의견을 기초로 해석될 수 있으며 그래서 정확하지 않을 수도 있다는 것이다. 반면에 양적 연구는 전형적으로 연구에 영향을 미치는 연구자의 의견 때문에 부정확하게 되는 경향이 적은 것으로 생각된다. 궁극적으로는 질적 연구가 효과적이기 위해서는 자료 수집이 가능한 한 이론에 기초한 안내를 받는 것이 아주 중요하다. 마찬가지로 자료를 분석하기 위해 사용되는 부호화 절차도 명확하게 하고 이론에 기반을 두어야 한다. 질적 연구의 마지막 단점은 자료가 종종 한 가지 독특한 상황에서 수집되기 때문에 그 연구결과들이 다른 리더십 상황에 적용되지 않을 수 있다는 것이다. 예를 들어, 텔레비전 감독들에 대한 연구결과가 테크놀로지 회사에서의 창의적인 리더십에 적용되지 않을 수 있다.

리더십 연구 수행을 위한 권고

리더십 연구를 수행하는 것이 꽤 도전적이기는 하지만, 효과적인 리더십 연구를 수행하기 위한 몇 가지 일반적인 권고를 할 수는 있다(Hunter, Bedell-Avers, & Mumford, 2007; Mumford et al., 출판 중). 가장 중요한 것은 리더십 연구는 이론에 기초해야만 한다는 점이다. 효과적인 리더십 연구 수행의 또 다른 중요한 측면은 중요한 통제변인들을 반드시 측정하는 것이다. 만일 통제변인들이 포함되지 않으면, 주요 변인들 간의 실제 관계를 이해하기 어려울 수 있다.

또 다른 중요한 권고는 연구되는 변인들을 분명하게 정의하는 것이다. 연구에서 무엇을 알아볼 것인가 하는 것이 분명해야만 하며, 변인들이 측정되는 방법(비실험적 연구에서) 혹은 조작되는 방법(실험 연구에서)이 적절해야만 한다. 효과적인 리더십 연구를 위한 또 다른 권고는 같은 연구에서 여러 가지 변인들을 연구하는 것이다. 이것은 더 현실적인 리더십의 그림을 가능하게 한다. 독립변인들이 다른 방식으로 다른 종속변인들에게 영향을 미칠 수 있기 때문에 같은 연구에서 여러 가지 종속변인들을 연구하는 것이 특히 중요할 수 있다. 예를 들어, 리더의 문제 해결 효과가 부하들의 만족도에 미치는 영향은 그것이 조직적 수행에 미치는 영향만큼 중요하지 않거나 강하지 않을 수 있다.

이 장에서 언급한 리더십 연구 방법들의 몇 가지 단점들을 극복하기 위해서 여러 수준의 연구와 종단적 연구의 사용이 제안되었다(Hunter et al., 2007). **다수준 연구**multilevel research는 같은 연구에서 여러 수준에서의 변인들 간의 관계를 연구하는 것이다. 예를 들어 개인, 집단, 조직, 환경이 있다(Bliese, Halverson, & Schriesheim, 2002). **종단적 연구**longitudinal research는

다수준 연구 한 연구에서 여러 수준에서의 변인들 간의 관계를 조사하는 연구

종단적 연구 오랜 시간에 걸쳐 여러 시점에서 자료를 수집함으로써 장기간의 현상을 조사하는 연구

오랜 시간에 걸쳐서 여러 시점에서 자료를 수집함으로써 오랜 기간의 현상을 연구한다. 리더십 연구를 위한 이 접근은 시간적으로 한 지점에서의 리더십만 연구하는 대신 오랜 시간에 걸쳐서 리더십이 어떻게 개발되는가 고려하기 위해 제안되었다.

효과적인 리더십 연구를 수행하는 것이 어렵기 때문에 리더십 연구 설계는 종종 많은 시간이 걸린다. 가끔은 연구가 일단 설계되었어도 연구자가 연구의 파일럿 검사를 실시할 것이다. 이것은 연구자가 그 연구가 그가 의도한 대로 작용하는지 알아보기 위해 초기 자료를 수집하는 것을 의미한다. 이것은 연구자가 독립변인에 대한 조작이 제대로 작동하도록 해야만 하는 실험 연구에서 특히 중요하다. 리더십 연구가 너무 복잡하고 연구자들이 가지고 있는 전문적인 리더십 영역이 다르며 연구 과정에서 더 잘하는 부분이 다르기 때문에 리더십 연구자들은 종종 연구를 함께 수행한다. 연구자가 완전히 혼자서 리더십 연구를 설계하고 수행하는 일은 실제로는 거의 없다.

요약

리더십 연구의 전통적인 접근은 서베이 방법이었지만 리더십 연구 방법이 최근에는 실험 방법, 역사측정학적 방법, 질적 방법으로 확장되었다. 이 장에서 당신은 이 연구 방법들의 핵심적인 특성들과 각 연구 방법의 예를 학습했다. 당신은 또한 각 연구 방법의 장점과 단점에 대해서도 학습했다. 연구자들이 리더십 연구를 설계할 때 이 이슈들을 고려하는 것도 중요하지만 어떠한 연구도 완벽하지 않다는 것을 염두에 두는 것 또한 중요하다. 모든 연구들은 아무리 잘 설계되고 수행되어도 제한점을 가지고 있다. 따라서 연구자들이 그들이 발견한 것을 발표할 때 그들 연구의 제한점을 명백하게 기술하는 것이 일반적인 절차이다.

이 장에서 다룬 리더십 연구에서의 이슈와 도전들을 살펴보면 리더십 연구가 간단한 과제가 아니라는 것이 분명하다. 리더십 연구의 복잡한 수행은 복잡한 리더십 현상 그 자체에 버금간다. 따라서 리더십 연구 수행의 첫 단계는 아마도 단순히 리더십의 복잡성과 그에 관련된 여러 가지 변인들을 인식하는 것이다. 연구가 리더십에 대한 우리 지식의 원천이기 때문에 잘 설계되고 수행되는 연구는 우리의 리더십 이해에 매우 중요하다. 연구는 과거와 현재에 집을 짓는 과정이다. 즉 미래 연구와 리더십에 대한 우리 지식의 기초는 어제와 오늘의 리더십 연구에서 추출한 결론에 의존한다. 이 장에서 우리는 연구 방법에 관련한 이슈들만 가볍게 살펴보았을 뿐이다. 연구 방법에 대해서만 쓰인 책이 있고 연구 방법에 대해서만 배우는 강의가 있다. 그밖에 효과적인 연구자가 되기 위해 필요한 기술을 배우고 완전하게 연마하는 데에는 수년이 걸린다. 야심찬 리더십 연구자는 이 사실에 낙심해서는 안 되고 오히려 그 도전에 자극을 받아야 한다.

핵심 용어

- 가설
- 다수준 연구
- 독립변인
- 내용 분석
- 독립변인
- 매개변인

- 무작위배치
- 비실험 연구
- 서베이
- 실험 조건
- 역사측정학적 연구
- 연구 대상자(혹은 참여자)
- 연구설계
- 자료
- 조절변인
- 종속변인
- 측정
- 통계
- 통제변인

- 변인
- 서베이 연구
- 실험 연구
- 양적 연구
- 연구
- 연구 방법
- 이론
- 조작
- 종단적 연구
- 질적 연구
- 측정도구
- 통제 집단
- 현장 연구

복습 문제

1. 리더십 연구에서 사용되는 연구 방법을 이해하는 것이 왜 중요한가?

2. 이론이란 무엇인가?

3. 독립변인이란 무엇이고 종속변인과는 어떻게 다른가?

4. 실험 연구와 비실험 연구의 중요한 차이점은 무엇인가?

5. 서베이 연구의 중요한 성격은 무엇인가?

6. 역사측정학적 연구의 장점은 무엇인가?

논의 문제

1. 연구 이외에 리더십에 대한 지식을 획득할 수 있는 방법은 무엇인가? 리더십에 대하여 그런 방식으로 지식을 획득하는 것의 장점과 단점은 무엇이라고 생각하는가?
2. 어떤 유형의 연구 방법이 가장 사용하기 어렵다고 생각하는가? 어떤 유형의 연구 방법이 가장 사용하기 쉽다고 생각하는가? 당신이 생각하는 것을 설명하라.
3. 만일 당신이 연구자라면, 연구 과정의 어느 단계가 가장 흥미롭다고 생각하는가?

개인 활동

개인 활동 1

당신이 리더십 연구자라고 상상하라. 리더십 연구에서 가장 중요한 변인은 무엇인지 생각해 보라. 리더십 연구에서 세 가지 주요 범주인 리더 변인, 부하 변인, 상황 변인에 대하여 연구에서 가장 중요하다고 생각하는 변인들을 각각 세 가지씩 제시하라.

개인 활동 2

당신은 리더십 연구 설계를 하려고 한다. 당신이 연구 설계를 하기 전에 생각해야 하는 가장 중요한 것들은 무엇인가?

집단 활동

지시 : 다음 활동을 하기 위해 소집단을 구성하라. 당신의 소집단에서 활동을 하고 난 후에는 다른 집단들과 당신의 아이디어를 공유하라.

집단 활동 1

당신은 리더가 부하의 자존감에 어떻게 영향을 미치는지 연구하고 싶어한다. 자존감이란 자신의 자기가치를 어떻게 판단하느냐 하는 것이다. 리더가 부하의 자존감에 어떻게 영향을 미치는가에 대한 가설을 설정하라.

집단 활동 2

당신이 집단 활동 1에서 설정한 가설을 검증하기 위한 연구 설계를 한다고 가정하라. 당신의 가설을 검증하기 위한 연구 설계를 약술하라.

1. 어떤 유형의 연구 방법을 사용할 것인가?
2. 누구를 연구 참여자로 할 것인가 혹은 어디에서 당신의 자료를 얻을 것인가?
3. 독립변인과 종속변인은 무엇인가?
4. 변인을 어떻게 측정하거나 혹은 조작할 것인가?
5. 당신의 가설에 대한 연구의 장점은 무엇인가?
6. 당신의 가설에 대한 연구의 단점은 무엇인가?

더 읽을거리

Antonakis, J., Schriesheim, C. A., Donovan, J. A., Gopalakrishna-Pillai, K., Pellegrini, E. K., & Rossomme, J. L. (2004). Methods for studying leadership. In J. Antonakis, A. T. Cianciolo, & R. J. Stemberg (Eds.), *The nature of leadership* (pp. 48–70). Thousand Oaks, CA: Sage Publications.

Cozby, P. C. (2006). *Methods in behavioral research* (9th ed.). New York: McGraw-Hill.

Hunter, S. T., Bedell, K. E., & Mumford, M. D. (2007). The typical leadership study: Assumptions, implications, and potential remedies. *The Leadership Quarterly, 18*, 435–446.

Mumford, M. D., Friedrich, T. L., Caughron, J. J., & Antes, A. L. (in press). Leadership research: Traditions, developments, and current directions. In D. A. Buchanan & A. Bryman (Eds.), *Handbook of organizational research methods.*

Simonton, D. K. (2003). Qualitative and quantitative analyses of historical data. *Annual Review of Psychology, 54*, 617–640.

리더십 101

4

리더의 특성, 기술, 행동

- Cheryl K. Beeler -

내 인생에서 내가 경험한 모든 역경, 나의 모든 어려움과 장애들이 나를 강하게 만들었다 …… 그것을 당할 때는 알지 못할 수 있지만, 혹독하게 당하는 것이 세상에서 당신에게 가장 좋은 일이다.

— 월트 디즈니(Walt Disney)

월트 디즈니는 많은 사람들이 성공적인 리더라고 생각한다. 디즈니는 미디어 엔터테인먼트와 기업을 포함한 여러 종류의 기업에서 자수성가한 사람이다. 그는 많은 장애를 극복하고 대단히 성공적인 회사를 세웠으며, 다른 사람들이 보지 못하는 애니메이션의 미래를 내다볼 수 있었다. 월트 디즈니에 대해 들어본 적이 없는 사람에게 당신은 그에 대하여 어떻게 말해 주겠는가? 월트 디즈니를 리더로서 성공하게 만든 것은 무엇인가?

월트 디즈니를 묘사할 때, 당신은 아마도 창의적인 사람, 대담한 사람, 단호한 사람, 훌륭하게 문제를 해결하는 사람과 같은 용어를 사용할 것이다. 대부분의 사람들은 좋은 리더를 만드는 것이 무엇일까에 대해 생각할 때, 그 사람이 어떤 사람인가(특성), 무엇을 잘하는가(기술) 혹은 무엇을 하는가(행동)를 생각한다. 리더십에 대해 생각할 때, 우리는 그들이 무엇을 하는지 보기 때문에 가장 눈에 띄는 리더의 행동 측면을 고려하는 경우가 많다. 성공적인 사람을 볼 때, 당신은 그 사람을 성공적으로 만들어 주는 그의 특성과 기술을 생각하는 경향이 있다. 사실 많은 사람들은 어떤 사람을 훌륭한 리더로 만들어 주는 특성, 기술, 행동에 대해 나름대로의 견해를 가지고 있다. 이 생각들이 암묵적 리더십 이론이 되며, 그것은 이후 제6장에서 논의될 것이다.

이 장에서 우리는 효과적인 리더십과 연관된 개인적인 특성, 기술, 행동을 다룰 것이다. 우리는 인지 특성, 성격 특성, 동기적 특성, 대인관계 특성을 포함한 몇 가

리더 스포트라이트

디즈니의 어리석음 – 백설 공주와 일곱 난쟁이

월트 디즈니가 그의 첫 장편 애니 영화를 만들기로 결심했을 때, 그의 아내를 포함한 많은 사람들은 그가 미쳤다고 생각했으며 그에게도 그렇게 말했다. 엔터테인먼트 산업의 사람들은 그 프로젝트에 대한 디즈니의 비전을 '디즈니의 어리석음'이라고 불렀으며, 그들은 그것이 디즈니 스튜디오를 망하게 할 것이라고 확신했다. 다른 사람들이 그런 말을 해도 월트 디즈니는 그의 비전대로 추진하기로 결정했다. 그는 애니메이터들을 훈련시키기 위해 유명한 예술가들을 불러들이고 특수 효과를 개발하는 데 돈과 시간을 투자하는 것을 포함해서 영화를 계획하는 데에 많은 노력을 들였다. 디즈니는 이 영화를 최고 수준으로 만들고 싶어 했다. 디즈니의 팀이 거의 3년간 그 프로젝트를 위해 일하고 나니 돈이 바닥이 났다. 영화를 완성시킬 돈을 빌리기 위해 디즈니는 은행 대출부 직원에게 손질하지 않은 필름의 일부를 보여 주었다. 은행은 다행히도 그들이 본 것을 근거로 그 영화를 완성시킬 수 있는 자금을 빌려 주는 것에 동의했다.

〈백설 공주와 일곱 난쟁이〉가 개봉되자 관객들은 기립 박수로 화답했다. 이 영화는 처음으로 영어로 된, 테크니컬러를 도입한 장편 애니메이션 영화였으며, 그야말로 대성공을 거두었다. 사실 그 영화는 1938년의 가장 성공적인 영화였으며 800만 달러 이상을 벌어들였다. 이 영화의 성공 때문에(그것은 월트 디즈니에게 오스카 대상과 7개 부문 수상을 안겨주었다) 디즈니는 그의 스튜디오를 확장할 수 있었고, 그 영화는 디즈니를 위한 애니메이션 황금시대로 접어들게 했다(Gabler, 2006).

지 다른 특성 유형들에 대해 이야기할 것이다. 그리고 문제 해결과 계획을 포함한, 흔히 좋은 리더십과 관련된 여러 가지 기술 유형에 대해 이야기할 것이다. 그러고 나서 리더십에서 중요한 몇 가지 행동에 대해 이야기할 것이다. 마지막으로 특성, 기술, 행동의 연구에 대한 함의를 논의할 것이다.

학습 목표

- 리더십 특성 연구의 역사를 이해한다.

- 여러 특성들이 어떻게 효과적인 리더십과 관계가 있는지 이해한다.
- 여러 기술들이 어떻게 효과적인 리더십과 관계가 있는지 이해한다.
- 여러 행동들이 어떻게 효과적인 리더십과 관계가 있는지 이해한다.
- 특성, 기술, 행동에 대한 리더십 연구의 함의를 이해한다.

특성

특성의 성격

특성traits이란 한 사람의 사고, 성격, 동기 혹은 사람들을 대하는 방법을 기술하는 한 사람의 특징이다. 지혜 혹은 지능과 같은 **인지적 특성**cognitive traits은 한 사람이 사고하는 능력이나 사고 유형의 특성을 말한다. 외향성, 성실성, 정서적 안정성과 같은 **성격 특성**personality traits은 어떤 상황에서 사람이 행동하는 방식에 영향을 미치는 비교적 안정적인 특성이다. 통합성integrity과 같은 **대인관계 특성**interpersonal traits은 다른 사람들을 대하고 다른 사람들과 상호작용하는 방식을 나타내는 특성이다. 마지막으로 성취나 세력에 대한 요구와 같은 한 사람의 **요구 혹은 동기**motives는 어떤 특정한 방식으로 행동하게끔 동기화시키는 것이다. 요구와 동기는 어떤 종류에 주의집중을 하는가에 영향을 미치고 그들의 행동을 안내하는 것에도 도움을 줄 수 있다.

> **특성** 사고, 성격, 동기 혹은 사람들을 대하는 방법을 기술하는 한 사람의 특징
>
> **인지적 특성** 한 사람이 사고하는 능력이나 사고 유형의 특성
>
> **성격 특성** 한 사람이 어떤 상황에서 행동하는 방식에 영향을 미치는 비교적 안정적인 특성
>
> **대인관계 특성** 한 사람이 다른 사람들을 대하고 다른 사람들과 상호작용하는 방식을 나타내는 특성
>
> **요구 혹은 동기** 한 사람이 어떤 특정한 방식으로 행동하게끔 하는 충동

특성 연구의 역사

초기 리더십 연구자들은 모든 리더들에게서 공통된 특성의 공식을 찾으려고 했다. 그들은 리더와 리더가 아닌 사람들을 비교하고 효과적인 리더와 비효과적인 리더를 비교함으로써 이 특성을 연구했다. 그렇게 하면서 연구자들은 좋은 리더를 보장해 주는 완벽한 특성들을 찾기 위해 그들이 생각할 수 있는 모든 특성들을 연구했다. 그들은 신체적 특성(키와 매력 같은), 성격 특성 그리고 학업 성취를 연구했다(Bass, 1990).

1904년부터 1970년까지 발표된 리더십 연구에 대한 방대한 두 가지 검토에서 Stogdill은 리더의 기본적인 측면은 한 집단이 그들의 목표를 달성하도록 돕는 것이라는 결론을 내렸다. 초기 연구자들이 발견한 리더십과 관련되는 몇 가지 특성들에는 지능, 듬직함dependability, 일이 성취되게 하는 방식을 아는 것, 문제를 처리하는 과정에서의 인내, 신뢰감, 힘과 통제권을 가지려는 의지 등이 포함되었다. Stogdill이 여러 연구에서 수많은 특성들을 살펴보았지만, 그는 효과적인 리더십을 만들어 주는 특성에 대한 특별한 공식이 없다고 결론을 내렸다. 리더십에 대한 개별적인 특성들의 중요성은 상황에 따라 다른 경향이 있었으며 모든 상황에서 효과적인 리더십의 특성은 없었다(Bass, 1990).

최근에 창의적 리더십센터Center for Creative Leadership, CCL의 연구자들은 성공적인 매니저들을 실패한 매니저들과 비교했다(McCall & Lombardo, 1983). Stogdill과 마찬가지로 이들도 성공이나 실패를 보장하는 특성을 발견하지 못했지만 연구결과는 흥미로웠다. 성공적인 매니저와 실패한 매니저는 실제로 공통적인 특성을 갖고 있었다. 그들은 야망적이고, 기술

- 정서적 안정성 : 실패한 매니저들은 쉽게 스트레스를 받고 압박을 느끼는 경향성이 높다.
- 방어성 : 실패한 매니저들은 실패에 대하여 더 방어적인 경향이 있었다.
- 통합성 : 실패한 매니저들은 다른 사람들과 더 경쟁적인 경향이 있었고 다른 사람들을 희생시키고 승진하려고 하는 경향이 있었다.
- 대인관계 기술 : 실패한 매니저들은 성공적인 매니저들보다 대인관계 기술이 일반적으로 더 약했다.
- 전문 기술과 인지적 기술 : 실패한 매니저들은 높은 수준의 전문 기술을 가지고 있었지만, 그것이 과한 자신감과 오만함을 초래했다.

적으로 노력하고, 회사에서 승진 속도가 빨랐다. 다른 한편으로 연구자들은 몇 가지 특성들이 그 매니저의 성공과 실패에 대한 예측과 특별히 관련이 있다는 결론을 내렸다. 이 특성들에는 ① 정서적 안정성, ② 비방어성, ③ 통합성, ④ 대인관계 기술, ⑤ 전문 기술과 인지적 기술 등이 포함되었다.

성공적인 리더를 위해서는 어떤 특성이 중요한가?

앞에서 언급했듯이, 연구자들은 특성이 성공적인 리더십과 어떤 관련이 있는지 알아보기 위해 많은 특성들을 연구했다. 몇몇 특성들이 많은 연구에서 리더십을 위한 중요한 특성인 것으로 나타다. 여기에서는 성공적인 리더십과 가장 관련이 있는 것으로 보이는 몇 가지 특성들에 대한 연구결과들을 요약할 것이다.

인지적 특성

지능　　**지능**intelligence은 리더에게 대단
히 중요하다. 리더들은 매우 복잡한 과
제를 수행해야만 하고 조직의 복잡성
과 그 조직의 과정과 산출물에 대한 이
해를 해야 한다. 그들은 많은 양의 정보
를 기억할 수 있어야 하고 그 정보를 빠

> **지능**　지식을 획득하고 저장하
> 고 적용하는 능력(일반적인 정신
> 능력, 언어 추리력, 분석적 추리
> 력 등)
> **지혜**　공동선에 도달하기 위해
> 지능, 창의성, 경험을 성공적으로
> 사용하는 것

르고 효율적으로 사용하고 인출할 수 있어야 한다. 높은 수준의 지능은 성
공적인 리더가 되기 위해서 갖고 있어야 하는 많은 다른 중요한 특성, 기
술, 행동을 위해 또한 필요하다(Mumford, Marks, Connelly, Zaccaro,
& Reiter-Palmon, 2000).

지혜　　Sternberg(2007)는 **지혜**wisdom와 리더십에 대해 많은 연구를 했
다. 그는 지혜는 지능, 창의성, 경험을 성공적으로 사용하는 것을 필요로
한다고 제안했다. 지혜에는 네 가지 성분이 있다. 그 네 가지는 ① 공동선
에 도달하려고 애쓰는 것, ② 자신의 목표, 타인의 목표, 조직의 목표 간
의 균형을 이루는 것, ③ 상황의 단기적 요소와 장기적 요소를 모두 고려
하는 것, ④ 자신의 환경에 적응하고 자신의 환경을 조성하는 것이다. 성
공적인 현명한 리더들은 어떤 상황에서나 작용하는 여러 가지 목표들이
있다는 것을 인식하고, 그들이 계획하고 실행하는 데 있어서 이 목표들과
이익들의 균형을 이루려고 노력한다. 리더들이 성공적이지 못한 경우를
살펴보면 그들이 고려했어야만 하는 하나 이상의 관계자들의 이익을 무

시했기 때문인 경우가 자주 있다. 지혜에 대한 그리고 지혜와 성공적인 리더십의 관계에 대한 연구는 아직 제한적이다. 하지만 몇몇 연구자들은 지혜가 성공적인 리더십을 위해 중요하다는 증거를 발견했다. 한 가지 주목할 만한 연구결과는 조직의 리더들은 리더십 지위에 있지 않은 사람들보다 더 많은 지혜를 보여 준다는 것이다. 또한 지혜로운 특성을 가지고 있는 사람들은 성공적인 리더들이 가지고 있는 것과 마찬가지의 특성을 가지고 있는 경향이 있다.

전문성　　**전문성**expertise이란 특정한 영역이나 상황에 대한 깊은 이해와 지식을 말한다. 전문성은 경험에서 온다. 어떤 영역이나 상황에 대한 경험이 더 많은 사람이 그 영역에서 전문가가 될 가능성이 더 높다. 리더들은 그들이 리더로서 봉사하는 특정한 조직의 영역에서 전문성을 가지고 있어야만 한다. 연구자들은 전문성(담당한 과제에 대한 특수한 기술적 전문성)이 리더가 이끄는 팀의 수행과 높은 연관성이 있는 것을 발견했다(Mumford, Hunter, Eubanks, Bedell, & Murphy, 2007).

구체적인 직무 영역에서의 전문성은 몇 가지 이유로 중요하다. 리더들은 직무 활동을 계획하고 직원들이 그 일을 하기 위해 필요로 하는 자원을 분배하기 전에 그 일을 매우 잘 이해하고 있어야만 한다. 또한 특히 매우 특수화된 분야에서 만일 리더가 그 영역에서의 높은 수준의 전문성을 가지고 있지 않다면, 그의 직원들은 그 리더를 신뢰하지 않거나 믿을 만한 가치가 없다고 생각할 것이다. 따라서 그

전문성　특정한 영역이나 상황에 대한 깊은 이해와 지식

들은 리더의 지시를 잘 따르지 않을 것이다. 그 외에 필요한 전문성을 갖추지 않은 리더들은 직원들에게 지시를 하거나 과제와 목표를 달성하기 위해 그들이 해 나가는 과정에 대한 피드백을 줄 수 없을 것이다(Mumford, Friedrich et al., 2007).

성격 특성

빅 파이브 **빅 파이브**big five 모델은 한 사람의 성격을 다른 사람의 성격과 구별하는 광범위한 다섯 가지 특성으로 분류하는 일반적인 방식이다. 빅 파이브가 성격을 묘사하기 위해 사용하는 다섯 가지 구인은 다음과 같다. 개방성openness, 성실성conscientiousness, 외향성extroversion, 상냥성agreeableness, 신경성neuroticism이 그것이다(이 다섯 가지를 기억하는 좋은 방법은 OCEAN으로 외우는 것이다). 개방성은 한 사람이 얼마나 새로운 것을 경험하려고 하느냐를 묘사한다. 성실성은 얼마나 의지할 수 있고 얼마나 노력하는 사람인가를 말하는 것이다. 외향성은 사람이 얼마나 외향적이고 다른 사람들과 어울리는 것을 얼마나 즐기는가 하는 것이다. 상냥성은 쾌활하고 낙관적인 것을 의미한다. 신경성은 얼마만큼 통제적이고 정서적으로 안정적인가와 관계가 있다.

빅 파이브에 대한 대부분의 리더십 연구들은 각 성격 특성이 성공적인 리더십을 위해 중요하다고 한다. 하지만 연구결과들이 완전히 일치하는 것은 아니다. 이것은 연구자들이 이 성격 특성을 측정하기 위해 사용하는 검사도구가 다르기 때문일 수도 있고 연

> **빅 파이브** 일반적인 다섯 가지 성격 특성 ─ 개방성, 성실성, 외향성, 상냥성, 신경성

구자들이 리더 성공에 대하여 다른 것들을 측정했기 때문일 수도 있다. 이 성격 특성이 리더십에서 중요한 것으로 보이지만 그것이 성공적인 리더십과 어떻게 관련이 있는지 보기 위해서는 더 많은 연구가 필요하다.

에너지 수준과 스트레스 관대함 Energy level and stress tolerance　　에너지 수준, 신체적 원기, 스트레스 관대함이 성공적인 리더십을 위해 중요하다는 것이 연구결과로 나타났다. 높은 수준의 **에너지와 스트레스 관대함**을 갖는 것은 리더십 지위에서 요구되는, 급변하는 일이나 장시간 기다려야 되는 일을 대처하는 데 도움이 된다. 리더십 자리는 특히 위기 시에 결정을 해야 하는 압력 때문에 스트레스가 많으며, 차분함을 유지하고 문제를 철저하게 생각할 수 있는 능력이 리더십을 발휘하는 데 효과적이다(Yukl, 2006).

자신감　　일반적으로 리더 자신감이 리더십 성공에 관련이 있는 것으로 보인다. **자신감**self-confidence은 기본적으로 리더에게 어려운 과제를 시도하고 성취하기 위한 확신을 줌으로써 리더의 행동에 영향을 미치고 사람들에게 영향을 미친다. 분명히 자신감은 리더에게 좋은 것이지만, 너무 과한 자신감은 실제로 리더의 수행에 나쁠 수도 있다. 너무 과한 자신감은 리더로 하여금 과한 모험을 하게 할 수도 있고 주위에 있는 사람들에게 오만하고 불편하게 만들 수도 있기 때문에 결과적으로 성공을 방해할 수도 있다(Yukl, 2006).

> **에너지 수준과 스트레스 관대함** 오랜 기간 동안 주의를 늦추지 않고 심한 스트레스 상황을 처리할 수 있는 능력
>
> **자신감** 어려운 과제를 성취하기 위한 자신의 능력에 대한 믿음

통제 소재 **통제 소재**locus of control란 사
람이 자신의 행동의 원인을 어떻게 보
느냐를 말한다. 내적 통제 소재를 갖고
있는 사람들은 그들의 삶 속의 사건들
이 그들 자신에 의해 결정되고 통제된

> **통제 소재** 자기 행동의 원인을
> 생각하는 방식(예 : 내적 혹은
> 외적)
> **정서적 성숙** 자신의 정서와 능
> 력에 대한 현실적인 인식

다고 믿는다. 외적 통제 소재를 갖고 있는 사람들은 삶에서의 사건들은
기회나 어떤 다른 외적 요소에 의해 통제된다고 믿는다. 그들은 자신의
삶에 대해 거의 통제할 수 없다고 믿으며, 따라서 변화를 위해 어떤 것도
할 수 없다고 여긴다(Rotter, 1966). 내적 통제 소재를 갖고 있는 사람들
은 그들의 삶을 통제할 수 있고 영향을 미칠 수 있다고 믿기 때문에 더 미
래 지향적이고 문제를 해결하기 위해 더 적극적이다. 그들은 더 융통적
이며 실패를 경험할 때 외적 통제 소재를 가지고 있는 사람들보다 실패
에서 배우는 경향이 더 많다. 통제 소재와 리더십 간의 관계에 대한 연구
는 아직 제한적이지만, 내적 통제 소재를 갖는 것이 성공적인 리더십과
관련이 있다고 한다.

정서적 성숙 **정서적 성숙**emotional maturity을 나타내는 사람은 자신의 강점
과 약점에 대한 현실적인 관점을 가지고 있으며 약점을 부정하고 강점에
만 초점을 맞추는 대신 자기계발을 향해 일한다. 그들은 덜 자기중심적이
고 자신감을 더 가지고 있으며, 급격한 기분 변화를 덜 경험한다. 정서적
으로 성숙한 리더들은 그들의 일 환경 속에서 다른 사람들과 더 협동적인
관계를 가진다(Cantoni, 1955).

대인관계 특성

마키아벨리즘　　　**마키아벨리즘**machiavellianism이란 개인적인 이익을 위해서 다른 사람들을 속이고 조작하는 경향성을 말한다. 마키아벨리즘이 높은 사람은 다른 사람들의 영향에 저항하고, 정서적 그리고 도덕적 관심사보다는 자신의 개인적인 과제를 완수하는 데에 더 관심이 많다. 그들은 게임 선수들이다. 연구자들은 조직 리더들 속에서 구체적인 마키아벨리즘적인 조작 책략을 연구했다. 그들이 발견한 책략에는 거짓말하기, 어떤 사람이 결정권을 가지고 있는 것처럼 거짓으로 행동하기, 정보를 바꾸기, 과제의 중요성을 과장하기, 다른 사람들을 무시하기 등이 있었다. 마키아벨리즘적인 리더들의 게임 놀이가 집단이 기능하는 능력에 영향을 미치지 않은 것처럼 보이지만, 전형적으로 마키아벨리즘적인 리더 아래에서 일할 때에 집단 구성원들은 사회적으로 잘 융화하지 못한다(Bass, 1990).

권위주의　　　**권위주의**authoritarianism란 관계에서 권위와 힘을 강조하는 사람의 경향성이다. 권위주의가 높은 사람은 보수적이고, 정서적으로 위축되어 있고, 세력을 추구하고, 변화에 저항한다고 한다. 권위주의는 리더 행동의 몇 가지 측면과 관련이 있다. 대부분 권위주의는 부정적인 리더십 행동과 연관되어 있다. 권위주의가 높은 사람은 좋은 행동에 대해 보상을 주기보다는 잘못된 행동에 대해 벌을 주는 경향이 더 많다. 또한 권위주의는 다른 사람에 대해 민감성을 나타내고 집

> **마키아벨리즘** 개인적인 이득을 위해서 다른 사람들을 속이고 조작하는 경향성
> **권위주의** 권위와 힘을 강조하는 개인의 경향성

단 목표 달성을 위해 공헌하는 것과 같은 성공적인 리더십 행동들과 관련이 적다(Bass, 1990).

> **통합성** 한 사람의 행동이 그의 가치관, 정직성, 윤리성과 일치하는 정도

통합성   **통합성**integrity은 한 사람의 행동이 그 개인의 가치관과 일치하고, 그 사람이 정직하고, 윤리적이고, 믿을 만하다는 것을 의미한다. 사실 통합성은 신뢰의 중요한 부분이다. 몇 가지 유형의 행동이 개인적인 통합성과 관련이 있다. 첫째, 통합성을 가지고 있는 사람은 기만적이지 않고 정직하며 진실성이 있다. 리더가 거짓말을 했거나 진실을 왜곡시킨 것을 사람들이 알게 될 때 리더는 신뢰를 잃는다. 둘째, 통합성을 가지고 있는 사람은 약속을 지킨다. 사람들은 약속을 지킬 수 없다고 생각되는 리더와 합의를 이루고 싶어 하지 않는다. 셋째, 통합성을 가지고 있는 사람은 그의 부하들에게 헌신적이다. 부하들의 신뢰는 리더가 그들에게 헌신적이지 않으면 사라질 것이다. 넷째, 이런 사람들은 비밀을 누설하지 않는다. 부하들이 만일 리더가 다른 사람들에게 말하지 않는다는 것을 믿지 않는다면 그들은 리더에게 중요하고 비밀스런 정보를 말하지 않을 것이다. 마지막으로 통합성을 갖고 있는 사람은 자신의 행동에 대한 책임을 진다. 자신의 행동에 대해 책임을 지는 것은 다른 사람들로 하여금 그 리더를 강하고 의지할 수 있는 사람으로 생각하게 한다(Yukl, 2006).

동기   리더의 행동을 동기화시키는 것은 그 사람이 리더로서 성공하는 데에도 영향을 미칠 수 있다. 예를 들어, 리더의 지위에 있는 대부분의 사

람들은 세력에 대한 욕구에 의해 동기화되어 있다. 이 동기는 그들로 하여금 리더십 지위를 획득하게끔 해 주는 권위 있는 더 높은 지위를 바라보고 열심히 일하게 한다. McClelland(1985)는 성취 욕구, 친애 욕구, 세력 욕구를 포함한 사람을 동기화시키는 욕구들을 제안했다.

McClelland의 **성취 욕구**need for achievement는 사람들이 어려운 과제를 완수할 때 느끼는 만족감에 의해 동기화 되는 사람들을 묘사한다. 이 사람들은 자신의 독특한 능력과 노력에 의존하는 과제를 선호한다. 그들은 자기 방식으로 의무를 완수할 수 있는 곳에서 일하는 것을 좋아하고 그들의 수행에 대하여 자주 그리고 구체적으로 피드백을 받는 것을 좋아한다. 낮은 성취 욕구를 가지고 있는 사람들은 지시받은 대로 일하는 것에 만족해하고, 기준을 뛰어넘기 위해 노력하지 않는다. McClelland의 **친애 욕구**need for affiliation는 다른 사람들의 사랑과 승인을 받는 것에 의해 동기화되는 사람을 묘사한다. 이 사람들은 다른 사람들로부터의 거부감이나 적대감에 특히 민감하다. 그들은 친구들과 상호작용을 할 수 있는 곳에서 일하는 것을 좋아하며 우호적이고 협동적인 팀 내에서 일하는 것을 좋아한다. 친애 욕구가 낮은 사람들은 사회적 활동을 회피하고 파티 같은 사회적 모임에서 불편하게 느끼는 외로운 사람들인 경향이 있다. McClelland의 **세력 욕구**need for power는 다른 사람들에게 영향을 미치고 다른 사람을 통제할 수 있는 그들의 능력에 의해 동기화되는 사

성취 욕구 어려운 과제를 완수할 때 느끼는 만족감에 의해 동기화 되는 사람들의 특성

친애 욕구 다른 사람들이 좋아해 주고 승인받는 것에 의해 동기화되는 사람들의 특성

세력 욕구 다른 사람들에게 영향을 미치고 다른 사람들을 통제할 수 있는 자신들의 능력에 의해 동기화되는 사람들의 특성

람들을 묘사한다. 이 사람들은 다른 사람들에게 영향을 미치고 다른 사람들을 통제하는 것을 가능하게 해 주는 권위 있는 지위를 추구한다. 세력 욕구가 낮은 사람들은 소심하고 다른 사람들에게 무엇을 하라고 말하는 것을 싫어한다.

세력 욕구의 두 가지 유형

높은 세력 욕구를 갖고 있는 사람들은 실제로 두 가지 하위 집단으로 나눌 수 있다 — 사회화된 세력 지향형과 개인화된 세력 지향형. 사회화된 세력 지향형은 강한 자기조절을 가지고 있고, 가치 있는 목적을 위해 사람들에게 참여하도록 영향을 미치거나 다른 사람들이 기술과 자신감을 개발하도록 도움을 주고, 그들의 세력 욕구를 사회적으로 인정받는 방식으로 만족시키려고 노력한다. 대조적으로 개인화된 세력 지향형은 다른 사람들을 지배함으로써 그리고 자신의 욕구를 달성하기 위해 자신의 힘을 사용함으로써 이기적인 방식으로 세력 욕구를 만족시킨다.

많은 연구들은 이 욕구들이 리더의 성공에 어떻게 영향을 미치는가 살펴보았다. 일반적으로 성공적인 리더십을 위해 가장 좋게 보이는 욕구들의 패턴은 강한 사회화된 세력 지향성, 중간 정도로 높은 성취 욕구, 비교적 낮은 친애 욕구이다. 하지만 이 일반적인 패턴은 구체적인 비즈니스 상황에 따라서 변할 수 있다. 예를 들어, 규모가 작은 비즈니스에서는 성취 욕구가 리더의 성공을 위해 가장 중요한 것으로 보인다. 다른 한편, 더 큰 기업에서 더 높은 수준의 매니지먼트를 추구하는 사람을 위해서는 세력 욕구가 더 중요할 수 있다(Yukl, 2006).

기술

기술skill은 무엇을 잘할 수 있는 능력이다. 기술은 일반적으로 그리고 구체적으로 이야기할 수 있다. 일반적인 기술에는 개념적 기술과 대인관계 기술이 있다. 구체적인 기술의 예로는 의사결정과 문제 해결이 있다. 여기에서는 성공적인 리더십을 위해 중요한 것으로 발견된 구체적인 기술을 중심으로 다룰 것이다.

리더 성공을 위해 어떤 기술들이 중요한가?

의사결정

리더들은 고부담의 결정을 신속하게 해야 하며 그래서 그들은 **의사결정**decision making에 노련해야만 한다. 그들은 그들이 내리는 모든 결정에 대하여 철저하게 생각할 시간이 없는 경우가 많고, 각 결정은 여러 가지 복잡하게 영향을 미친다. 깊이 생각하지 못하고 빨리 결정을 해야 하기 때문에 리더들을 **직관적**intuitive 사고가라고 했으며, 그것은 그들이 복잡한 상황을 분석하는 데에 귀중한 시간을 보내지 않는다는 의미이다. 리더들이 의사결정 할 때에 직관이 큰 역할을 하지만, 리더들의 결정에는 전략적 요소도 있다. 이 결정들은 오랜 시간과 광범위한 조직적 요소들이 포함된다. 예를 들어 생산 라인과 혁신 영역을 들 수 있다. 전략적 결정에 관련된 복잡성과 고부담 때문에 리더들은 간단하게 직관을 사용하여 결정할 수 없다. 그들

> **기술** 일반적인 방법 및 구체적인 방법으로 무언가를 잘할 수 있는 능력
>
> **의사결정** 고부담의 결정을 하는 데 필요한 복잡한 상황을 이해하는 과정
>
> **직관적** 상황을 깊이 분석하지 않고 빨리 생각하는 특성

은 적극적으로 그 상황의 요소들을 분석해야만 한다. 리더들이 중요한 전략적 결정에 직면할 때, 그들은 다음의 것들을 분석한다. ① 성취할 목표, ② 목표를 달성하는 데에 가장 효과적인 행동과 책략, ③ 그 상황에 관련된 원인들(Marcy & Mumford, 출판 중).

문제 해결

매일 매일의 일 속에서 리더들은 몇 가지 다른 유형의 사회적 문제들을 만난다. 이 문제들은 매우 복잡하고 잘 정의

> **문제 해결** 문제를 해결하기 위해 복잡한 문제의 많은 측면을 이해하는 과정

되어 있지 않다. 리더들은 복잡하고 애매한 문제들에 대처해야 할 뿐만 아니라 이 문제들을 매우 짧은 시간 틀 속에서 대처해야 한다. 리더들은 그들이 만나는 문제의 모든 면에 대해 철저하게 생각할 시간이 없다. 그러므로 리더들은 문제를 신속하고 효과적으로 해결할 수 있어야만 하며, 그들의 해결책이 한꺼번에 많은 문제들을 대처할 수 있다면 가장 좋을 것이다. 이 해결책을 신속하게 생각해 내기 위해 리더들은 문제를 해결하기 위해서 가장 좋은 행동을 결정하기 위한 가능한 해결책들에 적용되는 제한점들에 집중해야만 한다. 리더의 **문제 해결**problem solving에 대하여 생각할 때 고려해야만 하는 많은 중요한 요소들이 있다(Mumford, Marks et al., 2000). 리더들이 문제 해결을 어떻게 하는가에 대해서는 제6장에서 더 논의할 것이다.

계획

계획planning은 리더들이 조직 속에서 매일 해야만 하는 지속적인 과정이다. 리더들은 그들의 미래 행동과 이 잠재적 행동의 결과에 대하여 그리고 그들의 행동이 어떻게 그들과 그들의 부하들이 목표를 달성하는 데 도움이 될 것인가에 대하여 생각해야만 한다. 계획은 조직에 매우 중요하다. 리더들은 그들의 매일 활동을 계획해야만 하며(자신의 일을 언제 그리고 어떻게 할 것인가), 다른 업무 과제를 부하들에게 어떻게 분배할 것인가를 계획해야만 하고(어떻게 효과적으로 위임할 것인가), 조직이 경쟁자들과 환경적 변화에 대응하기 위한 계획을 세우는 것을 도와야만 한다. 좋고 철저한 계획을 개발하기 위해서는 많은 시간과 인지적 자원이 든다(Mumford, Schultz, & Van Doorn, 2001).

계획은 항상 리더가 성취하려고 애쓰고 있는 목표에 기초한다. 계획은 리더가 목표를 달성하도록 이끌어 줄 행동을 취하기 위한 기회를 인식하는 데서 시작한다. 그러고 나서 리더는 상황과 그 목표를 달성하기 위한 가장 좋은 방법에 대해 생각한다. 그 다음에 리더는 초기 계획을 생각하고, 잠재적인 문제점을 피하기 위해 수정이 필요해지면 그 계획을 조정한다. 마지막으로 좋은 계획에는 목표 달성을 위해 전진해 나가는 방식과 실패할 경우에 대한 대비가 포함된다(Mumford et al., 2001).

> **계획** 미래를 위한 가장 훌륭한 행동방침을 결정하기 위해 잠재적인 행동과 그것의 결과를 예측하는 능력
> **정서 지능** 자기 자신의 감정과 타인의 감정을 인식하는 능력

정서 지능

성공적인 리더십을 위해서는 **정서 지능**

emotional intelligence도 중요하다. 정서 지능은 자기 자신의 감정과 타인의 감정을 인식하는 능력이다. 그것은 또한 정서가 한 사람의 사고와 행동을 방해하지 않도록 관리하기 위한 능력도 포함한다(Goleman, 1995). 정서는 강한 감정이기 때문에 간혹 정상적인 사고와 행동을 산만하게 할 수 있다. 특정한 정서를 경험하는 것을 바로 멈출 때에도 그 감정은 종종 좋은 기분이나 나쁜 기분으로 남아 있다. 기분은 또한 리더의 수행에 영향을 미칠 수 있다. 정서 지능은 리더십 성공을 위해 중요하다. 정서 지능이 높은 리더는 문제 해결, 의사결정, 시간 관리와 위기 관리를 더 잘할 수 있다. 리더십 성공과 정서 지능에 대한 연구가 많지는 않다. 하지만 지금까지의 제한된 연구결과는 정서 지능이 리더십 수행과 관련이 있고, 리더들의 정서 지능이 부하들의 더 높은 직무 만족도와 수행에 영향을 미친다고 한다.

사회적 지능

사회적 지능social intelligence은 상황에 대처하기 위한 가장 좋은 방법을 인식하고 선택하는 능력이다. 사회적 지능은 우리가 보통 사회적 기술로 생각하는 것을 넘어선다. 사회적 지능의 두 가지 요소는 사회적 지각력과 행동 유연성이다. **사회적 지각력**social perceptiveness은 한 조직에 대한 요구, 잠재적 문제, 잠재적 기회를 지각하는 능력이다. 그것은 또한 한 조직의 특성에 대한 이해와 그 조직에 관련된 관계들을 이해

사회적 지능 대인관계 상황에 대처하기 위한 가장 좋은 방법을 인식하고 선택하는 능력

사회적 지각력 한 조직에 대한 요구, 잠재적 문제, 잠재적 기회를 지각하는 능력

행동 유연성 상황에 따라서 자신의 반응 행동을 변화시키려고 하는 의지와 그 능력

학습 능력 자기 자신의 생각과 행동을 살펴보고 개선시킬 방법을 생각하려고 하는 능력과 의지

하는 것을 포함한다. 마지막으로 사회적 지각력이 있는 사람은 행동이 어떻게 집단에 도움이 되고 혹은 해가 되는지 이해한다. 기본적으로 높은 사회적 지각력을 갖고 있는 리더는 집단이나 조직을 더 효과적으로 만들기 위해 필요한 것이 무엇인지 그리고 어떻게 해야 하는지 이해한다. **행동 유연성**behavioral flexibility은 상황에 따라서 자신의 반응 행동을 변화시키려고 하는 의지와 그 능력이다. 그것은 요구에 따라서 자신의 행동을 변화시키면서, 다양한 다른 행동을 취하고 효과성을 판단하는 것을 말한다(Zaccaro, Gilbert, Thor, & Mumford, 1991).

학습 능력

빠르게 변하고 경쟁적이고 테크놀로지 중심적인 오늘날의 산업환경 속에서 적응력은 매우 중요하다. 조직은 새로운 지식을 획득해야만 할 뿐 아니라 지속적으로 변하고 있는 환경에 적응하기 위해 이 새로운 지식을 사용할 수 있어야 한다. 경험으로부터의 **학습 능력**ability to learn과 변화하기 위해 적응하는 능력은 이처럼 급변하는 환경에 있는 리더에게 매우 중요하다. 학습 능력은 자기 자신의 생각과 행동을 살펴보고 개선시킬 방법을 생각하려고 하는 능력과 의지이다. 그것은 또한 자기인식 혹은 자신의 장점과 단점을 인식하는 것이다. 군 리더십 연구들은 학습 능력이 리더십의 성공과 관련이 있는 것을 보여 주었다. 나아가 창의적 리더십센터 연구자들은 학습하고 적응하는 능력이 경영인들에게 중요하다는 것을 발견했

다(Yukl, 2006).

행동

연구자들이 성공적인 리더십으로 이끄는 구체적인 특성들을 발견할 수 없을 때, 그들은 성공에 중요한 구체적인 리더 행동을 알아보기로 했다. 리더십 연구자들은 네 가지 넓은 범주의 행동을 살펴보았다. ① 배려, ② 구조화 주도, ③ 참여, ④ 변화 지향 행동이 그것이다. 어떤 연구자들은 역할 모델링 행동과 피드백 행동과 같은 몇 가지 더 구체적인 행동들도 연구했다. 여기에서는 리더십 행동과 관련한 연구결과들을 다룰 것이다.

오하이오주립대학교 리더십 연구

오하이오주립대학교 리더십 연구는 1940년대에 시작되었다. 이 연구들은 리더십 성공과 관련된 리더십 행동을 연구하기 위해 실시되었다. 이 연구는 리더십에 중요한 두 가지 행동 유형인 배려와 구조화 주도를 확인했다(Fleishman, 1953).

배려

배려consideration는 리더가 부하들의 웰빙에 대한 관심을 나타내는 것을 의미한다. 사려 깊은 리더는 부하들의 일에 감사를 표하고, 부하들을 잘 대함으로써 그들의 자존감을 높이기 위해 노력하고, 부하들이 조직 속에서 편안함을 느끼도록 노력한다. 사려 깊은

> 배려 부하들의 웰빙에 대한 관심을 나타내는 리더의 행동

리더들은 관계와 신뢰 지향적이다. 반면에 배려가 부족한 리더들은 부하들을 공개적으로 비난하고, 그들의 기분을 고려하지 않고, 그들을 불편하게 느끼게 한다.

구조화 주도

구조화 주도initiating structure는 리더가 업무 집단의 활동을 계획하고 조직하는 것을 말한다. 구조화를 주도하는 리더는 일의 기준, 마감 일자 맞추기, 일처리 방식에 대한 결정을 하고 그것을 유지시킨다. 구조화를 주도하는 리더는 의사전달과 업무 조직에 대한 분명한 기준과 규칙을 정한다. 이 리더들은 다른 직원들과의 관계 형성이 아닌 업무 과제를 중요하게 생각한다.

미시간대학교 연구

오하이오주립대학교 연구와 비슷한 시기에 또 하나의 중요한 리더십 연구 프로그램이 미시간대학교에서 있었다. 미시간대학교 연구는 리더십 행동의 몇 가지 같은 범주를 발견했으며 또한 다른 범주도 발견했다. 그들은 관계 지향 행동(배려와 비슷한), 과제 지향 행동(구조화 주도와 비슷한), 참여적 리더십을 확인했다(Foundation for Research on Human Behavior, 1954).

> **구조화 주도** 리더가 업무 집단의 활동을 계획하고 조직하는 것
> **참여적 리더십** 중요한 의사결정과 과제를 수행하는 데 있어서 부하들을 참여시키는 리더의 행동

참여적 리더십

참여적 리더십participative leadership이란 중요한 의사결정과 중요한 과제를 수행

하는 데에 있어서 그의 부하를 참여시키는 것을 의미한다. 미시간 대학교
연구는 성공적인 리더들이 중요한 결정을 하는 데 있어서 개인들이 함께
하고 의사소통을 잘 하도록 하는 집단 회의를 함으로써 참여적 리더십을
발휘한다는 것을 발견했다. 집단 회의에서 리더의 역할은 논의를 안내하
고 생산적인 회의가 되도록 하여 문제를 해결할 수 있도록 하는 것이다.
하지만 비록 집단이 결정에 더 많이 관여하더라도, 그 집단이 결정하는
것에 대한 책임은 여전히 그 리더가 진다는 것을 기억하는 것이 중요하다
(Yukl, 2006).

변화 지향 행동

Yukl(2006)은 위에서 언급한 유형의 행동들이 성공적인 리더들의 행동
을 적절하게 다루지 못했다는 것을 깨달았다. 그와 다른 연구자들은 또
다른 지도자 행동 유형으로 **변화 지향 행동**change-oriented behavior을 확인했
다. 변화 지향 행동은 조직 내에서의 변화를 독려하고 촉진하는 행동이
다. 조직은 현재의 과정, 산출물 혹은 서비스를 유지하는 것으로는 더 이
상 경쟁력을 가질 수 없다. 장기적인 성공을 획득하기 위해서 그들은 지
속적으로 새로운 산출물과 과정을 만들어 내야만 한다. 조직의 성공적인
적응에 가장 중요한 요소 중의 하나가 효과적인 리더십이다(Mumford,
Scott, Gaddis, & Strange, 2002).

구체적인 행동

여러 구체적인 행동들이 어떻게 성공

> **변화 지향 행동** 조직 내의 변화
> 를 독려하고 촉진하는 리더의
> 행동

적인 리더십과 관련되는지 알아보기 위한 많은 연구들이 있다. 대부분의 이런 행동들은 직원들이 팀으로 일하고 조직 속에서 다른 프로젝트들을 운영하는 데에 중요하다. 여기에서는 성공적인 리더십을 위해 중요한 것으로 밝혀진 구체적인 몇 가지 행동들을 기술할 것이다.

역할 모델링

역할 모델링role modeling은 리더들에게 유용한 도구가 될 수 있다. 역할 모델의 목적은 어떤 유형의 행동이 직무 환경에 적절한가를 리더가 직원들에게 보여 주는 것이라고 생각할 수도 있다. 실제로 역할 모델링은 업무 집단의 분위기를 조성하는 데에 도움이 되기 때문에 리더에게도 도움이 된다. 직원들이 직장 환경이나 분위기가 지지적이라고 지각할 때 업무 수행은 상승한다(Amabile, Schatzer, Moneta, & Kramer, 2004). 일반적으로 사람들이 안전하고 지지를 받는다고 느끼는 분위기에서 일할 때 일을 더 잘할 것이다(Mumford, Eubanks, & Murphy, 2007). 리더들은 기본적으로 이런 가치들을 수용한다는 것을 나타내는 역할 모델링 행동을 함으로써 이런 측면에 영향을 미칠 수 있다(Jaussi & Dionne, 2003). 만일 직원들이 그들이 맡은 업무를 우선적으로 조직화하기를 바라는 리더라면 어떤 행동을 할 것 같은가. 그 리더는 조직적일까 비조직적일까?

역할 모델링 리더가 직장 분위기를 조성하기 위해 사용하는 행동

지지

조직 과제와 프로젝트는 비용이 많이 들 수 있다. 그러므로 이 프로젝트들은

만일 **지지**support와 자원이 제공되지 않
는다면 성공하지 못할 것이다(Amabile
et al., 2004; Ekvall & Ryhammer,
1999). 리더들은 프로젝트를 완수하기
위해 필요한 시간과 자원이 반드시 마

> **지지**   직원들이 충분한 시간과
> 자원을 가지고 그들의 과제를 완
> 수하도록 해주는 리더 행동
> **옹호**   새로운 프로젝트를 위한
> 관심과 흥분을 일으키기 위해 리
> 더가 사용하는 행동

련되도록 하는 것이 중요하다. 직원들이 그들의 과제를 짧은 시간 내에
완수해야 한다는 압박감을 느낄 때 그들의 수행은 악화될 것이다. 직원들
에게 그들의 과제를 완수하기 위한 충분한 시간과 자원을 마련해 주기 위
해서 리더들은 종종 고위관리자들에게 그들의 프로젝트의 중요성을 확
신시켜야만 한다(Jelinek & Schoonhoven, 1990). 이것은 초기에 고위
경영자들을 프로젝트에 관련시키고 그것이 완수될 때까지 그들이 그 프
로젝트에 관심을 갖도록 함으로써 가능하다(Mumford, Eubanks, &
Murphy, 2007).

옹호

프로젝트들을 완성하는 또 다른 부분은 조직 전체가 새로운 프로젝트를
받아들이는 준비를 하는 것이다. 새로운 프로젝트가 채택되도록 하기 위
해서는 리더가 프로젝트에 대한 열의를 나타내는 **옹호**chamipioning에 나섬으
로써 조직의 나머지 사람들의 지지를 얻는 것이 중요하다(Howell & Boies,
2004). 사실 이때 리더는 그 조직 내에서 팀의 대표로 나서는 일을 한다
(Ancona & Caldwell, 1992). 지지를 얻기 위해서 리더들은 다른 조직 구
성원들에게 새로운 프로젝트가 어떻게 기존의 조직의 가치와 과정을 향

상시키는지 그리고 이 프로젝트가 실행된다면 어떻게 그 조직에 긍정적인 영향을 미칠 것인가를 보여 주어야만 한다(Howell & Boies, 2004).

피드백

프로젝트 팀과 함께 일할 때 리더의 또 다른 중요한 행동은 그 일을 지시하는 것이다. 리더들은 직원들의 일을 바른 방향으로 나아가도록 돕는다. 리더가 프로젝트 일을 지시하는 중요한 한 방법은 직원들의 일을 평가하고 **피드백**feedback을 제공하는 것이다. 리더가 직원들의 일을 평가할 때에는 생산적인 피드백을 주도록 노력해야만 한다. 또한 리더들은 반드시 적절한 기준을 기초로 해서 그 일을 평가해야 한다. 프로젝트 단계와 목적에 따라서 적절한 평가 기준이 다소 다를 것이다(Mumford, Eubanks et al., 2007).

이 연구의 제한점은 무엇인가?

이제 우리는 리더십 성공을 위해 중요한 특성, 기술, 행동에 대해 많이 공부했다. 하지만 이 개념들에 대한 연구는 몇 가지 문제점들에 부딪쳤다. 우리가 갖고 있는 리더십 연구를 위한 연구 방법, 이론, 정의들은 완벽하지 않다. 리더십과 관련하여 우리가 연구하는 많은 특성들은 비교적 추상적이기 때문에 그것들을 연구하고 이해하는 것은 쉽지 않다. 이 특성들은 일반적으로 그것들이 리더의 행동에 어떻게 영향을 미치는가 하는 간접적인 방법을 통해 연구되었으며, 이 방법

피드백 부하의 일에 대한 평가와 지시를 제공하는 행동

은 특성들을 이해하기 위한 완벽한 방법이 아니다. 하지만 특성을 직접적으로 연구하는 것은 어렵다. 또한 많은 특성 연구들은 이 특성들이 어떻게 리더십 성공과 관련되는지 설명할 수 있는 이론에 기초를 두고 있지 않다(Yukl, 2006).

리더 특성과 기술에 대한 연구의 또 다른 제한점은 대부분 개인적인 특성이나 기술을 살펴보고 그것들이 리더십 성공과 어떻게 관련되는지에 대해서만 살펴본다는 것이다. 특성이나 기술을 하나만 한 시점에서 살펴보는 것은 몇 가지 특성과 그것들이 어떻게 상호작용하는지 살펴보는 것보다는 그 결과가 덜 분명하다. 한 가지 특성이나 기술에만 한 시점으로 살펴보게 되면 여러 특성들의 상호 관련성과 그 상호작용을 통해 리더의 행동에 미치는 영향이 간과될 수 있다. 예를 들어, 자존감과 스트레스 관대함은 리더가 스트레스를 받는 동안 그들의 정서를 통제하고 더 분명하게 생각할 수 있도록 해 줄 수 있다. 많은 다른 특성과 기술 그리고 서로에게 미치는 영향력을 측정하는 연구들이 리더십 성공을 이끌어 내는 특성과 기술의 패턴을 확인하는 데 도움이 될 것이다(Yukl, 2006).

요약

지금까지 성공적인 리더십에 대한 중요한 여러 가지 특성, 기술, 행동에 대한 연구들을 살펴보았다. 하지만 당신은 이것이 나에게 어떤 의미가 있다는 건가 하고 생각할 것이다. 사람들이나 조직에서는 이 연구를 어떻게 활용할 것인가? 여기에서는 이 방대한 연구들을 위한 한 가지 중요한 활용을 살펴봄으로써 이 장을 마무리할 것이다 ― 리더십 훈련과 개발.

리더 훈련과 개발

이제 당신은 어떤 특성, 기술, 행동이 리더십을 위해 중요한지 알고 있으므로 사람들에게 그것을 가르치는 것이 가능한가라는 질문을 하게 될 것이다. 사람들은 성공적인 리더가 되기 위해 배울 수 있는가? 다행히도 그 답은 "그렇다"이다. 사실 여러 가지 리더십 개발 프로그램들이 있다. 리더십 개발에 대하여 잠시 인터넷 검색을 해보면 아마도 다 클릭할 수 없을 정도로 많은 결과가 나올 것이다. 이 리더십 개발 프로그램들은 몇 가지 점에서 다르다. 수업 유형은 단기간의 집합 유형의 훈련에서부터 장기간의 더 실세계적인 훈련까지 범위가 넓다. 프로그램의 내용은 구체적인 리더십 모형에서부터 많은 다른 리더십 지위들과 관련된 광범위한 영역을 다루는 내용까지 범위가 다양하다. 중요한 것은 이 프로그램들이 기초를 두고 있는 관련된 리더십 연구 이론들이 매우 다양하다는 것이다. 리더십 연구와 이론에 기초한 리더십 프로그램들이 그렇지 않은 프로그램들보다 더 유용하고 효과가 있다. Mumford, Friedrich, Caughron, Antes(출판 중)는 이 리더십 개발 프로그램들이 실제로 얼마나 효과가 있는지 탐색했다. 그들은 성공적인 리더십 개발 프로그램은 두 가지 중요한 요소로 ① 지식을 가르치고, ② 그 지식을 적용할 수 있는 기술을 가르치는 것을 포함해야만 한다고 제안했다.

결론

당신은 이 특성들과 기술들 중 어떤 것들은 중첩된다는 것을 알아차렸을 것이다. 예를 들어, 지능은 계획과 문제 해결 기술과 매우 관련성이 높다.

지능은 또한 지혜를 위해서도 필요하다. 이런 점들 때문에 리더십의 성격이 무엇이고 성공적인 리더십에 필요한 것이 무엇인가 하는 것이 복잡하다. 이 장은 다양한 상황에서 리더십에 중요하다고 밝혀진 많은 개인적인 특성, 기술, 행동을 논의했다. 상황에 따라서 더 중요한 특성, 기술 혹은 행동들이 달라지겠지만 이 장에서 논의한 특성, 기술, 행동들은 다양한 직장 상황에서 광범위하게 적용될 수 있는 것으로 보인다. 조직은 또한 이 유형의 특성과 기술 연구를 그들의 직원들을 개발하고 고용하기 위해 사용할 수 있으며, 당신은 이 연구를 리더로서 자신의 기술을 개발하기 위해 사용할 수도 있다.

핵심 용어

- 계획
- 권위주의
- 대인관계 특성
- 문제 해결
- 변화 지향 행동
- 사회적 지각력
- 성격 특성
- 세력 욕구
- 역할 모델링
- 요구 혹은 동기
- 인지적 특성

- 구조화 주도
- 기술
- 마키아벨리즘
- 배려
- 빅 파이브
- 사회적 지능
- 성취 욕구
- 에너지 수준과 스트레스 관대함
- 옹호
- 의사결정
- 자신감

- 전문성
- 정서적 성숙
- 지지
- 직관적
- 친애 욕구
- 통합성
- 피드백
- 행동 유연성

- 정서 지능
- 지능
- 지혜
- 참여적 리더십
- 통제 소재
- 특성
- 학습 능력

복습 문제

1. 성공적인 리더십을 위한 중요한 세 가지 특성 유형은 무엇인가? 각각의 예를 소개하라.

2. McClelland가 논의하는 세 가지 유형의 동기의 이름을 말하고 서술하라.

3. 통제 소재는 성공적인 리더십과 어떤 관련성이 있는가?

4. 리더들이 결정을 할 때 고려하는 상황의 세 가지 요소는 무엇인가?

5. 오하이오주립대학교 연구와 미시간대학교 연구 그리고 Yukl이 제안한 네 가지 일반적인 리더 행동이 무엇인지 서술하라.

6. 성공적인 리더십 개발 프로그램에서 가르치는 두 가지 핵심적인 요소는 무엇인가?

7. 리더 특성과 기술 연구의 몇 가지 제한점은 무엇인가?

논의 문제

1. 만일 한 가지 특성만 고를 수 있다면, 당신이 생각하는 성공적인 리더십을 위해 가장 중요한 특성은 무엇인가? 그리고 그 이유는 무엇인가?

2. 당신이 생각하기에 훌륭하거나 성공적인 리더이지만 이 장에서 논의된 특성, 기술 혹은 행동에 비추어 보면 무언가 부족한 리더를 만난 적이 있는가? 그렇다면 어떤 것(들)이 부족하고, 그의 단점을 어떻게 보충할 수 있다고 생각하는가?

3. 당신은 리더십 지위를 가져본 적이 있는가? 당신은 이 장에서 논의된 특성, 기술, 행동을 나타냈다고 생각하는가? 당신은 최선을 다하기 위해 당신의 특성과 능력을 어떻게 사용했는가?

4. 지혜와 전문성의 차이는 무엇인가?

5. 당신이 과거에 일했던 직장의 상사를 생각해 보라. 오하이오주립대학교, 미시간대학교 그리고 Yukl이 제안한 네 가지 리더십 행동 범주 중에서 당신의 리더가 사용한 가장 효과적이었던 것은 무엇이었나?

개인 활동

개인 활동 1

당신이 함께 일한 세 명의 리더들을 생각해 보라. 그 리더들은 많은 중요한 특성과 기술을 갖고 있는가? 당신은 그들이 중요한 행동을 하는 것을 보았는가? 어떤 좋은 리더와 어떤 나쁜 리더를 만났는지 서로 비교해보라.

개인 활동 2

리더십 훈련 프로그램에 대하여 인터넷 검색을 해 보라. 당신은 리더/리더십 개발, 리더/리더십 훈련, 관리 훈련, 다른 관련된 용어들로 검색해 볼 수 있을 것이다. 웹사이트에(무료로) 올려놓은 리더 개발 프로그램 하나를 찾아라. 만일 유료 자료라면 사용하지 마라! 당신이 찾은 프로그램에 대하여 다음 질문에 답하라.

1. 당신이 찾은 프로그램의 URL은 무엇인가?
2. 그 프로그램을 서술하라. 가능한 한 상세하고 구체적으로 써라.
3. 당신은 이 프로그램이 효과가 있다고 믿는가 아니면 그 반대인가? 이 장에서 설명한 증거를 사용하여 설명하라.

집단 활동

집단 활동 1

만일 당신이 텔레비전에서 전문적인 스포츠 방송을 본 적이 있다면, 당신은 해설자가 그 게임에 대해 이야기하는 방식을 알게 될 것이다. 종종 그들은 당신이 알아채지 못하는 구체적인 게임의 요소를 지적한다. 이것은 그들이 그 게임의 전문가이기 때문이다. 당신이 전문가인 어떤 것에 대해 생각해 보라. 스포츠나 학교에서 공부하는 과목(수학 같은) 혹은 당신이 정말 잘하는 무엇이든 좋다. 당신의 집단 속에서 다른 사람들이 알아채지 못하는 것을 당신이 알아챈 것에 대하여 이야기하라. 이 활동은 어떤 영역에 전문성을 갖는 것이 어떻게 한 사람이 그 활동을 다르게 보고, 다른 사람들이 볼 수 없는 것을 보게 하는지 보여 준다.

집단 활동 2

당신은 리더십 지위를 가져본 적이 있는가? 당신은 당신의 지위를 대신 맡을 수 있는 사람을 어떻게 훈련시키겠는가? 당신의 집단에서 당신의 리더십 지위와 그 일을 다른 사람이 할 수 있도록 어떻게 훈련시킬 것인 가를 논의하라. 당신 지위들 간의 차이점을 논의하라.

더 읽을거리

Bass, B. M. (1990). *Bass and Stogdill's handbook of leadership: Theory, research, and managerial applications*. New York: Free Press.
McCall, M., & Lombardo, M. (1983). *Off the track: Why and how successful executives get derailed* (Tech. Rep. No. 21). Greensboro, NC: Center for Creative Leadership.
Mumford, M. D., Friedrich, T. L., Caughron, J. J., & Antes, A. L. (in press). Leadership development and assessment. In K. A. Ericsson (Ed.), *The Development of Professional Performance*. Cambridge, UK: Cambridge University Press.
Mumford, M. D., Friedrich, T. L., Caughron, J. J., & Byrne, C. L. (2007). Leader cognition in real-world settings: How do leaders think about crises? *The Leadership Quarterly, 18*, 515–543.
Mumford, M. D., Hunter, S. T., Eubanks, D. L., Bedell, K. T., & Murphy, S. T. (2007). Developing leaders for creative efforts: A domain-based approach to leadership development. *Human Resource Management Review, 17*, 402–417.
Mumford, M. D., Schultz, R. A., & Osburn, H. K. (2002). Planning in organizations: Performance as a multi-level phenomenon. In F. J. Yammarino & F. Dansereau (Eds.), *Research in multi-level is-*

sues: The many faces of multi-level issues (pp. 3–35). Oxford, England: Elsevier Science.

Yukl, G. (2006). *Leadership in organizations* (6th ed.). Upper Saddle River, NJ: Prentice Hall.

리더십 101

5

부하들과 상황적 요인들

- Jamie D. Barrett -

리더의 귀는 사람들의 목소리와 함께 울려야 한다.

– 우드로 윌슨(Woodrow Wilson)

이 장의 제목을 보면서 당신은 '리더는 리드만 하고 다른 사람들은 모두 줄만 서면 되는 것 아닌가' 혹은 '리더가 훌륭하다면 상황이 무슨 상관이 있어?' 하고 생각할 수 있을 것이다. 이런 생각을 할 수도 있을 것이다. '부하와 상황이 리더십에 영향을 미친다는 것을 나는 알고 있어. 더 읽을 필요가 뭐 있어?' 잠시 흥분을 가라앉히고 리더가 누구를 리드하는가에 대하여 생각해 보라. 리더들은 항상 같은 사람들을 리드하는가? 분명히 이 두 가지 질문에 대한 답은 "아니요"이다. 그렇다면 사람들의 유형과 상황이 리더가 생각해야 하는 중요한 요소들이다.

리더들은 혼자서 기능하지 않는다. 그들은 리드할 사람이나 집단을 갖고 있어야 한다. 이 사람들은 그들의 부하들이다. 부하들은 직원, 학생, 스포츠 팀의 선수, 자원봉사자 혹은 가족 구성원일 수 있다. 리더와 함께 공동 목표를 향해 일하는 사람은 누구나 부하로 생각할 수 있다. 부하들의 유형이 너무 많기 때문에 리더가 구성원 각 개인에게 어떻게 행동할지 결정하기가 어렵다. 광범위하게 다양한 부하들을 가장 잘 리드하는 방법에 대해 혼란스럽게 생각하게 될 것이다. 이 장은 리더–부하 상호작용에 대한 가장 유명한 이론들을 논의할 것이다. 각 이론을 논의하면서 당신은 그 이론 그리고 관련된 연구에 대하여 배울 뿐만 아니라 각 이론에서 제시된 아이디어를 실행하는 방법에 대한 실천적인 충고도 얻게 될 것이다. 이 충고는 부하들이 어떻게 리더십에 영향을 미치는가 그리고 리더로서 당신은 그것에 대해 어떻게 대응할 수 있는가를 이해하는 데 도움이 될 것이다.

이제 부하들이 중요하다는 것을 알게 되었으니 상황적 요소에 대해서 알아보자. 리더들이 마주하는 상황들이 정말 그렇게 다른가? 잠시 리더들이 대면하는 어떤 일반적인 상황에 대해 생각해 보라. 만일 당신의 고등학교가 예산 위기를 겪고 있다면, 교장선생님은 아마도 그 학교의 예산이 풍부할 때와는 매우 다르게 운영할 것이다. 주요 회사의 CEO가 다른 회사와 합병하는 것과 같은 조직의 전반적인 변화를 시행하려고 할 때는 직원들에게 대하는 태도가 달라질 것이다. 이 상황은 다른 종류의 리더십 행동을 필요로 한다. 다른 상황이 어떻게 리더에게 영향을 미치는지 그리고 리더는 어떤 행동을 취해야 하는가를 이해하기 위해서는 상황적 요인들에 관련된 리더십 이론들을 상세하게 탐구해야만 한다.

알다시피 부하들과 상황적 요인들 모두가 리더십에서 독특한 역할을 한다. 이 논의를 시작하기 위해 우리는 첫 번째로 리더십에서 세력과 영향력이 어떤 관련이 있는지 살펴볼 것이다. 다음에 부하들과 관련된 주제를 논의할 것이다. 부하들이 어떻게 리더십에 영향을 미치는지 이해한 후에 우리는 다양한 상황적 요인을 심도 있게 살펴볼 것이다. 부하 및 상황적 요인에 대한 이론, 연구, 실천적 함의가 제시될 것이다.

학습 목표

- 리더십에 있어서 세력과 영향력의 중요성을 이해한다.
- 부하와 상황적 요인들이 어떻게 리더십에 영향을 미치는지 이해한다.
- 부하와 상황적 요인들과 관련한 이론들의 장점과 단점을 이해한다.
- 실제로 부하와 상황적 요인들에 대한 대처 방법을 이해한다.

세력과 영향력

세력은 리더의 효과성 뒤에 있는 중요한 힘이다. 세력 없이는 리더가 어떤 일을 하기 위해 그의 영향력을 행사하는 것은 불가능할 것이다. 당신 주위에 있는 리더가 어떻게 다른 사람들이 귀를 기울이고 행동하도록 만들 수 있는지 생각해 보라. 만일 미국 대통령이 세력을 갖고 있지 않다면 미국인들이 그의 말에 귀를 기울일까? 당신의 선생님들은 학생들에 대한 영향력 없이 학급을 통솔할 수 있을까? 부하와 상황적 요인들에 대한 논의에 들어가기 전에 리더 세력과 영향력의 개념이 먼저 언급되어야만 한다. 여기에서는 세력과 영향력의 해석과 함의를 다룰 것이고 이후 부하와 상황에 대한 깊은 탐구로 논의를 이동할 것이다.

세력

리더십에서 **세력**power은 일반적으로 다른 사람의 행동이나 태도에 영향을 미치는 한 사람의 능력으로 이해된다. 세력은 개인뿐만 아니라 집단에도 행사될 수 있다. 세력은 **권위**authority로부터 나오며 세력을 행사하는 정당성을 부여하는 합법적인 권리나 주장을 포함한다. 가끔은 세력을 부하가 갖고 있는 세력의 크기와 비교하는 상대적인 개념으로 보기도 한다. 일반적으로 리더가 그의 부하보다는 더 많은 지배력을 가진다. 따라서 리더가 더 많은 세력을 가진다. 마찬가지 방식으로 당신이 선생님에 대해 갖고 있는 영향력보다는 선생님이 당신에 대해 더 큰 영향력을 갖고 있고, 따라서 선생님이 당신보다 더 많은 세력을 갖고 있다.

세력을 이해하기 위한 노력으로 많은 유형들이 확인되었으며, 더 많은 연구를 통해 그 유형들을 다시 분류했다. 이 분야에서 가장 영향력 있는 연구는 French와 Raven(1959)에 의한 것으

세력 다른 사람의 행동이나 태도에 영향을 미치는 한 사람의 능력
권위 세력을 행사하는 정당성을 부여하는 권리나 합법적인 주장

로, 그들은 다섯 종류의 세력을 묘사하는 분류 체계를 개발했다. 그들의 연구가 세력 연구에 커다란 영향을 미치기는 했지만, 리더십에 관련된 모든 세력 자원들이 포함되어 있는 것은 아니다. 이 분류학에서의 세력의 다섯 가지 유형은 다음과 같다.

1. **합법적 세력**legitimate power은 주로 지위에 의해서 세력을 갖고 있는 사람이 그의 세력에 대한 권리를 갖고 있다고 부하들이 그 가치와 규범을 내면화하고 믿는 세력이다.

2. **전문가 세력**expert power은 세력을 갖고 있는 사람이 지식이 많고 능력이 있다고 부하가 믿는 것에서 생기는 세력이다.

3. **준거적 세력**referent power은 부하가 세력을 갖고 있는 사람을 좋아하거나 존경함으로써 생기는 세력이다.

> **합법적 세력** 세력을 갖고 있는 사람에게 권리를 인정해 주는 가치나 규범을 부하가 내면화하는 세력
>
> **전문가 세력** 세력을 갖고 있는 사람이 지식이 많고 능력이 있다고 부하가 믿는 것에서 생기는 세력
>
> **준거적 세력** 세력을 갖고 있는 사람을 부하가 좋아하거나 존경함으로써 생기는 세력
>
> **보상적 세력** 세력을 갖고 있는 사람이 제공하는 보상을 부하가 추구하려고 할 때 생기는 세력
>
> **강압적 세력** 세력을 갖고 있는 사람으로부터의 처벌을 부하가 회피하려고 할 때 생기는 세력

4. **보상적 세력**reward power은 부하가 세력을 갖고 있는 사람이 제공하는 보상을 추구할 때 생기는 세력이다.

5. **강압적 세력**coercive power은 부하가 세력을 갖고 있는 사람으로부터의 처벌을 회피하려고 할 때 생기는 세력이다.

세력 자원들에 대한 또 다른 접근은 지위 세력 대 개인적인 세력에 대한 Bass(1960) 이론이다. 이 모델은 두 가지 중요한 세력 자원들을 기술한다. 지위 세력은 식당의 매니저와 같이 부하들에 대해 영향력을 미치는 어떤 지위가 주어짐으로써 발생한다. 한편 개인적인 세력은 세력을 갖고 있는 개인에게서 나오며, 주로 전문성이나 세력을 갖고 있는 사람과의 친분 관계와 관련된다. 예를 들어, 만일 당신이 좋아했던 고등학교 정치학 교사가 시장에 출마한다면, 선생님이 그 영역에 대한 전문성을 갖고 있다고 생각하고 또 서로 잘 지냈기 때문에 당신의 개인적인 세력을 그에게 부여할 수 있을 것이다. 연구는 Bass의 관점을 지지하는 결과를 보여 주었으며 각 요인 내에 포함되어 있는 세력의 형태를 밝혔다. 지위 세력 내 세력의 유형들에는 합리적 세력, 보상적 세력, 강압적 세력, 정보(정보 접근을 통제) 세력 그리고 생태학적(상황을 통제) 세력이 있다. 개인적 세력의 유형에는 준거적 세력과 전문가 세력이 있다(Yukl & Falbe, 1991). 지위 세력과 개인적 세력의 복잡성 때문에 어떤 경우에는 그 두 가지를 구분하기가 어렵다. 하지만 Bass의 접근은 연구자들 간에 여전히 널리 인정받고 있다.

이제 세력의 개념과 몇 가지 유형들에 대해서 배웠으니까, 당신은 '그래서 사람은 세력을 어떻게 얻거나 혹은 잃는가?' 라는 의문을 가질 것이다. 리더의 세력의 양은 시간과 상황에 따라서 변할 수 있기 때문에 세력이 어떻게 획득되고 세력을 어떻게 잃게 되는가를 설명하는 두 가지 이론이 제안되었다. 첫째, **사회 교환 이론**social

> **사회 교환 이론** 시간에 따른 리더와 부하 간의 관계로 세력의 변화를 정의하는 이론

exchange theory은 세력의 변화를 시간에
따른 리더와 부하 간의 관계로 정의한
다. 이런 방식으로 작은 집단의 구성원
들 간 사회적 상호작용이 세력이 획득
되거나 상실되는 방식을 결정한다. 이

특이 신용 리더가 오랫동안 성공
적인 아이디어로 쌓아가는 신용
전략적 유관성 이론 한 조직 속
에서 다양한 하위조직이나 부서
간에 세력이 어떻게 분배되는가
를 기술하려는 이론

사회적 상호작용은 자료의 교환이나 심리적 혜택(예 : 승인, 존경, 애정)
과 관련되는 경향이 있다. 리더가 집단에 관심을 나타내고 성공적인 목표
와 활동을 제안함으로써 그들은 소위 말하는 **특이 신용**idiosyncrasy credits을
축적하고 세력을 획득한다. 특이 신용은 리더가 오랫동안 성공적인 아이
디어로 쌓아가는 신용이다. 이것은 나중에 더 상세하게 논의될 것이다.
하지만 만일 리더가 이기적이거나 비참여적으로 보이고 그의 행동이 실
패한다면 그는 세력을 잃는다. 이 이론의 평가에서 나타난 문제점은 여러
세력 유형들에 적용하기 어렵다는 것이다. 사회 교환 이론은 전문가 세력
과 권위에만 초점을 맞추고, 대인 간의 교환에서 보상 세력과 준거적 세
력이 어떻게 작용하는가를 고려하지 않는다. 그밖에 논의된 연구결과들
은 작은 집단을 대상으로 한 실험실 연구에 기초했다. 장기적 효과는 검
토되지 않았다. 전반적으로 이 영역에서의 더 많은 연구가 필요하다.

　어떻게 세력이 획득되거나 상실되는가를 설명하기 위해 제안된 두 번
째 이론은 **전략적 유관성 이론**strategic contingencies theory이라고 부른다. 이 이
론은 한 조직 속에서 다양한 하위조직이나 부서 간에 세력이 어떻게 분배
되는가를 기술하려고 한다. 전략적 유관성 이론은 각 집단 속에서 세력은
① 중요한 문제를 다루는 데 있어서의 전문성, ② 조직의 전체적인 일에

대한 하위부서의 중요성, ③ 얼마나 쉽게 하위부서의 전문성이 대체될 수 있는가에 의존한다고 주장한다. 짧게 말해서, 하위부서가 그 조직에게 중요한 문제를 해결하는 데 있어서 독특한 전문성을 보여 줌으로써 세력을 얻는다. 획득한 세력은 처음에는 전문가 세력의 형식으로 나타날 것이며, 시간이 지나면 합법적인 세력으로 진화할 수도 있다. 이 이론은 일반적으로 연구의 지지를 받았다. 하지만 이 이론은 하위부서가 세력을 유지하기 위해 어떻게 다른 사람들을 위협할 수 있는가와 같은, 특별히 지배적인 하위부서와 관련될 수 있는 조직적 정치를 고려하지 못한다.

영향력

세력과 관련하여 영향력 또한 성공적 리더십에 중요한 역할을 한다. 사실 영향력은 리더십의 핵심에 자리하고 있으며, 영향력 없이는 부하의 지지를 결속시키고, 결정한 것을 이행하고 혹은 무슨 일이든 되게 할 수가 없다. 제1장에서 언급했듯이 **영향력**influence은 주어진 목적을 달성하기 위해서 다른 사람의 동기나 인식을 변화시키는 것을 말한다. **영향력 시도**influence attempts는 바라는 결과를 가져오기 위해 시도하는 행동이다. **능동적 영향력 시도**proactive influence attempt란 한 사람이 다른 한 사람에게 하는 어떤 요구를 말한다. 영향력 시도가 행동이지만, 심리학적 관점에서는 영향력을 과정으로 본다.

> **영향력** 주어진 목적을 달성하기 위해 다른 사람의 동기나 인식을 변화시키는 것
>
> **영향력 시도** 바라는 결과를 가져오기 위해 시도하는 행동
>
> **능동적 영향력 시도** 한 사람이 다른 사람에게 하는 요구
>
> **영향력 과정** 리더의 지각이나 상황과 같은, 리더가 다른 사람들에게 영향을 미치는 것에 관련한 과정

이 **영향력 과정**influence process의 관점은 다른 사람에 대한 한 사람의 영향력은 그 상황적 조건 내에서의 리더의 행동을 부하가 어떻게 지각하느냐에 달려 있다. 영향력에 대한 이 설명에서 얻을 수 있는 중요한 점은 영향력이 목표와 관련이 있고, 영향력이 리더와 부하 간의 상호작용에 영향을 미치고, 영향력은 상황 속에서 고려되어야 한다는 것이다.

영향력을 이해하는 또 다른 방식은 행동주의 접근이다. 이 접근은 영향력을 행동적 책략으로 본다. **영향력 책략**influence tactics은 다른 사람들의 태도와 행동을 의도적으로 변화시키려고 하는 행동이다. Yukl과 Chavez에 의해 세 가지 유형의 영향력 책략이 확인되었다(2002). **인상 관리 책략** impression management tactics은 리더가 부하들이 자신을 좋아하도록 만들기 위해 사용하는 행동이다. **정치적 책략**political tactics은 개인이나 조직의 이익을 위하여 광범위한 조직의 결정이나 결정 방식에 의도적으로 영향을 미치는 행동이다. **능동적 영향력 책략**proactive influence tactics은 특별한 결과물을 획득하기 위한 방향으로 작동되는 행동이다. 이것은 반드시 한 사람이 다른 사람에게 한 가지만 요구해야 되는 것은 아니라는 점에서 능동적 영향력 시도와 차이가 있다. 이 영향력 책략은 여러 상황에 걸쳐 일반화시킬 수 있지만 또한 특별한 상황의 조건을 고려해야만 하며 상황에 따라서 적절한 책략이 달라질 수 있다. 예를 들어, 인상 관리

> **영향력 책략** 의도적으로 다른 사람들의 태도와 행동을 변화시키려고 하는 행동
>
> **인상 관리 책략** 리더와 부하가 어떻게 인식되는가에 영향을 미치는 행동
>
> **정치적 책략** 개인이나 조직의 이익을 위하여 광범위한 조직의 결정이나 결정 방법에 의도적으로 영향을 미치는 행동
>
> **능동적 영향력 책략** 특별한 결과물을 획득하기 위한 방향으로 작동되는 행동

전략은 실무자 회의나 사교적 행사에서는 유용할 수 있다. 하지만 부하들과 구체적인 프로젝트를 할 때에는 능동적 영향력 책략이 더 도움이 될 것이다.

세력과 영향력 행동

비록 세력과 영향력은 다른 개념들이지만, 그것들은 리더십 상황에서 리더들이 그들의 효과성을 향상시키기 위해 다른 방식으로 행동하게 만드는 복잡한 관계를 유지한다. 세력과 영향력이 어떻게 나타나는가를 이해하는 한 가지 중요한 요인은 그 상호작용의 방향이다. 영향력 책략의 방향을 이해하기 위해서 Yukl과 Tracey(1992)는 어떤 영향력 책략이 가장 유용한가를 확인하는 데 도움이 되는 모델을 개발했다. 이 모델은 다음과 같은 서로 관련된 요인들로 구성된다. ① 주어진 상황에서 책략 사용에 대한 기존의 사회적 규범과 역할 기대를 고수하기, ② 주어진 상황에서 리더가 책략을 위한 기초로 사용하고 있는 세력의 적절성, ③ 책략이 영향력 시도의 목표로 이끌어 갈 정도, ④ 기대되는 부하의 저항의 양, ⑤ 책략 사용의 이익에 대비되는 기대 비용. 어떤 주어진 상황에 대하여 리더는 이 다섯 가지에 비추어 사정하고 어떤 영향력 책략이 가장 유용한지 결정할 것이다. 이 모델에서의 주 아이디어는 리더들은 사회적으로 용인되고 부하들이 동의하며, 목표와 상황에 적절하고, 그들의 목표를 성취하기 위해 과다한 비용이 들지 않는 영향력 책략을 사용해야 한다는 것이다. 이 모델은 모델을 구성하는 요인들 간의 복잡한 관계와 관련된 사람들의 행동, 다른 상황들에서 활용되는 잠재적인 영향력 책략들 때문에 일관성 있게 지지를 받지는 못했다. 하지만 일반적으로는 지지를 받았다 (Yukl, 2006).

다양한 상황에서 어떤 책략을 사용해야 하는가를 확인하는 것 외에 그 연구자들은 어떤 영향력 책략이 성공적일 것인지 어떻게 알 수 있는가 하는 질문에 대해서도 언급했다. 따라서 그 연구자들은 이 질문에 답하여 두 번째 모델을 제안했으며, 그것은 영향력 책략 효과성을 예측하기 위한 다음과 같은 다섯 가지 요인들을 포함하고 있다. ① 부하들이 요구에 동의하지 않기 때문에 저항하는 정도, ② 요구의 매력에 관하여 그 책략이 부하의 태도에 영향을 미칠 확률, ③ 주어진 상황에서 리더가 책략을 위한 기초로 사용하고 있는 세력의 적절성, ④ 리더가 책략을 사용하는 능숙도, ⑤ 주어진 상황에서 책략을 사용하는 것에 대한 기존의 사회적 규범과 역할 기대. 이 모델의 적용은 효과적인 영향력 책략은 사회적으로 인정받고, 부하의 호응과 지지를 받고, 그 상황에서 리더가 사용하기에 적절한 것이다. 알 수 있듯이 이 모델들은 매우 비슷하다.

부하들

리더는 혼자 행동할 수 없다. 한 사람이 리더가 되기 위해서는 그가 지도할 사람이 있어야 한다. 만일 당신이 당신의 침실을 페인트칠을 하고 싶다면 당신은 혼자 일할 수도 있고 친구들에게 도움을 요청할 수도 있다. 어떤 과제를 완수하기 위해 다른 사람들을 관련시킬 때, 당신은 리더가 되며 그들은 당신의 부하가 된다. 당신의 침실을 페인트칠 할 때, 당신은 한 친구의 혹은 여러 친구들의 도움을 얻기를 원할 수도 있다. 이런 방식으로 리더십은 한 명의 부하 혹은 여러 명의 부하와 관련될 수 있다. 그밖에 어떤 사람들은 지도하기가 쉬운 반면에 어떤 사람들은 어렵다. 이 이슈들과 그 외 많은 요소들 때문에 리더십을 이해하는 데 있어서 부하들에 대해 이해하는 것이 중요하다. 여기서는 리더십 발휘에 있어서 부하들의 역할을 논의할 것이다.

개인 대 집단

리더십은 한 사람이나 여러 사람을 향해 작동될 수 있다고 이미 말했다. 또한 그 리더는 많은 독립적인 사람들을 리드할 수 있지만, 더 많은 경우에 리더는 개인들을 한 집단으로 리드한다. 개인을 다루는 것은 한 집단을 다루는 것과 매우 다르다. 부하 한 사람이 관련될 때 리더는 한 사람에 대한 그의 관심사, 선호하는 것, 활동만 고려하면 된다. 만일 리더가 전체적으로 한 집단을 관리해야만 한다면, 그는 한 집단을 전체적으로 고려할 뿐 아니라 각 구성원을 개별적으로도 고려해야 한다.

집단을 리드할 때에는 그 집단 구성원들이 서로 잘 어울리도록 하고 함께 효과적으로 일하도록 하는 것이 중요하다. 그렇게 하는 과정 속에서 각 구성원은 그 집단 속에서 정체성을 만들어 가고 그 집단의 다른 구성원들과 하나가 되는 것을 느끼게 된다. 집단 구성원들이 함께 뭉치면 그들은 **결속**cohesive된다. 하지만 어떤 경우에는 구성원들이 너무 가까워져서 **몰개성화**deindividuation라고 하는 과정에 빠진다.

> **결속** 구성원들이 그 집단의 다른 구성원들과 강한 호감을 갖고 연계될 때의 한 집단의 상태
> **몰개성화** 구성원들이 집단에 너무 몰입되어서 자신의 정체성을 잃게 되는 상황

몰개성화는 구성원들이 집단에 너무 몰입되어 자신의 정체성을 잃을 때 일어난다. 개인적인 구성원들이 그들이 정상적으로 행동하는 것과 다르게 행동하고 특색이 없는 행동을 할 수 있기 때문에 좋지 않다. 집단 구성원들이 이렇게 행동하는 이유는 그들의 행동의 결과에 대하여 개인으로서 책임이 면제되고 부정적인 결과에 대해서 집단이 책임을 진다고 느끼기 때문이다. 이것은 리더가 나쁜 행동에 대하여 벌을 사용함으로써 부하들을 동기화시킬 때 일어나는 경향이 있다. 리더가 좋은 행동에 대해 보상을 줄 때, 집단 구성원들은 결속력을 갖고 있으면서 자신의 정체성을 유지하는 경향이 있다. 이런 이유 때문에 리더들은 처벌을 피하고 대신에 그들이 성취한 것에 대한 보상을 집단에 주는 것이 중요하다.

귀인

리더와 부하가 상호작용하는 방식은 여러 가지 것들에 의존할 수 있다. 이 상호작용에 커다란 영향을 미치는 한 가지는 지각이다. 만일 부하가 유능하고 신뢰할 수 있다고 지각되면, 부하가 무능하고 신뢰할 수 없다고 지각될 때보다는 그에 대해 리더가 다르게 행동할 수 있다. 이것은 부하가 리더에 대하여 지각하는 것에 대해서도 마찬가지로 적용된다. 다른 사람들의 행동에 대한 이 지각을 **귀인**attribution이라고 부른다. 이 귀인이 리더-부하 관계에 미치는 영향을 주목하는 것이 중요하다.

리더 귀인

앞에서 언급했듯이, 리더가 부하를 지

귀인 다른 사람들의 행동에 대한 지각

각하는 방식은 리더가 그 사람을 대하는 방식에 영향을 미칠 수 있다. Green과 Mitchell(1979)에 의한 연구는 부하의 수행이 나쁠 때 리더의 행동을 묘사하는 두 단계 모델을 제안한다. 이 모델에서 리더는 첫째 용납할 수 없는 성과의 원인이 어디에 있는지 찾으려고 한다. 그것은 게으름이나 무능력과 같은 그 사람의 내적인 원인일 수도 있고, 자원의 부족이나 과제의 어려움과 같은 외적인 원인일 수도 있다. Mitchell과 Kalb(1982)는 성과가 낮은 부하가 한 것과 비슷한 과제의 경험이 있는 리더들은 문제를 외적 원인(그 부하의 통제 밖에 있는 원인)에 귀인하는 경향이 있는 것을 발견했다. 그 모델의 두 번째 단계에서는 리더가 그 상황에 대한 적절한 반응을 선택할 것이라고 진술한다. 후에 나온 연구들은 리더가 부하의 낮은 성과에 어떻게 반응하는가를 이해하기 위한 모델의 유용성을 지지하고 지속적으로 이 모델을 지지했다. 리더 귀인에 대한 또 다른 연구는 리더가 부하들과 자주 상호작용을 하지 않을 때, 리더가 낮은 성과는 내적 원인으로 귀인하고 높은 성과는 외적 원인으로 귀인하는 경향이 있다는 것을 발견했다. 다른 한편, 상호작용이 매우 활발한 관계에서는 낮은 성과는 외적 원인에 그리고 높은 성과는 내적 원인에 귀인했다. 나아가 만일 과거에 성공한 적이 있고 믿을 수 있는 직원임이 이미 증명된 부하라면 성과가 낮아도 감봉되지 않을 것이다. 즉 낮은 수행의 원인이 외적으로 귀인될 것이다. 이것은 리더-부하 관계에서 매우 소극적인 부하에게는 심각한 약점이 될 수 있다는 것을 보여 준다.

부하 귀인

부하 귀인은 리더의 성공에 커다란 영향을 미칠 수 있다. 유능하게 보이는 리더들은 세력과 신망을 얻기가 더 쉽고 더 높은 지위로 승진할 가능성이 높을 것이다. 부하 귀인은 일반적으로 리더의 충성도, 능력 그리고 가장 중요한 성공을 기준으로 만들어진다. 성공적으로 아이디어를 수행할 때, 리더들은 특이 신용을 얻게 된다. 특이 신용은 리더가 오랜 동안 성공적인 아이디어로 만들어 낸 신용이다. 많은 특이 신용을 갖고 있는 리더들은 그들의 아이디어가 초기에 받아들여지고 실패하더라고 나중에 관대하게 받아들여지는 경향이 있다. 부하들은 특이 신용이 더 적은 리더에 대해 더 비판적이고 특이 신용이 더 많은 리더들에게 더 너그럽다(Hollander, 1958, 1978). 특이 신용의 개념은 부하들이 리더의 수행을 어떻게 좋게 혹은 나쁘게 귀인하는가에 대한 설명을 제공한다.

특이 신용 외에 리더들은 암묵적 리더십 이론으로 부하들에 의한 평가를 받을 수 있다. 제2장과 제6장에서 논의한 이 유형의 평가는 효과적인 리더들은 어떻게 행동해야 한다고 생각하는가에 대한 믿음과 가정으로 전형적인 고정관념을 포함하고 있다. 이것은 집단적으로 그리고 개인적으로 부하들의 신념, 가치관, 성격에 의한 영향을 받을 수 있다. 성공적 리더십에 대한 부하 기대가 정확하지 않을 수 있기 때문에 암묵적 리더십 이론들은 리더십 평가에 영향을 줄 수 있다.

인상 관리

다른 사람들의 지각이 리더-부하 상호작용에 영향을 미치는 것과 마찬가지로, 리더와 부하 모두 다른 사람들이 그들을 어떻게 지각하는가에 영향을 미치는 행동을 한다. 이것을 인상 관리 책략이라고 부른다. 이것을 성취하는 과정을 **인상 관리**impression management라고 한다. 리더들은 그들이 성취한 것에 주의를 끌도록 하고 그들이 통제하는 사건들을 지적함으로써 인상 관리를 한다. 리더들은 또한 그들의 성공을 부각시키고 그들의 실패는 축소시킨다. 후보자들이 선거 바로 전에 어떻게 행동하는지 생각해 보라. 그들은 보통 텔레비전 광고를 통해 그들이 해 온 모든 좋은 것들을 선전할 것이다. 이 광고들은 그들이 잘못한 것은 거의 언급하지 않고 혹시 언급한다고 해도 그 실수는 무의미하거나 그 실패에 대한 성공적인 대응을 강조하기 위해 제시된다.

부하들의 인상 관리 행동은 리더들의 인상 관리 행동과 다르다. 부하들이 그들이 성취한 것을 강조하면 오히려 상사들에게 부정적으로 보이는 경우가 많기 때문에 대신 그들은 좋은 사람으로 보이려고 애쓴다. 부하들은 착하고, 남을 보살피고, 배려심이 있는 사람으로 보이게끔 하는 인상 관리 책략을 사용함으로써 윗사람에게 영향을 주려고 한다. 부하들에게 이 책략은 전형적으로 자기 홍보보다 더 성공적이다.

리더십 이론 : 부하

리더-멤버 교환 이론

이 장에서 언급되는 이론들은 이미 제2장에서 논의되었기 때문에 각 이론의 기초만 간략하게 요약한 후에 연구와 적용에 관련하여 우리의 심도 깊은 논의를 할 것이다. 리더-멤버 교환Leader-Member Exchange, LMX 이론은 리더가 부하들의 내집단과 외집단으로 나누고 이 두 집단의 부하들에게 다른 방식으로 영향력을 미친다고 하는 이론이다. 리더가 능력이 있다고 생각하는 부하들과는 높은 수준의 교환 관계를 그리고 능력이 없다고 생각하는 부하들과는 낮은 수준의 관계를 형성한다. 이 이론은 마치 도당을 형성하듯이 리더들이 그들과 가까운 부하들과는 높은 수준의 교환 관계 혹은 질적으로 높은 관계를 맺는 반면 나머지 사람들과는 낮은 교환 관계 혹은 질적으로 낮은 관계를 개발한다고 하기 때문에 가끔 고등학교 리더십 이론으로 간주된다. 그밖에 리더와 더 가까운 부하들(내집단 구성원들)은 리더가 더 좋아하고, 더 좋은 과제를 배당받고, 그들의 실패에 대해서도 더 관대한 처우를 받는다. 외집단 구성원들은 그만큼의 사랑을 받지 못하고, 따라서 능력이 부족한 것으로 지각될 것이다. 그 멤버들에게는 덜 재미있는 과제가 주어지고 그들의 실패에 대해 개인적인 비난을 받을 것이다.

LMX의 측정에는 일관성이 없다. 리더-부하 관계의 몇 가지 측면은 연구에 따라 매우 다르다. 하지만 일곱 가지 구체적인 문항을 정의한 한 측정도구를 LMX-7이라고 부른다. 예를 들어, 그 검사에서 한 문항은 '당신의 리더는 당신의 직무 문제와 요구를 얼마나 잘 이해합니까?'이다 (Graen & Uhl-Bien, 1995). 이 문항들은 리더와 부하 간의 관계를 평가하기 위해 사용된다. 다른 연구자들은 고려해야 하는 더 많은 차원들이 있다고 말한다. 하지만 기존의 일곱 가지에 더 많은 문항을 첨가하려면 우선 더 많은 연구가 필요하다(Liden & Maslyn, 1998; Schriesheim, Neider, Scandura, & Tepper, 1992). 그 외의 연구들은 아직 리더 관점과 부하 관점에서의 이 관계에 대한 분명한 증거를 제시할 수 없었다.

LMX에 대한 연구는 지난 몇 해 동안 어느 정도 줄어들었지만, 이 관계에 대한 연구에서는 커다란 발전이 있었다. 부하들에 대한 결과를 살펴본 연구에서 리더와의 긍정적인 교환관계에서 더 높은 만족감, 헌신, 수행으로 나타났다. 이 결과에 대한 구체적인 연구들은 리더들에게 부하들과 높은 수준의 교환 관계를 형성하라고 말했을 때 부하의 수행과 만족감이 증가하는 것을 발견했다(Graen, Novak, & Sommerkamp, 1982; Scandura & Graen, 1984). Graen과 Uhl-Bien(1995)은 리더들은 부하들 중 소수만이 아니라 부하들 모두와 높은 수준의 관계를 개발하기 위해 노력해야만 한다고 제안함으로써 이 연구결과를 포함시켜서 그들 이론을 수정했다.

LMX 이론이 태동한 이래 그것의 단점은 자주 논의되었다. 가장 중요한 것은 이 이론에서 제안하는 관계들이 개발되기 위해 오랜 시간이 걸린다는 것이다. 따라서 이 이론은 실험실 속에서 심도 있게 연구될 수 없다. 이 때문에 그 이론 속 다양한 요인들 간의 인과 관계를 분석하기가 어렵고 검증될 수도 없다. 하지만 이 이슈들을 고려하고서도 LMX의 함의는 실제 환경에서 리더들에게 유용하다. 일반적으로 리더들이 그들의 부하들을 알려고 시도하는 것은 중요하다. 이것은 리더들이 내집단 혹은 외집단 멤버십에 기초한 가정에서가 아니라 그들과의 특별한 상호작용으로부터 부하들의 능력과 성격을 이해하는 데 도움이 될 것이다. 고등학교 관점에 대해 생각해 보라. 만일 고등학교 리더가 자신의 측근이 아닌 사람을 알게 된다면, 그 리더는 외부인들에 대한 더 현실적인 관점을 가지게 될 것이다. 이렇게 되면 외부인들의 관점을 더 잘 이해하게 될 것이고, 따라서 그 리더는 모든 사람들에게 도움이 되는 의사결정을 더 잘할 수 있을 것이다.

참여적 리더십

참여적 리더십의 기초는 리더가 결정하는 것에 대하여 부하들이 무언가 말을 할 수 있다는 것이다. 참여적 리더십 연구자들은 가장 약한 참여에서 가장 강한 참여의 순서로 네 가지 구체적인 의사결정 과정이 있다는 것에 동의했다. ① 독재적 결정, ② 상의, ③ 공동 결정, ④ 위임이 그것이다. 독재적 결정은 부하의 참여가 전혀 없는 것을 말한다. 상의는 리더가 다른 사람들의 의견을 알아보고 그 의견을 고려하여 결정하는 것을 말한다. 공동 결정은 리더가 부하와 함께 작업하여 함께 결정하는 것이다. 마지막으로 위임은 리더가 한 개인이나 집단을 선택하여 리더가 정해 놓은 범위 내에서 결정하도록 하는 것을 말한다.

추후 연구에 의해 기존의 전제premise에 몇 가지 수정을 하게 되었다. 우선 Tannenbaum과 Schmidt(1958)는 독재적 결정을 두 가지 유형으로 나누었다 — 리더가 부하들에게 어떤 결정이 내려졌는가만 알려 주는 지시형tell과 리더가 그 결정을 다른 사람에게 납득시키기 위해 영향력 책략을 사용하는 판매형sell. Vroom과 Yetton(1973)에 의한 그 후 연구는 상의를 개인과의 상의와 집단과의 상의로 나누었다. 나아가 Strauss(1977)는 의사결정에서의 참여를 다룰 때에는 형식적인 절차와 실제 영향력을 구분하는 것이 필요하다고 주장했다. 다시 말해서 가끔 리더들이 다른 사람들의 의견을 물어보고는 그것을 무시하거나 혹은 부하들에게 위협적으로 의견을 물어보기 때문에 부하들에게 두려움을 심어 줌으로써 그들이 생각하는 것을 제대로 말할 수 없게 만들 수도 있다.

처음으로 참여적 리더십의 결과를 살펴본 연구들 중 몇 가지가 Lewin, Lippitt, White(1939) 그리고 Coch와 French(1948)에 의해 수행되었다. 이 초기 연구들 대부분은 부하 만족감과 성과를 살펴보았다. 하지만 후기 연구들에서는 큰 효과도 나타나지 않고 연구 방법들도 달라서 참여의 진정한 효과에 대한 일치하는 결과를 찾을 수 없었다(Leana, Locke, & Schweiger, 1990; Sagie & Koslowsky, 2000; Spector, 1986). 목표 설정과 참여적 리더십을 살펴보는 실험들은 과제의 난이도가 같고 리더의 도움과 설득이 똑같이 관여하는 한, 리더에 의해 배당된 목표의 결과와 리더가 부하와 함께 설정한 목표(참여적 목표)의 결과가 같다는 것을 발견했다(Latham, Erez, & Locke, 1988). 비록 연구결과에서 참여의 영향이 크게 나타나지는 않았지만, 어떤 특수한 상황에서는 참여가 여전히 유용한 것을 보여 주었다. 다른 연구들은 상의와 위임을 많이 하는 매니저들은 직원들에게 그들이 의사결정에 합당한 영향을 미친다고 느끼도록 해 주기 때문에 더 효과가 있다고 주장했다(Kanter, 1983; Kouzes & Posner, 1987; Peters & Waterman, 1982).

여러 연구들을 살펴본 결과 참여적 리더십에 몇 가지 결점이 있는 것으로 나타났다. 앞에서 언급했듯이 많은 지난 연구결과들은 강력하지 않거나 일관성이 없어서 정확한 결론을 내리기가 매우 어렵다. 연구에서 사용된 방법들을 살펴보면, 같은 연구 방법을 사용한 연구들이 거의 없고 다양한 방법들이 각각의 문제점을 갖고 있다. 예를 들어 현장연구, 질적연구, 준실험연구에서는 인과관계를 결정하기가 어렵다(더 자세한 내용은 제3장 참조). 또한 조직 내에서 수행된 많은 연구들은 한 리더가 아니라 조직 전체를 하나로 보았다. 이런 약점들 때문에 이 연구의 함의를 해석할 때에는 조심해야만 한다. 하지만 이 연구에서 추출할 수 있는 중요한 실천적인 함의는 참여가 좋은 것이라는 것이다. 전체적으로 리더들이 의사결정 과정에서 부하들에게 더 많은 말을 할 수 있도록 하는 것이 좋다는 점에 많은 연구들의 생각이 일치하는 것으로 보인다.

상황적 요인

부하들은 리더가 행동하는 데에 큰 역할을 한다. 하지만 리더십에 영향을 미치는 또 다른 요인으로 상황적 요인이 있다. 각기 다른 상황은 다른 유형의 리더십을 필요로 한다는 생각을 간과하기 쉽다. 하지만 축구 코치가 어떻게 지도하는지 생각해 보라. 주중에 팀 회의를 할 때 축구 코치는 한 가지 방식으로 그의 팀을 지도하겠지만, 금요일 실제 경기의 후반전 막판에는 다른 유형의 리더십을 사용하면서 선수들에게 매우 다르게 행동할 것이다. 이 개념을 명심하고 다음 내용으로 넘어가자. 우리는 먼저 가장 일반적인 상황 유형을 논의한 후에 그 상황을 고려하는 몇 가지 리더십 이론에 대해 자세하게 살펴본다.

상황의 유형

현대 연구에서 상황적 측면은 리더십 행동을 결정하는 것으로 혹은 그것에 강한 영향을 미치는 것으로 고려된다(Vroom & Jago, 2007). 리더십에 영향을 미칠 수 있는 몇 가지 다른 종류의 상황이 있다. 가장 흔히 논의되는 것은 다음과 같다. ① 환경, ② 조직, ③ 문화, ④ 위기, ⑤ 변화가 그것이다. 첫째, 환경의 몇 가지 측면들이 리더십이 어떻게 일어나는가를 결정할 수 있다. 이것의 몇 가지 예로는 환경의 안정성, 정치, 사회 혹은 법적 이슈들의 초점이 환경에 맞추어져 있는가, 혹은 환경 속에 어떠한 유형의 관계들과 사회망social networks이 존재하는가 등이 있다. 예를 들어, 환경이 불안정할 때, 아마도 조직적 변화나 합병을 앞두고 있을 때 리더들은 조직이 안정적일 때와는 다르게 행동해야만 한다. 그들은 상황을 성공적으로 이끌기 위해서 환경의 불안정성을 고려해야만 한다.

다음, 리더십의 성격은 한 조직의 성격에 따라 변할 수 있다. 예를 들어 조직은 다른 철학, 모습, 유형 혹은 구조를 갖고 있을 수 있다. 조직 문화도 조직의 가치, 그 문화를 만든 사람들의 관점, 모든 반문화countercultures를 통해 리더십에 영향을 미칠 수 있다. 위기도 리더십에 영향을 미치는 또 하나의 중요한 상황의 예이다. 위기 상황은 비위기 상황과는 다른 유형의 리더를 필요로 하기 때문에 접근하기가 어렵다. 위기 상황은 높은 수준의 스트레스를 낳는 상황이다(대개 불분명한 문제나 불분명한 결과를 포함하는). 그리고 새로운 해결을 창조하는 리더를 필요로 한다. Hunt, Boal와 Dodge(1999)는 위기 상황에서 나타나는 다양한 유형의 리더십에 초점을 맞춘 연구를 실시했다. 그들은 비전이 있는 리더, 부하

들의 가치관 및 목표와 비슷한 비전을 개발하는 리더들이 위기 속에서 부
하들에 의한 인정을 가장 많이 받는다는 사실을 발견했다.

상황의 마지막 유형은 변화이다. 변화는 조직을 새롭게 변화시키려는
모든 노력을 말한다. 변화는 합병, 분할 혹은 조직 내에서 일 방식의 조정
을 통해 일어날 수 있다. 조직은 생존과 경쟁을 포함한 많은 이유로 변할
수 있다. 변화에 대한 연구에서 끊임없이 제기되는 질문은 변화를 완수하
는 데에 어떤 유형의 리더가 가장 적절한가이다. 그 외에 변화에 대한 저
항도 조직의 변화를 시도하는 리더들에게 중요한 이슈이다. 흥미롭게도
Levy(출판 중)는 카리스마적인 리더들 — 비전과 그 비전을 수행하는 특
이한 방법을 개발하는 리더들 — 이 가장 변화를 잘 시킬 뿐만 아니라 변
화에 맞서 싸우는 데 있어서도 가장 영향력이 있다는 것을 발견했다. 카
리스마적 리더십은 다른 뛰어난 리더십 유형들과 함께 제7장에서 더 자
세하게 논의될 것이다. 이제 우리는 상황적 요인들과 관련된 리더십 이론
을 논의하도록 할 것이다.

리더십 이론 : 상황
최소 선호 동료 유관성 모델

이 이론들은 제2장에서 이미 논의되었기 때문에 요약만 하고 여기에서는
연구와 실천적 적용에 대하여 논의할
것이다. Fiedler(1967)의 **최소 선호 동료
모델**(least preferred co-worker model(LPC 유관성 모
델)은 가장 인정받고 가장 많이 적용되

> **최소 선호 동료 모델(LPC 유관성
> 모델)** 가장 많이 인정받고 가장
> 많이 적용되는 유관성 리더십 이
> 론으로, 과제 지향과 관계 지향의
> 두 가지 유형의 리더를 설명한다.

는 유관성 리더십 이론이다. 이 이론은 두 가지 유형의 리더인 과제 지향과 관계 지향을 설명한다. 이 두 가지 유형의 리더들은 세 가지 상황 속에서 행동할 수 있다. 그 세 가지 상황이란 리더에게 매우 호의적인 상황, 중간 정도로 호의적인 상황, 비호의적인 상황을 말한다.

LPC 유관성 모델을 적용한 연구는 그 모델을 어느 정도 지지하는 결과를 보여 주었다. 이 모델이 현장에 적용되는 연구에서는 실험실에서 적용되는 연구만큼의 결과를 나타내지 못했다(Peters, Harke, & Pohlmann, 1985; Strube & Garcia, 1981). 이 연구들은 몇 가지 단점을 갖고 있다. 그 이론을 검증하기 위해 사용된 방법들이 상세하게 분석되었다. 가장 심각한 비판은 이 이론을 살펴본 연구들의 결과가 이 이론을 충분히 지지하지 않는다는 점이다(Graen, Alvares, Orris, & Martella, 1970; McMahon, 1972; Vecchio, 1983). 또한 이 연구들에서 사용된 연구 방법들은 그 모델에 자연스럽게 들어맞지 않는 그 상황의 다른 측면들을 인위적으로 포함시키고 있다(Shiflett, 1973). 그러므로 그 이론이 지지를 받는다고 결론 내리기는 어렵다.

그 모델의 개념에 대한 비판도 꽤 흔하다. Yukl(1970)은 그것의 해석이 시간에 따라 변한다고 주장함으로써 그 모델을 비판한다. 그는 나아가 해석이 변했을 뿐만 아니라 개인적인 LPC 점수도 시간에 따라 변할 수 있고 이 영역을 연구하는 사람들이 가정하는 것보다 더 복잡할 수 있다고 말한다. Ashour(1973)에 의한 더 실천적인 비판은 LPC는 실제로 리더십이 수행에 영향을 미치는 방식을 설명하지 않기 때문에 이론이 아니라고 주장한다. Fiedler(1973, 1977)는 이런 몇 가지 비판에 대한 응답을 했다.

하지만 그 모델의 정확성에 관련한 이슈는 여전히 해결되지 않고 있다.

LPC 유관성 모델의 몇 가지 실천적인 함의는 리더 유형과 상황에 적용될 수 있다. 과제 지향 리더는 매우 호의적인 상황과 매우 비호의적인 상황에서 더 잘하는 경향이 있다. 과제, 계획, 목표를 달성하기 위한 조직에 초점을 두는 리더들은 협조적인 부하들, 고성과 집단, 리더 통제가 높은 상황이나 비협조적인 부하들, 저성과 집단, 낮은 리더 통제 상황에서 더 성공적일 것이다. 한편 중간 정도로 호의적인 상황에서만 관계 지향 리더들이 더 성공적일 것이다. 이것은 부하 협동 수준, 집단 성과, 리더 통제 등이 중간 정도인 상황에서는 관계를 형성하고 부하를 지지하는 데에 초점을 두는 리더들이 가장 잘 수행할 것이라는 것을 의미한다. 여기에서 알 수 있는 중요한 아이디어는 이 이론의 요소들을 직접적으로 적용하기 전에 리더들은 우선 그들이 어떤 유형의 리더인지 그리고 처한 상황이 어떤 유형인지 평가해야 한다는 것이다. 이것들을 확인함으로써 리더들은 그 이론을 가장 적절한 방식으로 적용할 수 있다.

경로-목표 이론

경로-목표 이론path-goal theory은 리더십이란 부하에게 변화를 강화하는 것이라고 한다(House, 1971). 첫째, 리더는 부하에게 눈으로 볼 수 있는 보상을 해야만 한다. 다음에 리더는 부하가 그 보상을 받기 위해 택해야 하는 경로를 보여 줄 것이다. 그 과정에서 리더는 목

> **경로-목표 이론** 목표를 설정하고, 정의하고, 명료화하는 것, 부하들이 그 목표를 달성하게 동기화시키는 것, 부하들이 목표 달성을 향한 분명한 경로를 볼 수 있도록 돕는 것을 리더의 역할로 강조하는 이론

표를 분명하게 해야 하고 부하가 그 목표에 도달할 수 있고 보상을 받기 위해 가야 하는 경로를 분명하게 해야 한다. 경로-목표 이론에서 리더가 어떻게 리드할 것인가 결정하는 데 있어서 두 가지 중요한 요인은 부하와 과제다. 부하와 과제 외에 이 이론은 네 가지 다른 중첩되는 리더십 유형인 지지적 리더십, 지시적 리더십, 참여적 리더십, 성취 지향 리더십을 확인한다. 참여적 리더십은 이 장의 앞부분에서 논의되었다.

이 이론에 대한 연구는 아직 결론을 내리지 못하고 있다. 연구들은 그 이론 속의 관계와 리더십과 관련된 다른 변인들을 검증하는 것이 어렵다는 것을 발견했다(Podsakoff, MacKenzie, Ahearne, & Bommer, 1995; Wofford & Liska, 1993; Yukl, 2006). 이런 혼란스러운 결과 때문에 지지를 거의 받지 못했으며 다소 약한 이론으로 간주되어 왔다. 아직 이 이론을 적용하는 것은 위험하며 따라서 적절한 리더십 행동에 대한 안내가 아니라 기존의 리더십 노력을 설명하기 위한 목적으로만 사용하는 것이 좋다. 예를 들어, 어떤 특별한 상황에 있는 리더를 관련된 목표와 그 목표에 도달하기 위해 기대되는 경로를 이야기함으로써 우선 접근할 수 있다. 다음에 왜 그 리더가 그 특별한 방식으로 행동했는가 하는 설명을 돕기 위해 관련된 부하들과 수행된 과제를 판단할 수 있다. 앞에서 언급했듯이, 이 이론은 거의 지지를 받지 못했으며 따라서 실제로 이 이론을 적용하는 것은 이르다.

상황적 리더십 이론

Hersey와 Blanchard(1993)는 리더가 어떻게 행동해야 하는가는 부

하의 직무와 관련한 상대적인 성숙도
에 따라 달라져야 한다고 하는 **상황적
리더십 이론**situational theory of leadership을
개발했다. 성숙도가 높은 부하들은 다

> **상황적 리더십 이론** 리더들은 그
> 들이 대면하고 있는 상황을 인식
> 할 수 있어야 하고 그의 리더십
> 유형을 그 상황에 맞도록 조정해
> 야 한다고 주장하는 리더십 이론

루고 있는 과제를 완수할 수 있는 능력을 갖고 있으며 수행에 대한 자신
감도 갖고 있다. 한편 성숙도가 낮은 부하들은 그 과제에 필요한 능력이
부족하고 직무와 관련한 자신감도 없다. 이 이론은 부하들의 성숙도 수준
이 리더의 행동에 영향을 미치는 상황적 특성이라고 본다. 리더들은 부하
들의 성숙도 수준에 따라서 그 상황에 적절한 방식으로 행동해야 한다.

비록 매니지먼트에서는 상황적 리더십 이론이 꽤 적용되었지만, 실제로
효과가 있는지 없는지에 대한 연구는 매우 적다(Blank, Weitzel, & Green,
1990; Fernandez & Vecchio, 1997; Norris & Vecchio, 1992). 어떤 연
구자들은 이 이론의 개념적 단점에 초점을 맞추었다. 첫째, Graeff(1983)
는 리더십 행동은, 과제 구체적 행동이나 관계 구체적 행동과 함께 이 이
론에서 애매하고 일관성 없이 기술되었다고 지적했다. 리더 행동과 부하
수행과 관련하여, 이 이론은 이 두 가지가 어떻게 연관되는지 분명하게
설명하지 않는다(Barrow, 1977).

연구가 매우 부족하고 이론의 기본적인 개념에 분명한 약점이 있기 때
문에 상황적 리더십 이론을 실생활의 리더십에 적용할 때에는 신중을 기
해야 한다. 하지만 이 이론을 있는 그대로 받아들여서 리더가 부하들의
직무와 관련한 부하의 성숙도를 자세히 살핀 후 그들의 성숙도 수준이 높
은지 혹은 낮은지 판단할 수 있다면, 리더가 구체적인 상황에서 적절하게

대처하는 데에 도움이 될 것이다. 예를 들어, 만일 당신이 친구들과 함께 어떤 프로젝트 일을 하면서 상황적 리더십 이론을 사용하면, 어떤 친구가 그 과제를 완수하는 데 필요한 능력을 갖고 있고, 어떤 친구가 그들의 능력에 대한 자신감을 갖고 있는지 구별하는 데에 도움이 될 것이다. 이 분석은 그 과제를 성공적으로 완수하기 위해서 각 부하들과 어떻게 상호작용을 할 것인가에 대한 통찰을 갖게 해 줄 것이다.

리더십 대체 이론

상황이 어떻게 리더십에 영향을 미치는가를 살펴보는 또 다른 이론은 **리더십 대체 이론**leadership substitutes theory으로 Kerr와 Jermier(1978)에 의해 개발되었다. 이 이론은 **대체물**substitutes과 **중화물**neutralizers이라는 두 가지 상황적 변인들 간의 차이를 구분한다. 대체물은 리더의 역할을 불필요하게 함으로써 리더십에 영향을 미친다. 대체물은 본질적으로 리더십을 대체한다는 점에서 그 타이틀에 부응한다. 대체물에는 부하들에게 그들의 직무를 수행하는 방식, 조직 내에서의 자신의 위치 이해, 동기화되고 일반적으로 만족감을 갖게 하는 방식을 보여 주는 과제, 부하, 조직 측면들이 포함된다. 따라서 이 대체물들이 있으면 리더십은 불필요하게 된다. 다른 한편, 리더의 권위 부족이나 부하의 관심 부족과 같은 중화물은 기본적으로 리더의 행

> **리더십 대체 이론** 어떤 상황에서는 효과적으로 기능하기 위해 집단이 리더를 필요로 하지 않는다는 것을 제안하는 이론
>
> **대체물** 리더십을 불필요하게 만들어서 리더십을 대체하는 과제, 부하 집단, 조직의 측면들
>
> **중화물** 리더의 권위의 부족이나 부하의 관심의 부족과 같이 리더를 비효과적으로 만드는 상황의 측면들

동을 무의미하게 만든다. 중화물들은 리더의 효과성을 빼앗아가는 반면에 대체물은 리더의 자리를 빼앗아간다.

리더십 대체 이론에 대한 연구는 그 이론의 잘못된 부분들이 검증되고 평가되고 있는 중이라고 한다. 구체적으로 대부분의 연구들은 상황 요인들(대체물과 중화물)이 리더와 부하 간의 관계에 영향을 미친다는 아이디어를 거의 지지하지 않는 것을 발견했지만, 다른 연구들은 부하에 대한 환경의 직접적인 영향이 커다란 효과가 있는 것을 보여 준다(Podsakoff, Niehoff, MacKenzie, & Williams, 1993). McIntosh(1988)는 이 관점에 동의했으며 대체물과 중화물을 부하와 리더 관계에서의 중개자middleman로 보는 대신에 부하와 리더에게 직접적으로 영향을 미치는 상황의 효과를 살펴보는 데에 더 많은 에너지를 집중시켜야 한다고 제안했다.

리더 대체 이론에 대한 연구가 부족한 것은 부분적으로는 그 이론의 단점 때문이다. 가장 큰 단점은 그것이 대체물이나 중화물이 무엇인지 어떻게 결정할 것인가를 언급하지 않는다는 것이다. 상황의 요인들을 뽑아내는 방식과 그것들을 대체물이나 중화물로 분류하는 방식에 대한 구체적인 지시가 없다. 나아가 무엇이 대체물이고 무엇이 중화물인지 정의해 보려고 시도한다고 해도 실제로 한 상황에서의 한 요소를 어느 한 가지로 이름 붙이는 것은 지극히 어렵다. 이 애매성 때문에 이 이론을 적용하는 것이 불가능하지는 않지만 어렵다. 상황적 리더십 이론의 적용에 대해서 이미 이야기한 바와 같이, 리더 대체 이론을 적용하여 어떤 상황의 어느 부분이 대체물 혹은 중화물이 될 수 있는지 확인해 보는 것이 좋다. 그러고 나서 리더들은 그들의 노력이 헛되지 않도록 이 변인들을 회피하거나 대항할 수 있을 것이다.

다중 연결 모델

Yukl(2006)은 이전의 리더십과 집단의 효과성에 대한 이론들을 기초로 해서 리더십에서 인과 관계를 설명하기 위한 모델을 제안했다. **다중 연결 모델**multiple linkage model은 관리자 변인(리더 행동), 매개변인(리더의 행동 방식이 집단 수행에 영향을 미치는 과정에서 영향을 미치는 변인), 준거 변인(집단 수행 혹은 다른 결과), 상황적 변인(대체물, 중화물, 상황의 다른 성분)들 간의 관계를 평가하는 통합적인 이론이다. 이 모델은 이 네 가지 변인들을 복잡하게 연결하여 상황과 다른 제약들에 의한 영향을 받는 리더십이 어떻게 집단 효과성을 예측하는지 설명한다.

개인과 집단 수행에 대한 이전 연구가 이 모델에 구체적인 매개 변인의 형식으로 적용되었다. 이 구체적인 매개 변인들은 다음과 같다. ① 과제에 대한 헌신, ② 능력과 구성원들의 역할의 명료성, ③ 직무 조직, ④ 집단 구성원 간의 협동과 상호 신뢰, ⑤ 가능한 자원과 지원, ⑥ 조직의 다른 부서들과의 협조(Hackman, Brousseau, & Weiss, 1976; Likert, 1967; McGrath, 1984; Porter & Lawler, 1968). 이 모델은 또한 리더의 단기 행동과 장기 행동에서의 차이점을 설명한다. 리더들은 부하들의 부족한 점을 개선하기 위해서 단기간에 신속하게 일해야 하고 더 심각한 문제의 근원을 확인하고 적절히 대처하기 위해서는 장기간의 통제를 해야 한다.

다중 연결 모델 관리자 변인, 매개변인, 준거변인, 상황 변인들 간의 관계를 평가하는 통합적 이론

다중 연결 모델의 정확성을 평가하는 연구는 부족하다. 리더십에 대한 그 모델의 적절성을 탐구하는 연구 없이는 리더와 부하 간의 관계를 그것이 얼마나 잘 설명하는지 판단할 수 없다. 그럼에도 불구하고 이 이론에 대한 몇 가지 개념적 약점이 확인되었다. 첫째, 그 이론은 특히 다른 리더 행동들과 상황적 변인들과 관련하여, 복잡한 연결이 이 모델 내에서 어떻게 작용하는지 설명하지 않는다. 또한 리더의 장기적인 행동이 어떻게 집단에 영향을 미치는가에 대한 구체적인 가설이나 예측이 개발되거나 검증되지 않았다. 그 모델에 대한 연구가 부족하고 어떻게 작용하는가 하는 설명이 부족하기 때문에 Yukl 모델을 실제로 적용하는 것은 현재로서는 어렵다.

요약

한 사람이 리더가 되기 위해서는 부하가 있어야만 한다. 이 부하들을 효과적으로 리드하기 위해 리더는 행동하기 전에 부하들의 특성을 조심스럽게 고려해야만 한다. 부하들을 고려하는 것과 함께 리더는 상황을 이해하고 리더십을 성공적으로 만들어 줄 수 있는 요인들을 확인해야만 한다. 이 장은 부하들과 상황적 요인들이 어떻게 리더십에 영향을 미치는가를 논의했다. 리더들은 세력과 영향력에 의한 영향을 받는다. 부하요인과 관련한 이론들에는 리더-멤버 교환 이론과 참여적 리더십 이론이 있다. 상황적 요인들에 대한 이론에는 LPC 유관성 모델, 경로-목표 이론, 상황적 리더십 이론, 리더십 대체 이론, 다중 연결 모델이 있다. 이 장을 읽은 후에 당신은 리더가 부하들과 상황적 요인들을 고려하는 것이 얼마나 중요한지 이해하게 되었을 것이다.

핵심 용어

- 강압적 세력
- 경로−목표 이론
- 귀인
- 능동적 영향력 책략
- 대체물
- 리더−멤버 교환(LMX) 이론
- 보상적 세력
- 상황적 리더십 이론
- 영향력
- 영향력 시도
- 인상 관리
- 전략적 유관성 이론
- 정치적 책략
- 중화물
- 특이 신용

- 결속
- 권위
- 능동적 영향력 시도
- 다중 연결 모델
- 리더십 대체 이론
- 몰개성화
- 사회 교환 이론
- 세력
- 영향력 과정
- 영향력 책략
- 인상 관리 책략
- 전문가 세력
- 준거적 세력
- 최소 선호 동료 모델(LPC 유관성 모델)
- 합법적 세력

복습 문제

1. 리더는 어떤 상황에서 어떤 영향력 책략을 사용해야 하는가?

2. 집단 구성원들이 너무 가까우면 어떤 일이 일어나는가? 리더에게는 어

떤 영향을 미치는가?

3. 특이 신용이란 무엇인가? 특이 신용은 리더와 부하에게 어떻게 영향을 미치는가?

4. 인상 관리 책략이란 무엇인가? 당신이 보았거나 경험한 몇 가지 예를 들어라.

5. 리더-멤버 교환 이론을 기술하라. 그것의 장점과 단점은 무엇인가?

6. 참여적 리더십 이론을 기술하라. 그것은 좋은 이론인가 나쁜 이론인가? 그 이유는 무엇인가?

7. LPC 유관성 이론을 기술하라. 그것은 좋은 이론인가 나쁜 이론인가? 그 이유는 무엇인가?

8. 경로-목표 이론을 기술하라. 그것은 좋은 이론인가 나쁜 이론인가? 그 이유는 무엇인가?

9. 상황적 리더십 이론을 기술하라. 이 이론의 중요한 문제점은 무엇인가?

10. 리더십 대체 이론에서 두 가지 유형의 상황은 무엇인가?

11. 다중 연결 모델에서 네 가지 유형의 변인은 무엇인가?

논의 문제

1. 리더들이 부하와 상황적 요인들을 이해하는 것이 왜 중요한가?

2. 리더가 세력을 행사하는 방식에는 어떤 것들이 있나?

3. 어려운 부하를 경험해 본 적이 있는가? 그 과제를 완수하기 위해 혹은 당신의 목표를 달성하기 위해 당신은 어떻게 했는가?

4. 리더십 행동에 영향을 미치는 상황에는 어떤 것들이 있는가?

개인 활동

개인 활동 1

리더로서 당신이 경험했던 어려운 상황을 생각해 보라. 그 상황에 대해 당신은 어떤 반응을 했는가? 두 가지 상황적 요인 이론을 당신의 경험에 적용하라. 더 효과적인 리더가 되기 위해서 당신이 어떻게 다르게 행동할 수 있었겠는가? 어려운 부하를 만났던 때를 생각해 보라. 당신이 한 행동을 상황적 요인들과 연계하여 연습해 보고 이 이론들이 당신이 미래에 더 좋은 리더가 되도록 어떻게 도움을 줄 수 있는지 생각해 보라.

개인 활동 2

당신이 존경하는 한 리더를 생각하라. 그의 생애와 진로를 자세하게 살펴 보라. 부하들과 상황적 요인들과 관련하여 그는 어떤 이슈를 당면했는 가? 그 리더는 그 이슈들에 대해 어떻게 대응했는가? 그의 리더십은 시간 이 지나면서 어떻게 개발되었는가? 당신이 선택한 리더의 행동에 어떤 이론이 가장 잘 들어맞는가?

집단 활동

집단 활동 1

당신이 영재아들을 위한 학교의 교장이라고 생각해 보자. 이 학교는 과거 에는 매우 성공적이었다. 하지만 최근 학교에 몇 가지 문제들이 발생했다. 학교 학생들에 관한 다음의 세 가지가 학교의 근원적인 문제점으로 확인되었다. 동기 부족, 출석률 저조, 학업 성적 저조. 당신은 이 문제들을 해결하기 위해 어떻게 하겠는가? 당신이 고려해야 하는 핵심 요인들은 무엇인가?

집단 활동 2

새로운 기술에 주력하는 큰 조직에서 당신이 마케팅 팀의 프로젝트 리더라고 상상하라. 당신의 팀은 그 회사의 새로운 휴대폰을 마케팅하기 위한 열 가지 새로운 아이디어를 생각해 내야만 한다. 당신의 일은 주말까지 팀에서 열 가지 새로운 아이디어를 반드시 내도록 하는 것이다. 임무도 막중하고 마감일도 다가오고 있다. 당신은 그 목표를 달성하기 위해 팀을 어떻게 리드하겠는가? 당신이 고려해야 하는 요인들은 무엇인가? 이제는 팀 구성원의 역할을 맡기로 하자. 당신은 리더로부터 어떤 지도를 받고 싶은가?

더 읽을거리

Bass, B. M. (1990). *Bass and Stogdill's handbook of leadership: Theory, research, and managerial applications.* New York: Free Press.
Conger, J. A., & Riggio, R. E. (2007). *The practice of leadership: Developing the next generation of leaders.* San Francisco, CA: Jossey-Bass.
Yukl, G. (2006). *Leadership in organizations* (6th ed.). Upper Saddle River, NJ: Prentice Hall.

리더십 101

6

리더들은 어떻게 생각을 하는가

- Cristina L. Byrne -

생각하라.

- 토머스 왓슨(Thomas J. Watson)

토머스 왓슨은 1920년대에서 1950년대까지 International Business Machine(IBM)의 사장이었다. 그의 재임 동안 미국은 대공황이라는 가장 힘든 경제적 난관들 중의 하나를 마주했다. 왓슨과 IBM은 어려운 재정문제에 부딪혔고 공황기에 어떻게 회사를 유지해 갈지에 대한 어려운 결정을 해야만 했다. 왓슨은 자주 그의 부하들에게 "생각해!"라고 말했다. 이 간단한 말이 그 회사의 모토가 되었다. 건물 내 모든 벽에서 그 단어가 적힌 종이를 볼 수 있었다. 모든 직원들은 언제든지 어떤 아이디어든지 적을 수 있도록 THINK 공책을 들고 다녔다. 이 모토가 IBM ThinkPad 노트북 컴퓨터를 포함한 생산품의 이름에 사용되고 있다(Maney, 2003).

왓슨은 공황기에 그 회사가 당면한 문제들에 대하여 깊이 생각하는 시간을 갖는 것이 매우 중요하다는 것을 발견했다. 그는 자신이 그 문제를 어떻게 고심하고 있는지 말해 줌으로써 본보기를 보여 주었을 뿐만 아니라 모두가 함께 시간을 투자해서 생각해야만 하는 커다란 문제라는 점을 분명히 했다(Maney, 2003). 다른 사람들의 생각을 지도할 수도 있어야 하는 것뿐만 아니라 문제나 위기에 당면했을 때 리더가 해야 할 가장 중요한 일 중 하나는 분명 생각하기이다.

> **인지** 지각, 기억, 사고가 처리되는 정신적 사건
> **인지적 자원 리더십 이론** 문제를 처리하거나 의사결정을 할 때 리더가 사용하는 지능의 유형을 강조하는 이론

이 장에서 우리는 리더들이 어떻게 생각하는가를 배울 것이다. 그렇게 하기 위해서 우리는 인지적 관점에서 리더십을 이해하려고 하는 연구를 다룰 것이다. 다시 말해 이 연구는 리더의 사고 혹은 **인지**cognition를 살펴본다. 가장 먼저 제시되는 이론은 **인지적 자원 리더**

십 이론cognitive resources leadership theory이다
(Fiedler & Garcia, 1987). 이 이론은 효과적
인 리더십은 리더의 **지능**intelligence과 **경험**
experience 모두에 의존한다고 주장한다. 하지
만 이 이론에서 중요한 개념은 리더의 경험
이 스트레스가 많은 상황에서는 그의 지능보
다 더 유용할 것이라는 점이다. 다음, 우리는
리더의 사고방식에 대한 또 다른 모델을 다
룰 것이다. 이 모델은 리더가 문제를 해결하
고 결정을 하는 방식이 그의 부하들이 복잡
한 상황을 이해하는 데에 도움이 된다고 본

> **지능** 지식을 획득하고, 저장하
> 고, 적용하는 능력(일반적인 정신
> 능력, 언어 추리, 분석적 추리 등)
> **경험** 지식이나 기술이 누적되게
> 하는 적극적인 참여
> **암묵적 리더십 이론** 리더십에 대
> 한 사람들의 신념과 가정이 어떻
> 게 리더십에 대한 그들의 지각과
> 행동에 영향을 미치는가를 연구
> 하는 이론
> **인지적 틀** 사람들이 사건, 행동,
> 대상, 속성, 개념으로 분류하는
> 범주와 그것들의 연결

다(Connelly et al., 2000; Mumford, Friedrich et al., 2007). 우리는 또한 문제를
창의적으로 해결하는 리더의 능력이 어떻게 그의 부하들을 이해하는 데 도움이 될
수 있는지 논의할 것이다(Mumford et al., 2003). 다음에 우리는 **암묵적 리더십 이
론**implicit theories of leadership을 다룰 것이다. 암묵적 리더십 이론이란 효과적인 리더를
만드는 것이 무엇인가에 관련하여 사람들이 가지고 있는 신념과 가정이다(Yukl,
2006). 이 이론은 리더가 어떻게 생각하는 것보다는 사람들이 리더를 어떻게 생각
하는가에 대한 것이다. 리더들과 부하들 모두 암묵적 리더십 이론을 가지고 있으
며, 이 이론들 혹은 **인지적 틀**cognitive frameworks은 주어진 상황에서 어떤 리더 행동이
적절하다고 리더가 생각하는가뿐만 아니라 부하들에 의해 리더가 어떻게 지각되는
가에도 영향을 미친다. 마지막으로 우리는 인지적 관점을 사용하여 리더들은 어떻
게 개발되는가 혹은 만들어지는가에 대한 이론을 다룰 것이다(Lord & Hall, 2005).
이 이론은 리더십 기술이 개발되면서 리더가 정보를 처리하는 방식도 변한다고 주
장한다. 이 이론은 한 사람이 초보자에서 전문가 리더로 변해가는 과정에서 정보가
처리되는 방식의 변화를 이해하려고 한다.

- 리더가 어떻게 생각하는가에 대하여 배우고 연구하는 것의 중요성을 이해한다.
- 인지적 자원 리더십 이론과 리더를 위한 그것의 적용을 이해한다.
- 리더들이 어떻게 문제 해결을 하고 의사결정을 하고 창의성을 활용하는지 이해한다.
- 암묵적 리더십 이론과 리더들을 위한 그것의 함의를 이해한다.
- 리더들의 사고방식이 그들의 발달과 새로운 리더십 기술 획득과 관련이 있는지 이해한다.

인지적 자원 리더십 이론

인지적 자원 리더십 이론은 Fiedler와 동료들에 의해 개발되었다(Fiedler, 1986; Fiedler & Garcia, 1987). 이 이론에서는 리더의 수행(그리고 그에 따른 그의 부하들의 수행)이 지능과 경험과 같은 인지적 자원에 의한 영향을 받는다고 주장한다. 조직의 성과는 리더의 인지적 자원, 그의 행동, 상황의 측면들의 조합에 의해 결정된다고 생각된다. Fiedler와 동료들이 관심이 있었던 한 가지 유형의 상황은 높은 스트레스 상황이다. 이 이론은 스트레스가 리더의 지능과 부하들의 수행 간의 관계를 중재한다고 주장한다. 어떤 것이 중재자라고 말할 때에는 그것이 두 요인 간의 관계에 영

그림 6.1 인지적 자원 리더십 이론의 인과 모델

향을 미친다는 의미이다. 높은 스트레스 상황에는 빈번한 직무 위기, 개인 간 갈등, 리더에 대한 비현실적인 요구 등이 있다. 이 관계가 그림 6.1에 나타나 있다.

리더가 받는 스트레스

리더 지능

스트레스가 없는 상황일 때, 리더의 지능은 부하들의 성과에 긍정적인 영향을 미친다. 다시 말해서, 더 지능이 높은 리더일수록 부하들의 성과가 더 좋다. 하지만 스트레스가 매우 높은 상황일 때에는 이 관계가 매우 약하게 되거나 완전히 사라진다(Bass, 1990). 그 이유는 무엇일까? 왜 스트레스가 높은 상황에서는 지능이 도움이 되지 않을까? 이 변화에 대한 한 가지 설명은 스트레스가 리더가 정보를 처리하고 결정을 하는 데에 방해가 된다는 것이다(Yukl, 2006). 스트레스는 리더를 혼란스럽게 만들고 과제에 집중을 못하게 한다. 따라서 리더의 지능은 높은 스트레스 상황에서는 도움을 주지 못한다.

　스트레스가 많은 상황일 때에 리더의 지능보다 경험이 부하들의 수행에 더 큰 영향을 미치게 된다. 이 경우에 더 경험이 많은 리더들에 의해 지도를 받는 부하들이 더 잘 수행하는 경향이 있다. 이 이론에서 경험은 일반적으로 직무 경험을 말한다. 리더들은 특히 이전에 문제를 성공적으로 해결하게 해 주었던 경험을 통해 성공적인 행동을 학습하는 경향이 있다. 이 행동들이 성공적인 리더들을 위한 습관이 된다. 스트레스를 받을 때 사람들은 문제를 해결하기 위해 지능에 의존하기보다 이전에 학습한 행

그림 6.2 리더의 지능, 경험, 행동, 부하의 수행 간에 중재된 관계

동과 습관으로 돌아가는 것으로 생각된다.

　그밖에 인지적 자원 리더십 이론은 리더의 행동이 리더의 인지적 자원과 부하들의 수행 간 관계를 중재할 것이라고 주장한다. 중재란 간접적인 영향력을 가지고 있는 것을 말한다. 다시 말해서 리더의 인지적 자원은 그의 행동을 통해서만 영향을 미칠 수 있다. 리더가 실제로 무언가 하지 않고서는 어떠한 영향력도 가질 수 없을 것이다. 인지적 자원은 리더의 행동을 통해서만 부하의 수행에 영향을 미칠 수 있을 것이다. 이 관계는 그림 6.2에 나타나 있다.

　이 사례에서 이 이론은 인지적 자원이 우리가 **지시적 리더십**directive leadership이라고 부르는 행동 유형을 통해서 수행에 영향을 미친다. 지시적 리더십은 제2장과 제5장에서 유관성 리더십 이론을 설명하면서 매우 상세하게 논의되었다. House와 Mitchell(1974)은 지시적 리더십을 '부하들에게 그들이 해야 할 일을 알려 주고, 구체적으로 안내를 하고, 부하들에게 규칙과 절차를 따르도록 요구하고, 작업 일정을 잡고 조정하는 것'이라고 정의했다. 지시적 리더십은 리더가 그 집단을 돕기 위해 무엇을 하는 것이다.

> **지시적 리더십** 부하들에게 그들이 해야 할 일을 알려 주고, 구체적으로 안내를 하고, 부하들에게 규칙과 절차를 따르도록 요구하고, 작업 일정을 잡고 조정하는 것

대조적으로 **참여적 리더십**participative leadership은 부하들과 함께 조정하고 그들의 의견과 제안을 고려한다. 참여적 리더십은 종종 리더가 집단 구성원들

참여적 리더십 중요한 의사결정을 하고 슈퍼바이저 유형의 과제를 처리하는 데 있어서 부하들을 참여시키는 것과 관련한 리더 행동

이 최소의 간섭을 받으면서 일을 하도록 한다. 참여적 리더십에서는 리더의 지능이나 경험이 큰 영향을 미치지 않을 것이다. 하지만 리더가 지시적일 때 — 직무 구조화, 계획 개발, 의사결정 — 는 그의 지능과 경험은 영향력을 가질 것이다. 이 이론은 지능이 높은 리더들은 업무를 지도하는 더 좋은 계획을 세울 것이라고 가정한다. 지능이 높은 리더들은 또한 이 계획을 부하들에게 더 잘 전달할 것이다. 이것은 과제가 복잡할 때에만 적용된다. 만일 과제가 간단하거나 틀에 박힌 것이라면 부하들이 이미 어떻게 수행하는지 알고 지도를 거의 필요로 하지 않을 것이다(Yukl, 2006). 조절과 매개에 대한 더 많은 정보를 위해서는 제3장을 참조하라.

인지적 자원 리더십 이론에 대한 많은 연구는 Fiedler와 그의 동료들에 의해 수행되었다. 그 외에 이 연구들 중 많은 것들은 군대 지도자들의 표본을 사용했다. 한 초기 연구에서 Fiedler와 동료들(1979)은 높은 수준의 스트레스를 받고 있는 보병대 지도자의 지능이 아니라 경험이 그들의 수행과 관련이 있는 것을 발견했다. 분대장이 높은 수준의 스트레스를 받지 않을 때에는 그들의 경험이 수행과는 관련이 없었다. 대신 낮은 스트레스 상황에서는 지능이 수행과 관련이 있는 것으로 발견되었다. 일반적으로 낮은 스트레스 조건하에서 리더의 지능은 경험보다 부하의 수행에 더 큰 영향을 미칠 것이다. 몇 가지 다른 연구들도 비슷한 증거를 발견했으며

비슷한 결론을 제안했다(Borden, 1980; Fiedler & Leister, 1977; Frost, 1983; Knowlton, 1978; Potter, 1978; Zais, 1979).

다른 많은 연구들이 이런 관계가 존재한다는 것을 보여 주었다. 소수의 연구들은 왜 그러한지에 대한 이유를 설명할 수 있었다. Gibson, Fiedler, Barrett(1993)은 ROTC 생도의 표본을 사용한 연구를 했다. 그 실험에서 집단의 생도들에게 한 문제에 대한 창의적인 해결을 생각해 보라고 했으며, 이 작은 집단의 리더들을 조사했다. 그 연구는 높은 스트레스 조건하에서 지능이 높은 리더들은 더 많은 이야기를 하는 경향이 있었지만, 두서없이 말을 했고 실제로 좋은 아이디어를 내는 데 거의 공헌하지 못하는 것을 보여 주었다. 그들은 집단 대화를 주도하였지만 실제 도움이 되지는 못했기 때문에 다른 집단 구성원들이 그만큼 공헌할 수가 없었고 따라서 그 과제에 대한 전체적인 집단 수행도가 감소되었다.

모든 것을 감안해 볼 때, 이 관계가 실제로 존재한다는 것을 알 수 있다. 하지만 이 관계가 왜 존재하는지에 대한 정확한 연구가 거의 없다. 인지적 자원 리더십 이론에 대한 더 많은 연구들이 수행되어야만 한다. 특히 문제 해결과 같은 특수한 인지적 기술이 이런 연구결과를 뒷받침할 수 있는지 밝히는 것이 중요할 것이다.

복잡한 문제 해결과 창의적인 문제 해결
복잡한 문제 해결

당신이 일하고 있는 직장의 매니저나 상사가 해결해야 하는 위기 상황에 처한 때를 생각해 보라. 당신의 상사는 무엇을 했는가? 그들은 그 문제를

효과적으로 해결할 수 있었는가? 이제
당신의 매니저가 그 문제를 어떻게 해
결할 것인가를 생각하고 있을 때 그의
머리에 스쳐가는 모든 것들을 상상해

> **문제 해결** 문제를 해결하기 위
> 해서 복잡한 여러 측면을 이해하
> 는 과정

보자. **문제 해결**problem solving은 리더들이 모든 수준에서 해야만 하는 무엇
이다. 작은 편의점의 매니저에서부터 큰 기업의 CEO까지, 문제 해결은
리더에게 중요한 부분이다. 일반적으로 정의되는 리더십은 공동의 목표
를 달성하기 위해서 무엇을 해야 하는지 그리고 그것을 어떻게 해야 하는
지 다른 사람들이 이해하도록 영향력을 미치는 것을 말한다(Yukl,
2006). 하지만 Mumford, Zaccaro, Connelly, Marks(2000)가 지적하
듯이, "리더가 중요한 조직적 문제를 확인하지 못하고 그 문제에 대한 해
결책을 세우지 못한다면, 모든 계획과 모든 설득이 전혀 소용이 없다." 문
제 해결은 리더가 꾸준하게 사용하는 전형적인 기술이지만, 리더십 학자
들에게는 비교적 새로운 연구 영역이다.

　리더십은 문제 해결과 상당한 관련이 있다는 것을 알지만, 우리는 어떤
종류의 문제를 리더가 해결해야 할 것인가를 이해할 필요가 있다.
Mumford, Zaccaro, Harding, Jacobs, Fleishman(2000)은 리더들이
전형적으로 대면하는 매우 복잡하고 새롭고 애매한 문제들을 기술했다.
처음 그 문제를 읽으면 문제를 막연하게 묘사한 것처럼 보인다. 하지만
그것은 모든 리더들이 그들의 지위나 상황과 관계없이 마주할 수 있는 유
형의 문제를 묘사할 수 있도록 하기 위해 의도적으로 광범위하게 되어 있
는 것이다. 다시 말해서 경영자가 대하는 복잡한 문제가 다르고 정치가나

미얀마가 인도네시아를 침략했다. 인도네시아는 미국 정부에 도움을 요청했다. 군사 대응 계획 수립을 위해 당신에게 24시간이 주어졌다. 당신이 갖고 있는 정보는 7만 5,000명의 적군이 인도네시아 서부를, 2만 5,000명이 동부를 점거하고 있다는 것이다. 이 군대들은 탱크와 대포로 잘 무장되어 있지만 전술항공지원이 약하다. 계획을 세울 때 당신은 모든 미국 군대의 인적 지원과 물적 지원을 활용할 수 있다(Zaccaro, Mumford, Connelly, Marks, & Gilbert, 2000, p. 44).

군대 리더들이 대하는 복잡한 문제가 다르다.

다음에 제시되는 문제는 군대 리더들의 문제 해결 기술을 조사하기 위해 연구에서 사용된 것이다. 군대 지도자들이 마주할 수 있는 문제를 모의실험하기 위해서 이 시나리오를 실제 군대 리더들에게 제시했다. 이것은 복잡하고 새롭고 애매한 문제가 무엇을 의미하는지 잘 보여 준다. 읽으면서 그 상황 속에서 리더가 반드시 주목해야 하는 몇 가지 변인들이 있다는 것을 놓치지 마라(예 : 그것은 높은 수준의 복잡성을 가지고 있다). 그밖에 이 특별한 상황은 미국 군대가 이전에 경험한 적이 결코 없다. 따라서 이것은 이 연구에 참여한 사람들에게는 새로운 것이다. 마지막으로 이 문제는 하나의 정답이 없다는 것을 인식하는 것이 중요하다. 리더가 잠재적으로 긍정적인 결과를 이끌어 낼 수 있는 다양한 반응과 행동 절차가 있다.

사회적 판단 기술 문제 영역 내에서의 사회적 역동성을 이해하고 감시하는 능력 및 잠재적 해결책을 한 조직의 실제적인 요구와 통합하는 능력

2000년에 Mumford, Zaccaro, Harding과 동료들은 효과적인 리더십에 영향을 미치는 요인들을 묘사하는

모델을 제안했다. 이 모델은 리더의 특성과 능력, 특히 리더의 수행에 영향을 미치는 것으로 생각되는 복잡한 문제를 해결하는 능력, **사회적 판단 기술**social judgment skills, 지식에 초점을 맞추었다. 이 모델은 그림 6.3에 잘 나타나 있다.

그림 6.3은 복잡한 반면에 단도직입적인 제안을 하고 있다. 기본적으로 이 모델은 문제를 해결하기 위한 리더의 능력과 그의 수행에 일반적으로 영향을 미치는 요인들을 기술한다. 왼쪽에 있는 첫 번째 상자는 문제를 해결할 수 있다는 것은 부분적으로는 문제를 정의하고, 그 문제에 대한 정보를 수집하고, 그 문제에 대한 이해를 체계화하고, 궁극적으로 그 문제에 대한 초기 해결책을 생성하는 것임을 보여 준다. 이것들이 아마도 문제를 해결하기 위한 리더의 능력을 구성하는 가장 결정적인 요인들인 반면에 리더는 그의 부하들과 연관된 요인들을 고려할 수 있어야 한다는 것도 중요하다. 예를 들어, 리더들은 부하들에게 잠재적인 해결책을 전달할 수 있어야 하고 부하들이 어떻게 그 해결책을 실행하거나 행동에 옮길

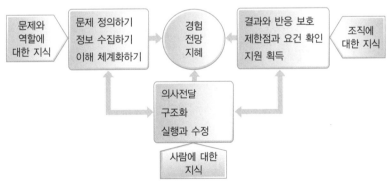

그림 6.3　효과적인 리더십과 문제 해결 모델

것인가 구조화할 수 있어야 한다. 그밖에 리더들은 조직이나 회사를 충분히 이해해야만 해결책을 실행할 때 발생할 수 있는 그 어떤 장애도 대처할 수 있다. 예를 들어 회사에서 일어나는 사고를 감소시키기 위한 새로운 안전 프로그램을 실행하기를 원하는 리더는 그 프로그램을 실행하기 위한 자금과 다른 지원을 얻기 위해 최고 관리자에게 그 아이디어를 팔 수 있어야만 한다.

이 모델의 조각들을 조사하기 위해 설계된 연구들(Connelly et al., 2000; Zaccaro et al., 2000)은 리더십은 간단하게 지능의 문제가 아니라는 것을 보여 주었다. 그것은 문제 해결력을 포함한 지능 이상의 기술을 필요로 한다. 그들의 연구에서 Connelly와 동료들(2000)은 군대 리더들의 문제 해결 기술을 조사했다. 그 리더들에게 여러 가지 해결책이 있을 수 있는 몇 가지 군대 시나리오를 풀게 했다. 연구자들은 각 리더의 문제 해결 기술을 측정했으며 그 기술들은 제안된 해결책의 질과 상관이 있는 것을 보여 주었다. 다른 연구와 마찬가지로 리더들이 지능 이상의 것을 필요로 한다는 것을 증거한다. 그들은 또한 효과적으로 문제를 해결하는 능력을 필요로 한다.

창의적 문제 해결

한 관련된 연구는 리더들이 문제를 해결할 때 창의적일 필요가 있다고 한다. 창의성을 생각할 때 우리는 예술가 혹은 음악가를 생각한다. 당신은 "창의성이 리더십과 무슨 관계가 있어?"라고 생각할 수 있을 것이다. 창의성의 정의는 미술, 음악, 문학뿐만 아니라 더 일반적으로 새롭고 사회적으로 가치를 인정받는 결과물의 산출까지 포함하는 것으로 확장되었다. 창의성을 이렇게 폭넓게 생각하면, 창의성과 리더십의 관계를 더 쉽게 생각해 볼 수 있다. 마케팅 회사의 감독을 생각해 보라. 마케팅 감독들은 홍보와

> **창의적 문제 해결** 새롭고 유용한 해결책을 내는 인지적 과정
> **기존 지식의 재조합** 대안적인 해결책을 생성하기 위한 기초로 사용될 수 있는 새로운 해석을 제공하기 위해 기존 개념을 재구조화 혹은 재조직하는 과정

판촉을 통해 소비자들의 주의를 끌기 위한 새로운 방법을 끊임없이 개발한다. 리더들에게 그런 문제가 주어졌을 때, 그들은 부하들이 새로운 무엇을 생성하도록 도와야 한다. 그렇게 함으로써 그들은 **창의적 문제 해결** creative problem solving 을 한다.

당신은 창의적인 문제 해결이 앞에서 묘사된 문제 해결과 어떻게 다른가를 생각해 볼 수 있을 것이다. 앞에서 우리는 리더들이 전형적으로 대면하는 유형의 문제들은 복잡하고 새로우면서 애매하다고 했다. 창의적인 문제에 대해 그 정의는 기본적으로 같지만 몇 가지 차이가 있다. 첫째, 문제 해결에서 말하는 해결책은 반드시 새로운 해결책을 요구하지는 않지만 창의적인 문제 해결에서는 그 해결이 새롭고 독특해야만 한다. 다시 말해서, 전통적인 문제 해결에서 리더는 특별한 상황에 대한 미세한 조정만 하면서 과거의 비슷한 상황에서 적용했던 해결책에 의존할 수 있다. 반면 창의적인 문제 해결에서 리더는 방법적으로 새롭거나 독특한 해결책을 생성해야만 할 것이다. 이 문제와 해결이 또 다른 점은 창의적인 문제 해결에서는 그 해결이 전형적으로 **기존 지식의 재조합** recombination of existing knowledge 혹은 재조직에서 나온다는 것이다. 예를 들어, 마케팅 감

독은 캠페인 A(예 : 우편 판촉)에서 사용했던 테크닉과 캠페인 B(예 : 인터넷 광고)에서 사용했던 테크닉을 조합하여 그 집단에서 예전에는 사용된 적이 없는 것(예 : 이메일 판촉 광고)을 생성할 수 있을 것이다.

하지만 일반적으로는 창의적인 사고를 요구하는 문제에 대한 새로운 해결책을 생성해야 하는 사람은 리더가 아니라 부하들인 경우가 더 많다. 하지만 리더들은 부하들이 최종 산출을 개발하는 것을 돕기 위해 창의적인 문제 해결 기술을 여전히 사용해야만 한다. 이런 상황에서 리더는 종종 초기 아이디어들에 대한 평가자가 될 것이다. Mumford와 동료들(2003)은 그와 같은 상황에서 리더가 부하를 돕기 위해 거쳐 가는 과정을 제안했다. 첫째, 부하는 리더에게 자신의 아이디어를 제시한다. 리더는 그 아이디어를 평가하고 자신의 아이디어를 생성하여 조합한 후에 그 아이디어를 개선하기 위해 정교화시킨다(혹은 사용할 수 없는 아이디어들을 버린다). 리더는 그런 후에 부하에게 피드백을 주고, 부하는 정교화된 것을 수정하여 최종 산출물로 만든다. 이 모델은 리더가 상황에 따라서 두 가지 역할을 한다고 제안한다. 한 가지는 그 집단이 대면하고 있는 문제에 대한 새롭고 유용한 해결책을 생성하기 위해서 창의적인 문제 해결 기술을 사용해야만 하는 역할이다. 두 번째 역할은 부하들에 의해 생성된 새롭고 유용한 해결책을 위한 공명판sounding boards이 되는 것이다. 이 역할 속에서 그들은 여전히 창의적인 문제 해결 기술들을 필요로 하지만, 이 기술들은 창의적인 과정의 다른 영역에 초점을 둘 수 있다(예 : 아이디어 평가).

리더의 창의적인 문제 해결에 대한 문헌연구에서 Mumford와

Connelly (1991)는 창의적인 문제 해결 은 리더들에게 중요한 기술이라는 것 을 지적하는 다양한 연구들을 논의했

창의성 중재   창의적인 문제 해 결 기술을 향상시키기 위해 설계 된 훈련

다. 많은 이러한 연구들은 실세계 리더들을 조사했고 리더 수행과 문제 해결 기술들 간에 관련이 있다는 증거를 제공했다. 예를 들어, 창의적인 능력과 리더십 성과 간의 관계를 조사한 연구에서 실제로 상관관계가 있 으며 더 창의적인 리더들이 더 잘 수행하는 것으로 나타났다. 그밖의 연 구들은 리더들에게 **창의성 중재**creativity interventions, 즉 그들의 창의적인 문 제 해결 기술을 향상시키기 위해 설계된 훈련을 했을 때 그들의 성과가 향상된다고 한다. 전체적으로 훌륭한 리더들이 좋은 창의적 문제 해결 기 술을 갖고 있다고 하는 상당한 증거가 있다.

인지적 자원 리더십 이론은 지능과 경험이 리더 수행에 큰 역할을 한다 고 한다. 앞에서 묘사된 리더의 복잡한 문제 해결 모델과 창의적인 문제 해결 모델은 리더들은 지적이고, 지식이 풍부하고 경험이 있어야 할 필요 가 있을 뿐만 아니라 효과적인 리더들이 되기 위해서는 또한 문제 해결 기술을 가지고 있을 필요가 있다고 주장함으로써 그 제안을 지지한다. 그 밖에 리더가 대면하는 문제에 대한 창의적인 해결책을 생성하고 다른 사 람들의 창의적인 아이디어들을 평가하는 것을 요구하는 많은 상황들과 문제들이 있다. 이런 사례들에서 리더십은 또한 창의적인 문제 해결 기술 도 필요로 한다.

암묵적 리더십 이론

리더들은 어떻게 생각하는가에 대한 세 번째 연구 영역은 암묵적 리더십 이론이라고 부르는 개념에 관련된 것이다. 이 이론들은 리더들과 부하들 모두가 좋은 리더십에 대하여 어떻게 생각하느냐 하는 것에 관한 것이다. 암묵적 리더십 이론이란 훌륭한 리더들은 무엇을 하는가, 그들은 어떻게 행동하는가, 그들은 어떤 특성을 가지고 있는가에 대하여 사람들이 갖고 있는 신념으로 생각하는 것이 가장 좋다. 지도자들과 부하들은 각자 암묵적 리더십 이론들을 가지고 있으며 이 이론들은 리더들이 부하들에 의해 어떻게 지각되는가 하는 문제 그리고 주어진 상황에 대한 적절한 리더 행동이 무엇이라고 리더들이 믿는가 하는 문제 모두에 영향을 미친다. Bass (1990, p. 375)는 "리더와 부하 모두가하는 문제 그들의 머릿속에 갖고 있는 리더십에 대한 암묵적 이론들에 의해 그들의 교환 관계에 영향을 미친다."라고 말했다. 이 이론들을 더 잘 이해하기 위하여 다음 질문에 답해 보라. 리더십이란 무엇인가? 무엇이 좋은 리더를 만드는가? 좋은 리더는 무엇을 하는가? 당신이 생각한 답이 바로 당신의 암묵적 리더십 이론이다.

하지만 사람들의 암묵적 리더십 이론들은 효과적인 리더십에 대하여 더 많은 독서를 함에 따라(당신이 바로 지금 하고 있듯이), 다른 사회문화적 영향에 노출됨에 따라 여러 가지 다른 유형의 효과적인 리더들을 알게 됨에 따라서 변할 수 있다(Lord, Brown, Harvey, & Hall, 2001). 그 외에 사람들의 암묵적 리더십 이론들은 상황에 따라 다르다. 예를 들어, 미국 대통령을 효과적인 리더로 만드는 것은 무엇인가? 그것은 작은 팀의 훌륭한 매니저에게 요구되는 것과 같은 특성과 행동인가? 암묵적 리더십 이론들은 주어진 특정한 지위의 유형(예 : 대통령 대 매니저), 상황(예 : 위기 대 안정적인 상황, 다양한 문화), 개인차(예 : 여성 리더 대 남성 리더)에 따라 변한다(Yukl, 2006). 암묵적 리더십 이론은 한 개인의 신념, 가치관, 성격 특성에 의한 영향을 받는다는 것을 기억하는 것이 또한 중요하다. 하지만 같은 문화 속에 존재하는 사람들은 그것이 국가적 문화이든 기업 문화이든 리더가 어떻게 행동해야 하는가 그리고 무엇이 좋은 리더를 만드는가에 대하여 비교적 비슷한 개념을 갖고 있을 것이다.

암묵적 리더십 이론들은 리더십에 대한 그들의 기대뿐만 아니라 그들의 리더들을 어떻게 평가하는가에 영향을 미치기 때문에 중요하다. 이것은 궁극적으로 리더십 이론과 평가에 영향을 미칠 것이고, 부하들이 갖고 있는 리더, 매니저, 상사의 행동에 대한 평가와 관련한 연구를 할 때에는 고려되어야만 한다. 리더가 어떤 주어진 상황에서 어떻게 행동해야 하는가에 대한 기대는 궁극적으로 사람들이 그 리더의 수행을 어떻게 평가하는가에 영향을 미치고 편파적인 평가를 내리게 할 수도 있다(Yukl, 2006). 예를 들어, 서베이 연구에서 부하들에게 그들 상사에 대한 질문을 하면 그들이 관찰하지 못했거나 부분적으로 관찰한 것에 대한 질문에 답할 때 그들의 암묵적 리더십 이론을 사용할 것이다. 만일 그들의 리더를 전반적으로 좋은 리더라고 생각하고, 좋은 리더십은 지능, 정직, 성격과 관련이 있다고 믿는다면, 리더가 이런 성질을 나타내는 것을 볼 기회가 많지 않았을지라도 그들은 그들의 리더를 지적이고 정직하고 좋은 성격의 소유자라고 기술할 경향성이 높다. 따라서 우리가 리더십 연구를 수행할 때에는 암묵적 리더십 이론을 고려하는 것이 절대적으로 중요하다.

리더십 개발

여기에서 우리는 리더십 기술 개발에 관련한 최근 이론을 살펴볼 것이다 (Lord & Hall, 2005). 이 이론은 리더십 기술이 개발되면서 리더가 정보를 처리하는 방식에 변화가 일어난다고 주장한다. 이 이론은 한 사람이 초보에서 전문가 리더로 변해감에 따라 정보를 처리하는 방식이 어떻게 변해 가는지를 이해하려고 한다.

Lord와 Hall(2005)은 리더십 기술의 발달은 오랜 기간에 걸쳐 일어난다고 주장한다. 첫째, **초보**novice 혹은 경험이 없는 리더들은 느슨하게 연결되어 있고 통합되지 않은 기술들을 사용하려고 할 것이다. 이것은 애를 쓰는 과정이다. 초보 리더들이 새로 배운 기술들을 사용하려고 할 때, 그들은 리더가 해야 한다고 생각하는 대로 하려고 할 것이다(리더들도 효과적인 리더십에 대한 암묵적 이론을 갖고 있다는 것을 기억하라). 그들은 훌륭한 리더와 연상되는 행동들을 나타내 보이려고 할 것이다. 초보 리더들은 부하들의 일을 조직하고 구조화하는 리더가 훌륭한 리더라고 생각할 수 있다(그리고 당연히 그렇기도 하다). 그들은 그렇게 행동하기 위해 최선의 노력을 발휘하려고 애쓸 것이다. 하지만 그들은 초보 리더들이기 때문에 그렇게 하기 위해서는 많은 노력이 필요하고 따라서 좋은 리더십과 관련된 다른 행동들은 당분간 제쳐두어야 할 것이다.

그렇지만 일단 리더들이 다른 사람들의 업무를 편안하게 구조화할 수 있게 되면, 이 행동들은 습관적으로 될 것이다. 리더들이 그들의 역할에 편안해지고 어느 정도 경험을 쌓게 되면, 그들은 조금씩 리더십 기술의 중급 수준에 오르게 될 것이다. Lord와 Hall(2005)은 리더들이 중급 단계로 이동하면서 그들의 리더십 기술을 그들의 리더 정체성에 통합하기 시작할 것이라고 주장한다(예 : 리더로서의 그들 자신을 어떻게 보는가). 다시 말해 리더들은 자신들을 다양한 기술(직무 활동을 구조화하기 등)을 갖고 있는 리더로 보기 시작할 것이다. 리더들의 자신들에 대한 관점은 그들의 역할을 수행하는 방식뿐만 아니라 더 훌륭하고 더 경험이 많은 리더가 될 수 있도록 동기화시키는 방법에도 중요한 영향을 미칠 것이다. 이 수준에서 리더들은 자신의 리더십 기술을 더 개발시키는 데 도움이 되는 경험을 배우려고 나설 것이다.

일단 리더가 많은 경험을 쌓으면 그들은 리더로서의 자신에 대한 더 깊은 이해(예 : 그들의 리더 정체성)와 핵심적인 가치관을 갖기 시작한다. 이 이해는 리더십 기술에서 융통성의 중요한 자원이 된다. 그들이 자신과 자신이 갖고 있는 기술을 이해하고 다양한 경험을 하면, 리더들은 다양한 상황을 더 잘 처리할 수 있고 주어진 상황에 대한 적절한 리더십 기술을 적용할 수 있다(예 : 융통성을 갖게 된다). 다시 말해 그들은 작은 기술들에 더 이상 의존하지 않고 여러 상황들에서 그들이 참고할 수 있는 커다란 도서관 같은 기술을 갖게 된다. 일단 리더들이 충분히 발달하면, 그들의 리더십 기술과 그들의 정체성의 통합이 더 완전하게 된다. Lord와 Hall(2005)이 지적하듯이, 이렇게 통합함으로써 "전문가가 되고 리더 자신뿐만 아니라 부하들 속에 있는 내적 자질과 능력을 개발할 수 있는 독특한 지도 방식을 갖게 된다." 즉 전문가 리더들은 다양한 기술과 능력을 통합함으로써 자신뿐만 아니라 부하들도 더 발전해 나갈 수 있도록 해 주는 독특한 지도 방식을 개발한다.

요약

이 장에서 우리는 리더들의 사고방식에 대한 이해의 중요성을 논의했다. 리더의 지능, 경험, 문제 해결 기술, 리더십이 무엇인가에 대한 개념이 리더로서의 행동 방식에 모두 영향을 미칠 것이다. 이것은 궁극적으로 그 역할에서 그들이 얼마나 효과적일 것인가에 영향을 미친다. 그 외에 리더들의 사고방식, 경험을 리더로서의 정체성에 어떻게 통합하는가 하는 것이 리더로서의 발달에 영향을 미칠 것이다.

오늘날까지의 많은 리더십 연구들은 리더가 무엇을 하는가, 그들의 성격 특성은 무엇인가, 부하들에게 어떤 기술을 전해 줄 수 있는가에 초점을 두었다. 하지만 최근에는 리더는 어떻게 생각하는가, 그들은 무엇에 대해 생각하는가, 이런 사고방식이 더 좋은 리더가 되는데 어떻게 도움을 주는가에 초점을 맞추기 시작했다. 이러한 경향은 리더십 연구 분야에서 계속될 것으로 보인다. 비교적 짧은 기간에 리더 인지(사고), 리더의 문제 해결 기술, 리더의 일반적인 사고방식에 대한 연구가 리더들이 어떻게 기술을 개발하고 좋은 리더가 되기 위해 어떻게 하는가를 우리가 더 잘 이해할 수 있도록 해 주는 중요한 정보를 제공했다. 그밖에 우리는 리더들이 어떻게 그들의 역할을 효과적으로 수행하는지, 그들이 어떻게 문제를 해결하는지, 그들이 어떻게 부하들이 문제를 해결하는 것을 돕는지 알게 되었다. 희망적으로 이 정보는 리더들이 그들의 역할을 효과적으로 수행하기 위해 그들이 필요로 하는 중요한 기술들을 개발하는 데 도움을 주기 위해 사용될 수 있다.

핵심 용어

- 경험
- 문제 해결
- 암묵적 리더십 이론
- 인지적 틀
- 지시적 리더십
- 창의성 중재
- 초보
- 기존 지식의 재조합
- 사회적 판단 기술
- 인지
- 지능
- 참여적 리더십
- 창의적 문제 해결

복습 문제

1. 리더의 지능과 경험이 부하의 수행에 어떻게 영향을 미치는지 인지적 자원 리더십 이론으로 간단하게 기술하라. 이 관계에서 조절 요인은 무엇인가? 이 관계에서 매개 요인은 무엇인가?

2. 리더가 효과적인 문제 해결자가 되는 것이 왜 중요한가?

3. 복잡한 문제 해결과 창의적 문제 해결 간의 차이를 설명하라.

4. 리더십 연구자들이 암묵적 리더십 이론을 고려하는 것이 왜 중요한가?

5. 리더가 초보 리더에서 전문가 리더로 발달하면서 리더가 획득하는 융통성을 설명하라.

논의 문제

1. 인지적 자원 리더십 이론에서는 리더가 지시적일 때에만 리더의 지능과 경험이 영향을 미친다고 한다. 당신은 동의하는가 혹은 동의하지 않는가? 그 이유는 무엇인가? 당신은 이 명제가 사실이 아닐 수 있는 상황을 생각할 수 있는가?

2. Mumford와 동료들에 의하면, 문제 해결이 리더십의 핵심적 요인이다. 당신이 경험한 어떤 문제를 해결해야만 했던 당신의 상사들을 생각해 보라. 그들은 효과적으로 문제를 해결했는가? 그들은 무엇을 잘했는가? 그들이 다르게 할 수 있었던 것은 무엇인가?

3. 창의적 문제 해결은 부하들의 일을 도와주는 리더의 능력에 상당한 영향을 미치는 것으로 나타났다. 리더가 부하들이 창의적으로 되도록 도와줄 수 있는 것이 왜 중요한가? 창의성이 오늘날 우리의 경제에 왜 그렇게 중요한가?

4. 이 책이 당신의 암묵적 리더십 이론을 어떻게 변화시켰는가?

5. 지금까지 리더십에 대해 당신이 배운 것을 기초로, 리더십 개발이 왜 그렇게 중요한지 설명하라. 리더가 자신을 개발할 수 있는 어떤 방법들이 있는가?

개인 활동

개인 활동 1

창의성이 중요하다고 생각되는 직업을 열거해 보라. 이 직종들에서 매니저가 그의 부하들로 하여금 그들의 창의성을 개발하도록 도와줄 수 있는 방법들을 기술하라.

개인 활동 2

당신이 생각하는 미국 대통령 대 대기업의 최고경영자(예 : 마이크로소프트)에 대한 암묵적 리더십 이론들을 비교해 보라. 무엇이 그들을 좋은 리더들로 만드는가? 그들은 어떻게 다른가?

집단 활동

집단 활동 1

다음에 있는 시나리오를 읽어라. Whitefield 박사가 그 문제를 해결하기 위해 생각해야만 하는 단계들을 집단활동으로 논의하라. 문제 해결 과정의 각 요인들과 관련하여 그녀가 해야 하거나 생각해야 할 필요가 있는 것들을 기술하라(문제 정의하기, 정보 수집하기, 이해 형성하기, 초기 해결책 생성하기). 당신이 문제 해결에 대하여 알고 있는 것을 기초로, Whitefield 박사가 좋은 해결책을 생각하는 데 도움이 될 수 있는 충고를 해보라.

> Whitefield 박사는 큰 제약 실험실의 책임을 맡고 있다. 그 실험실에서 연구하고 있는 약들 중의 하나는 심장병 환자들을 치료하기 위해 사용될 수 있는 것이다. 10년의 연구 끝에 새로운 약은 몇 가지 검사를 거쳤으며 이제 인간 표본을 대상으로 임상 시험을 준비 중이다. 임상 시험이 시작된 지 얼마 지나지 않아 한 직원이 경정신

증적 증상을 겪는 환자가 발생했다고 Whitefield에게 보고한다. Whitefield 박사는 그것은 우연이며 약과는 관련이 없다고 믿는다. 2주 후에 경정신증적 증상을 앓는 두 번째 환자에 대한 또 다른 보고가 나왔다. Whitefield 박사는 이 상황에서 어떻게 해야 하는가?(Zaccaro et al., 2000)

집단 활동 2

인지적 자원 리더십 이론에서 높은 수준의 스트레스 상황은 리더가 어떻게 수행하는가에 영향을 미친다. 리더의 지능 및 경험과 그의 부하들의 수행 간의 관계에 영향을 미치는 다른 상황들을 집단 활동으로 논의해 보라. 이 상황들이 부하들의 수행에 궁극적으로 어떻게 영향을 미치는지 기술하라. 무엇이 그 관계를 조절할 수 있는가? 무엇이 그 관계를 매개하는가?

더 읽을거리

Fiedler, F. E., & Garcia, J. E. (1987). *New approaches to effective leadership: Cognitive resources and organizational performance.* New York: Wiley.

Lord, R. G., & Hall, R. J. (2005). Identity, deep structure, and the development of leadership skill. *The Leadership Quarterly, 16,* 591–615.

Mumford, M. D., Connelly, M. S., & Gaddis, B. (2003). How creative leaders think: Experimental findings and cases. *The Leadership Quarterly, 14,* 411–432.

Mumford, M. D., Zaccaro, S. J., Harding, F. D., Jacobs, T. O., & Fleishman, E. A. (2000). Leadership skills for a changing world: Solving complex social problems. *The Leadership Quarterly, 11,* 11–35.

7

뛰어난 리더십

- William B. Vessey -

효과적인 리더가 그의 일을 마치면, 사람들은 그것이 저절로 되었다고 말한다.

— 노자

큰 필요성이 큰 리더를 낳는다.

— 에비게일 애덤스(Abigail Adams)

리더를 생각하면 당신은 누구를 떠올리는가? 아마도 동네 가게 주인인 배리보다는 링컨이나 간디를 생각할 것이다. 그들 모두가 리더이지만 즉각적으로 머리에 떠오르는 리더와 당신이 들어본 적도 없는 리더 간에는 분명한 차이가 있다. 링컨과 간디 같은 리더들은 자신의 주변에서 시작해서 종종 전 세계적으로 파급되는 영향력을 미친다. 이 사람들은 우리가 이 책의 대부분에서 지금까지 논의해 온 것 이상으로 뛰어난 리더십의 특별한 사례이다. 이 장의 목표는 뛰어난 리더십이란 무엇인가, 그리고 뛰어난 리더들은 어떻게 리드하는가에 대한 통찰을 당신에게 주는 것이다. 우리는 뛰어난 리더십의 몇 가지 다른 유형들을 논의할 것이다. 이 사람들이 부하들로 하여금 어떻게 그들을 따르게 하고 어떻게 이끌어 가는지 기술할 것이다. 그밖에 우리는 뛰어난 리더들의 부하들에 대해서 학습할 것이다.

학습 목표

- 뛰어난 리더십에 대한 여러 가지 사고방식들을 이해한다.
- 뛰어나 리더들이 어떻게 그리고 왜 뛰어난지 학습한다.
- 이 리더들을 누가 따르는지 그리고 왜 따르는지 알아본다.

카리스마적 리더십

우리가 논의할 뛰어난 리더십의 첫 번째 이론은 카리스마적 리더십이다. **카리스마적 리더십**charismatic leadership은 리더의 권위는 다른 사람들이 행동하도록 영감을 주는 리더의 능력과 함께 부하들이 그에 대해 갖고 있는 지각에서 온다고 한다. 그 이름이 암시하듯이 카리스마적 리더들은 카리스마를 갖고 있다. 부하들에게 그들의 모습이 비상하게 비쳐지고 리더에 대한 이런 지각이 사람들로 하여금 그를 따르게 동기화시킨다(Weber, 1947). 카리스마적 리더십의 이 정의를 이해하기 위한 열쇠는 지각이라는 단어이다. 카리스마적 리더의 부하들은 이 리더가 실제로 그 특성을 갖고 있느냐 하는 것과는 상관없이 어떤 특성을 갖고 있다고 생각한다. 이 지각은 리더의 행동과 리더의 비전에 의해 형성되거나 혹은 확대될 수 있다(Conger & Kanungo, 1998). 카리스마적 리더십에 대하여 일반적으로 사용되는 두 가지 사례로 존 F. 케네디와 루터 킹을 들 수 있다. 두 사람 모두가 그들의 추종자들이 영웅으로 생각하고 있고, 그들의 영향력은 대부분 감동을 주는 연설을 통한 미래 비전을 제시하는 능력에서 나온 것이다. 케네디의 우주 프로그램의 미래에 대한 연설이 한 가지 좋은 예다. 그는 달 착륙이라는 목표를 제시하여 사람들이 앞을 내다보고 이 목표를 성취하기 위해 노력하도록 영감을 주었다. 이 예는 카리스마적인 리더들이 그들의 추종자들을 어떻게 리드하는가 하는 논의를 하도록 해 준다.

> **카리스마적 리더십** 리더가 긍정적인 미래의 비전을 제시하고, 자신감이 높고, 정직하고 인자하게 보이며, 리더의 의제나 조직보다는 리더에게 충성하는 광범위하게 다양한 추종자들을 매료시키는 경향이 있는 리더십의 한 가지 유형

비전

카리스마적 리더십의 결정적인 한 가지 요인은 리더의 비전이다. 그의 추종자들에게 영감을 주기 위해 카리스마적 리더는 미래를 위한 매력적인 비전을 제시해야만 한다. 비전이 도대체 무엇인가? Strange와 Mumford(2002)는 **비전**vision을 어떤 이상적인 미래를 성취하기 위해 사람들이 어떻게 행동하고 상호작용해야 하는가에 대한 믿음으로 정의했다. 다시 말해서, 리더들은 미래에 대한 아이디어를 개발하고 이 이상적인 미래를 창조하기 위해 그와 그의 추종자들이 해야 하는 것을 결정한다. 우리는 루터 킹에게서 이에 대한 예를 볼 수 있다. 그는 모든 사람이 동등하게 대우받는 미래에 대한 비전을 제시하고 이 평등한 미래를 성취하기 위해 어떻게 행동해야 할 것인가에 대한 아이디어를 제시했다.

이제 비전의 개념을 알았으니 당신은 리더의 비전은 어디에서 오는가를 생각할 것이다. 카리스마적 리더는 자신의 주변에서 잘못된 점을 찾고 그것을 변화시키기 위한 적절한 기회를 포착함으로써 비전을 형성한다(Conger, 1999). 이 리더들은 그들이 지각하는 문제를 해결하는 데에 기초한 목표를 설정한다. 카리스마적 리더들은 이 문제들이 해결된다면 세상이 어떻게 될까 하는 **전망**forecasting이나 예측을 기초로 하여 비전을 세운다. 전망을 함으로써 리더는 미래에 어떻게 될 수 있는가 하는 그의 아이디어를 개선할 수 있다. 카리스마적 리더는 또한 변화를 위한 기회를 잘 알아야 한다. 그런 기회가 없다면, 의미 있는

> **비전** 어떤 이상적인 미래를 성취하기 위해 사람들이 어떻게 행동하고 상호작용해야 하는가에 대한 믿음
>
> **전망** 어떤 문제들이 해결된다면 어떤 세상이 될 것인가 하는 예측

변화를 일으킬 수 없기 때문에 비효과적인 리더로 보일 수 있다. 더구나 추종자들에게 그 리더의 비전이 비현실적으로 보일 수도 있다(Conger & Kanungo, 1998).

단순히 비전을 갖고 있는 것만으로는 다른 사람들을 동기화시키기에 충분하지 않다. 리더는 그 비전을 그의 추종자들에게 효과적으로 전달해야만 한다. 비전이 어떻게 전달되느냐 하는 것은 매우 중요하다. 사람들이 이해하지 못하는 미래에 대한 비전은 가치가 없다. 비전을 효과적으로 전달하기 위해 카리스마적 리더는 그의 추종자들에게 ① 기존 규범의 문제점, ② 그의 비전이 어떻게 다른가, ③ 그 비전이 왜 추종자들에게 중요한지, ④ 어떻게 그 비전을 성취할 것인가를 이해시킬 필요가 있다(Conger & Kanungo, 1998). 이런 방식으로 그의 목표를 전달함으로써 리더는 현재 이루어지고 있는 방식과는 다른 실제 대안을 제시할 수 있다. 간단하게 실질적인 대안을 제시하는 것으로 어떤 사람들이 리더를 따르도록 하기에 충분할 수 있다.

비전을 전달할 때, 카리스마적 리더는 또한 공감할 수 있는 시각을 반드시 제공해야 한다. 추종자들은 리더가 왜 세상에 대한 어떤 것들을 생각하는지 이해한다면 그 비전에 공감할 수 있다(Bass & Avolio, 1993). 만일 리더가 왜 어떤 문제가 해결되어야 하는지 설명할 수 있다면, 그 리더는 다른 사람들에게 그 문제점과 그 문제점에 대해 무언가 해야 된다는 것 모두를 인식시킬 수 있다. 만일 사람들이 리더와 변화의 필요성에 동참할 수 없다면, 그 리더는 추종자들을 매료시키기 어려울 것이다. 따라서 리더는 공감할 수 있는 관점을 전달해야 할 뿐만 아니라 다른 사람들을 고취하고 동기화시킬 수 있게 전달할 수도 있어야만 한다. 리더들은 그 비전에 대한 그들 자신의 동기와 헌신을 표현함으로써 그렇게 할 수 있다(House & Podsakoff, 1994). 자신감, 높은 수준의 에너지, 인내, 적극성을 나타냄으로써 리더는 그의 추종자들에게 동기와 헌신을 분명하게 보여 준다. 리더들은 또한 통상적인 일 처리 방식에 저항하는 것이 용인될 수 있다는 것을 추종자들에게 분명히 보여 주기 위해 비관습적인 행동을 나타냄으로써 다른 사람들에게 영감을 줄 수 있다. 동기와 헌신을 나타냄으로써 리더는 이런 느낌을 추종자들에게 확산시킬 수 있다.

만일 카리스마적 리더가 비전을 그의 추종자들에게 성공적으로 전달하게 되면, 어떤 영향을 미치게 될까? 그의 비전을 전달함으로써 리더가한 가지 변화시킬 수 있는 것은 문제가 존재하는가에 대한 사람들의 태도다(Petty & Cacioppo, 1981). 어떤 사람들은 그것을 리더의 관점에서 듣기 전에는 그것이 문제라고 생각하지 못하거나 별로 중요하지 않다고 생각했을 수 있다. 리더의 비전은 또한 추종자들에게 집단 정체감을 줄 수 있다(Shamit, House, & Authur, 1993). 이 비전은 사람들이 갖고 있는 개인차와는 상관없이 모든 사람들을 주위에 결집시키는 무엇이다. 만일 추종자들이 미래를 위한 공동 비전을 향해 일할 수 있다면, 그들은 자신의 이익보다는 집단의 이익을 위해서 일하는 경향이 있을 것이다. 이 비전 때문에 그 집단이 선택한 일이 크건 작건 관계없이 추종자들에게는 더큰 의미가 있다(Bennis & Nanus, 1985). 과제 그 자체로는 의미가 없어보일지라도, 리더의 비전을 성취하기 위한 것이라는 점에서 그것은 더 큰활동의 일부로 지각될 것이다. 이것은 추종자들에게 그 어떤 순간에 무엇을 하든지 동기화되는 이유가 될 것이다. 사실 커다란 비전에서 나오는 동기는 오래 지속될 수 있다(Berson, Shamir, Avolio, & Popper, 2001). 그 비전은 추종자들이 미래에 기대할 수 있는 무엇, 그들의 노력으로만 성취할 수 있는 무엇을 그들에게 준다. 우리는 케네디의 우주 프로그램에 대한 연설이 어떻게 작용하는지 다시 살펴볼 수 있다. 사람을 달에 보내는 것은 케네디 추종자들의 오랜 헌신이 요구되는 목표였다. 영감을 주는 미래에 대한 그의 비전은 그의 추종자들이 이 목표를 달성하기 위해 오랜 기간 지속적으로 노력을 하도록 해 주는 동기를 제공했다.

일단 추종자들이 카리스마적 리더의 비전을 믿으면, 리더는 그들을 그 비전과 관련된 목표를 달성하기 위해 노력하도록 할 필요가 있다. 카리스마적 리더가 그의 추종자들이 비전을 성취할 수 있게끔 성공적으로 행동하도록 하기 위해 반드시 해야 하는 두 가지가 있다. 그것은 추종자들의 신뢰를 다지는 것 그리고 그 목표를 달성하기 위한 방법을 보여 주는 것이다(Conger & Kanungo, 1998). 카리스마적 리더들은 여러 가지 방법으로 추종자들의 신뢰를 얻을 수 있다. 첫째, 리더는 비전의 목표가 자신을 위한 것이 아니라 추종자들을 위한 것이라는 것을 전달할 수 있다(Walster, Aronson, & Abrahams, 1966). 둘째, 그의 능력을 신뢰할 수 있는 합당한 이유를 보여 줌으로써 리더는 그 영역의 전문성을 나타낼 수 있다(Conger, 1989). 또한 리더는 이 비전을 성취하기 위해 노력함으로써 개인적인 위험을 감수하고 있다는 것을 보여 줄 수 있다(Friedlander & Walton, 1964). 만일 리더가 그 프로젝트를 위해서 개인적인 위험을 감수한다면, 추종자들은 그 비전을 달성하기 위한 리더의 헌신을 더 믿게 될 것이고 따라서 그들도 더 큰 헌신을 할 것이다. 일단 리더가 추종자들의 신뢰를 얻게 되면, 리더는 그 목표를 달성하기 위한 방법을 보여 주어야만 한다. 목표를 달성하기 위해 어떤 특정한 방식으로 행동함으로써 리더는 그의 추종자들에게 그 목표를 달성하기 위한 적절한 방법을 보여 준다(Conger & Kanungo, 1998). 다시 우리는 루터 킹의 예로 돌아간다. 그는 그의 추종자들에게 권위에 대한 저항을 평화롭게 할 수 있다는 것을 보여 주었다. 평화적 시위에 참여함으로써 루터 킹은 그의 추종자들에게 두 가지 — 이 방법이 가능하다는 것과 평화롭게 저항하는 방법 — 를 보여 주었다.

부하들에게 힘 부여하기

비전을 세우고 전달하는 것만이 카리스마적 리더들이 성공하기 위해 해야 하는 유일한 주요 활동이 아니다. 그들은 또한 부하들에게 힘을 부여해야만 한다(Bass & Avolio, 1998). **힘 부여하기**empowering란 리더가 부하들로 하여금 자신들의 능력과 그 집단에서 자신들의 중요성에 대한 자신감을 더 갖게 만드는 과정이다. 카리스마적 리더들은 부하들에게 **자기효능감**self-efficacy 혹은 주어진 활동을 수행하기 위한 자격이 있다고 믿는 정도를 높여 줌으로써 기본적으로 부하들에게 힘을 부여한다. 부하의 향상된 자기효능감은 리더에 대한 헌신과 목표를 달성하기 위해 헌신하는 수준을 증가시

> **힘 부여하기** 리더가 부하들이 자신의 능력과 그 집단에서 자신의 중요성에 대한 자신감을 더 갖게 만드는 과정
>
> **자기효능감** 자신이 어떤 특정한 활동을 수행하기 위한 자격이 있다고 믿는 정도

킨다(House & Shamir, 1993).

카리스마적 리더들은 부하의 자기효능감을 여러 방식으로 높일 수 있다. 한 가지 방식은 리더가 부하들에게 상황을 통제할 수 있는 더 많은 권한을 주고 관리나 지시를 덜 하는 것이다. 부하들이 문제를 해결할 때 통제할 수 있도록 해 줌으로써 스스로 문제를 해결하는 부하들의 능력을 리더가 믿는다는 것을 보여 준다. 이렇게 신뢰를 보여 주는 것은 부하들에게 그들 스스로 목표를 달성할 수 있다는 자신감을 더 갖게 한다(Burke, 1986). 리더가 부하들의 자기효능감을 증가시킬 수 있는 또 다른 방법은 설정된 목표를 달성하고자 하는 부하들의 능력에 대한 믿음을 보여 주는 것이다. 만일 부하들이 리더를 믿는다면 리더가 그들이 할 수 있다고 말해 주는 것만으로도 그들의 자기효능감을 증가시킬 수 있다(Conger & Kanungo, 1988). 마지막으로 리더가 비전에 대한 헌신을 표현함으로써 부하가 그 비전을 더 많이 수용하는 것과 마찬가지로 부하들이 그 목표를 달성하도록 힘을 부여하기 위해서 리더는 자신이 목표에 헌신한다는 것을 보여 줄 수 있다. 만일 리더가 헌신하는 것을 보여 준다면 그 목표가 달성 가능한 것이고, 리더가 목표를 달성하기 위해 그들을 믿고 있다는 것을 부하들 역시 믿게 될 것이다(Thomas & Velthouse, 1990).

부하들

우리는 카리스마적 리더들이 부하들을 어떻게 대하는가를 논의했지만, 부하들의 관점에서 이 주제를 아직 논의하지는 않았다. 사람들은 왜 리더를 따르는가? 무엇이 그들로 하여금 다른 사람이 아닌 카리스마적 리더를 따르게 하는가? 이 문제에 답하기 위해 우리는 먼저 어떻게 카리스마적 리더들이 나타나는가를 살펴볼 필요가 있다. 카리스마적 리더십이 나타나는 가장 일반적으로 인용되는 상황적 요인은 위기나 변화를 위한 기회이다(Beyer & Browning, 1999; Conger, 1993). 루터 킹과 존 케네디를 다시 생각해 보라. 두 사람 모두 중요한 변화가 일어날 수 있고 이미 일어나고 있던 사회적 변란 시기에 출현했다. 위기와 변화의 시기는 사람들로 하여금 지시와 안정을 주는 리더를 찾게 한다. 그들은 어떤 변화가 일어날 것이고 그 결과는 그들에게 이로울 것이라는 확신을 전해 주는 누군가를 원한다. 부하들에게 힘을 부여하는 것에 대한 논의를 다시 살펴보면, 카리스마적 리더들이 자신감을 심어 주는 경향이 있다는 것을 알 수 있다. 위기는 사람들로 하여금 리더를 찾도록 동기화시키는 것 외에 카리스마적 리더를 더 쉽게 받아들이는 시기이기도 하다. 카리스마적 리더가 제안하는 비전은 종종 급진적인 변화를 포함하고, 이 변화는 위기에 대중들이 더 쉽게 받아들일 수 있다(Roberts & Bradley, 1988). 마찬가지로 카리스마적 리더들은 그들이 더 잘 받아들여지는 때인 위기에 급진적인 비전을 더 제안하게 된다.

이제 어떻게 카리스마적 리더들이 출현하는가에 대해 이해하게 되었으니, 사람들이 그들을 따르는 이유를 살펴보자. 추종자들이 카리스마적 리더에게 매료되는 세 가지 기본적인 이유가 있다. 첫째는 리더가 제시하는 비전이다(Bass, 1985a). 앞에서 우리는 비전이 어떻게 추종자들을 끌어들이고, 리더의 목표를 위해 헌신하도록 동기화시키는지에 대해서 설명했다. 추종자들이 리더를 따르는 두 번째 이유는 리더의 성격이다

(Conger, 1989). 당신은 아마도 어떤 사람이 카리스마적이라고 하는 이
야기를 들은 적이 있을 것이다. 카리스마는 거의 항상 개인 간 상호작용
속에서 일어난다. 추종자들은 리더가 다른 사람들과 상호작용할 때 보여
주는 이 카리스마에 끌린다. 사람들이 카리스마적 리더들과 같은 사랑스
럽고 재미있는 사람들 주위에 있고 싶어 하는 것은 당연하다. 마지막으로
추종자들은 카리스마적 리더들로부터 인정을 추구하며, 이렇게 인정을
받고 싶어 하는 충동은 그들에게 추종하도록 동기화시킨다(Shamir et
al., 1993). 부하들에게 힘 부여하기에 대한 논의에서 우리는 카리스마적
리더들이 부하들의 자기효능감을 향상시키는 것을 보았다. 부하들의 자
기효능감이 리더에 의해 증가되듯이, 부하들은 그들의 높은 자기효능감
을 유지하기 위해 리더의 피드백에 의존하게 된다. 이것은 그 리더에 대
한 충성심과 리더를 기쁘게 하려는 동기를 증가시키는 결과가 된다.

그래서 카리스마적 리더에 매료된 결과, 추종자들은 그의 지시를 따르
는 것 외에 무엇을 하는가? 카리스마적 리더의 부하들이 나타내는 몇 가
지 행동들이 연구되었다. 첫째, 카리스마적 리더의 부하들은 종종 그들의
리더를 영웅으로 본다(Conger & Kanungo, 1998). 우리는 이것을 루터
킹과 존 케네디에게서 볼 수 있다. 추종자들은 카리스마적 리더를 대부분
의 사람들이 할 수 없는 특별한 능력을 갖고 있는 특별한 사람으로 생각
한다. 이 영웅 숭배는 카리스마적 리더의 추종자들에게서 공통적으로 볼
수 있는 두 번째 행동인 모방으로 나타난다(Shea & Howell, 1999). 추종
자들은 그들의 리더를 존중해야 하는 특별한 사람으로 보기 때문에 리더
와 같은 행동을 하려고 할 것이다. 마지막으로 카리스마적 리더의 추종자

들은 리더를 기쁘게 하려고 노력할 것이다(Shamir et al., 1993). 이것은 자기효능감과 리더의 인정을 추구하는 것에 대한 논의와 관련된다. 추종자들은 만일 그들이 리더를 기쁘게 하면, 그들의 자신감을 향상시키는 긍정적인 피드백을 받을 것이라고 느낀다. 추종자들이 자신들의 가치를 리더의 피드백에 더 많이 의존할수록 긍정적인 피드백을 보답받기 위해 리더를 기쁘게 해 줄 필요성이 더 커지게 된다.

변혁적 리더십

변혁적 리더십은 뛰어난 리더들에 대해 생각하는 또 다른 방법이며, 그것은 카리스마적 리더십 이론과 밀접한 관계가 있다. **변혁적 리더**transformational leaders는 부하들이 기대하는 것 이상으로 성취하도록 동기화시킬 수 있는 리더들이다(Conger, 1999). 변혁적 리더의 부하들은 그 리더의 확신 없이는 그들이 완수할 수 없다고 믿던 과제를 시도하도록 동기화된다. 사람들은 처음에는 그들이 할 수 없다고 생각했는데도 불구하고, 리더에 의해 동기화되어 이 과제를 시도하고 종종 성공한다. 변혁적 리더십은 리더에 의해 수행되는 네 가지 기본적인 행동에 의해 정의된다. ① 카리스마, ② 고무, ③ 지적 자극, ④ 개인적 배려(Bass, 1985a)가 그것이다. 이 각 요인들에 대하여 그리고 각 요인들이 변혁적 리더의 부하들에 미치는 영향에 대하여 논의하기 위해 우리는 다시 루터 킹과 존 케네디의 예를 사용할 것이다. 여기에서 카리스마적으로 분류된 많은 리더들이 변혁적으로도 분류된다는 것에 주목해야

> **변혁적 리더** 부하들이 기대하는 것 이상으로 성취하도록 동기화시킬 수 있는 리더

한다. 이것은 카리스마적 리더십과 변혁적 리더십 간의 관계를 보여 주는 데 도움이 되며, 많은 리더십 이론들이 뛰어난 리더십을 설명하기 위해 어떻게 사용될 수 있는지 보여 주는 데에도 도움이 된다.

카리스마

카리스마는 변혁적 리더십의 네 가지 특성들 중에서 가장 중요한 것으로 간주된다(Bass, 1985a). 카리스마는 종종 변혁적 리더들에게서 가장 즉각적으로 눈에 띄는 특성으로 인용된다. 사람들이 루터 킹과 존 케네디를 묘사할 때, 그들은 종종 그들의 개인적인 카리스마에 대해 먼저 이야기한다. 변혁적 리더십에서 **카리스마**charisma는 리더의 행동과 리더의 협동에 대한 부하들의 반응 모두에 의해 정의된다(Bass & Avolio, 1993). 카리스마적 행동의 한 예는 미래에 대한 비전을 제시하는 것이다. 변혁적 리더들이 나타내는 카리스마적 행동들은 카리스마적 리더들이 나타내는 행동들과 매우 흡사하다. 부하들로부터 나오는 반응 또한 여러 면에서 비슷하다.

　그렇다면 그 두 가지 리더십 유형은 어떻게 다른가? 카리스마적 리더의 카리스마와 변혁적 리더의 카리스마의 차이는 어디에 초점을 두고 영향을 미치는가에 있다. 변혁적 리더는 리더가 설정한 목표나 미션에 대한 부하들의 충성심과 확고한 생각을 고취하기 위해 그의 개인적인 카리스마를 주로 사용한다(Bass & Riggio, 2006). 부하들은 리더에 대한 충성심

> **카리스마** 다른 사람들로 하여금 그들이 비상하다고 생각하도록 만드는 개인의 성질. 이 생각이 리더들을 따르도록 동기화시킨다.

때문에 변화에 대한 리더의 아이디어를 더 잘 받아들이고, 그 미션과 연결된 확고한 생각 때문에 그들이 완수해야 하는 과제에 대해 지속적으로 흥분하게 된다. 리더에 대한 충성심과 미션에 대한 흥분을 고취시키는 것 외에 카리스마는 리더에 대한 신뢰감을 증가시킨다. 카리스마적 리더는 카리스마가 없는 리더보다 더 신뢰할 수 있게 보인다. 이 신뢰감이 부하들에게는 비현실적으로 보일 수 있는 목표를 리더가 설정할 수 있도록 해 준다. 비록 그 목표가 비현실적으로 보일지라도 부하들은 리더를 믿고서 어쨌든 그 과제를 시도한다. 존 케네디는 10년 이내에 사람을 달에 보낸다는 비현실적으로 보이는 목표를 설정했지만, 그의 부하들은 그를 신뢰했기 때문에 그것이 가능하다고 믿었다. 카리스마는 또한 리더에 대한 부하들의 존경심을 높여 준다(Bass & Riggio, 2006). 이것은 카리스마적 리더십에 대한 논의에서 리더를 영웅으로 이야기한 것과 비슷하다. 변혁적 리더의 카리스마 때문에 리더는 사람들이 모방하려고 애써야 하는 모습으로 생각된다. 그래서 사람들은 변혁적 리더들을 존경하고 모방하려 한다.

고무적 의사소통

고무적 의사소통inspirational communication은 변혁적 리더가 그의 부하들을 동기화시키는 방법이다. 부하들을 고무시키는 방법이 한 가지만 있는 것은

> **고무적 의사소통** 부하의 동기를 증가시키기 위한 정서적으로 강력한 진술이나 호소

아니지만, 고무시키기 위한 방법들은 기본적으로 감정에 호소한다(Bass & Riggio, 2006). 변혁적 리더는 고무적

의사소통을 사용하여 부하들의 감정을 불러일으킨다. 이것은 흔히 부하의 동기를 향상시키기 위해 정서적으로 강력한 진술이나 호소의 형식을 취한다(Rafferty & Griffin, 2004). 감정에 호소함으로써 변혁적 리더들은 부하들이 자신에 초점을 맞추기보다 공동 목표를 향해 일하도록 동기화시킬 수 있다(Bass, 1985a).

우리는 앞에서 카리스마적 리더들이 부하들을 고무시키기 위해 그들의 비전을 어떻게 사용하는가를 논의했다. 변혁적 리더들 또한 부하들과의 고무적 의사소통의 일부로써 미래를 위한 비전을 사용할 수 있다(Bass, 1999). 하지만 이것은 변혁적 리더가 그의 부하들을 고무시키기 위해 사용할 수 있는 유일한 방법은 아니다. 부하들의 동기를 향상시키기 위해 감정을 불러일으키는 모든 의사소통은 고무적 의사소통이라고 할 수 있다. 고무적 의사소통의 일반적인 예는 축구 코치가 그의 팀원들에게 게임 전에 격려를 하는 것이다. 그것의 목적은 축구 선수들이 그들의 잠재력을 충분히 발휘하고 팀을 위해 열심히 노력하도록 고무하는 것이다. 당신은 코치가 그 팀을 동기화시키기 위해 흥분, 동기, 자부심과 같은 정서를 일으키기 위해 어떻게 노력하는지 상상할 수 있을 것이다.

변혁적 리더는 더 큰 목표를 위해 각 부하의 역할이나 과제를 조화시키는 방법을 강조할 수 있다(Bass & Riggio, 2006). 부하들과 그들에게 설정된 목표를 달성할 수 있는 부하들의 능력에 대한 확신을 표현함으로써 리더들은 부하들이 과제를 완수하는 데 대한 동기와 그들의 확신을 증가시킬 수 있다. 부하들의 과제가 중요하다는 것을 강조함으로써 변혁적 리더는 그들의 일에 의미를 부여한다(Bass, 1985a). 이 의미는 부하들에게 주어진 일을 완수하기 위한 동기를 부여한다. 일을 완수하기 위한 부하들의 능력에 대하여 리더가 확신을 표현할 때, 이것은 부하들이 용기를 갖고 어려움에 대처해 나갈 수 있도록 해 준다. 변혁적 리더가 도전적인 목표를 제시할지라도 부하들은 그 리더에 대한 신뢰가 있기 때문에 그것을 성취할 수 있다고 믿을 것이다(Bass, 1985a).

지적 자극

우리는 변혁적 리더가 어떻게 부하들이 문제를 해결하도록 고무하는가를 살펴보았다. 그런데 처음에 어떻게 그 부하들이 그 문제를 인식하게 만들 수 있었을까? 이 지점에서 지적 자극의 역할이 중요하다. 변혁적 리더들은 부하들이 문제와 가능한 해결책을 알도록 하기 위해 **지적 자극** intellectual stimulation을 사용한다(Bass, 1985a). 부분적으로 이것은 부하들로 하여금 문제에 대해 그들이 생각하는 방식을 바꾸도록 하는 것이다. 부하들이 문제를 다르게 생각하기 시작할 때, 처음에는 분명하게 보이지 않았던 해결책을 찾을 수 있다. 이것은 해결할 수 없을 것 같은 문제를 훨씬 쉽게 보이게 할 수 있다.

지적 자극　부하들로 하여금 문제와 가능한 해결책을 알도록 만드는 과정. 부하들로 하여금 문제에 대해 그들이 생각하는 방식을 바꾸도록 하는 것

재구성　문제를 다른 상황에 두거나 다른 방식으로 보는 행위

변혁적 리더들이 부하들을 지적으로 자극하기 위해 사용하는 기본적인 세 가지 방법이 있다. ① 재구성, ② 가정을 의심하기, ③ 비관습적인 방법(Bass & Avolio, 1994)이 그것이다. **재구성** reframing은 문제를 다른 상황에 두거나

다른 방식으로 보는 것이다. 본질적으로 리더는 문제에 대해 그들이 묻고 있는 질문을 바꾸고 있는 것이다. "이 사업이 왜 잘 안 되고 있는가?"라는 질문은 "이 사업이 잘 하고 있는 것이 무엇인가?"라는 질문과는 매우 다르다. 하지만 그 질문들이 다를지라도 만일 한 사업의 성과를 향상시키는 것이 궁극적인 목표라면 두 질문 모두가 유용하다. 문제에 대한 가능한 질문들 중에서 한 가지 질문에만 초점을 맞추는 것은 가능한 해결책을 제한할 수 있다. 문제를 재구성함으로써 리더는 부하들이 다른 경로에 의해 해결책에 도달하도록 격려할 수 있다(Bass & Avolio, 1994).

가정 의심하기questioning assumptions는 부하들을 지적으로 자극하기 위한 또 다른 방법이다. 리더가 부하들에게 그들이 가지고 있는 가정을 의심하라고 하는 것은 문제에 대해 갖고 있는 그들 자신의 믿음에 도전하라는 것이다(Bass & Riggio, 2006). 예를 들어, 라이트 형제가 비행기에 대한 아이디어를 발전시키기 위해서는 인간은 날 수 없다는 가정에 도전해야만 했다. 마찬가지로 변혁적 리더들은 부하들이 사실이라고 생각하고 있는 것을 의심해 보라고 한다. 부하는 그 문제에 대하여 알고 있는 어떤 사실 때문에 그 문제는 해결 불가능하다고 생각할 수 있다. 만일 리더가 그 사실을 의심한다면, 부하는 그 문제를 해결하기 위한 또 다른 방식을 찾아 보고 그 문제에 대한 가정이 잘못됐다는 것을 알게 된다. 변혁적 리더는 부하들이 그들의 사고방식에 도전함으로써 문제를 새로운 방식으로 보는 생각을 하게 만든다.

비관습적인 방식을 사용하는 것은 재구성이나 가정 의심하기와 비슷하

가정 의심하기 문제에 대한 믿음에 도전하는 과정

다. 그것은 부하들에게 문제에 대한 새로운 해결책을 생각해 내도록 하기 위하여 새로운 방식을 사용하도록 자극한다. 변혁적 리더가 **비관습적 방법**unconventional methods을 사용할 때, 그는 일반적으로는 그 유형의 문제와 연상이 되지 않는 문제 해결 방법을 사용하도록 격려한다(Bass & Riggio, 2006). 비관습적 방법을 사용하면 원래 생각되지 않았던 해결책이나 이전에 사용했던 것보다 더 효율적인 해결책을 찾을 수 있다. 언젠가 한 변혁적 리더가 그의 직원들에게 망치를 사용하지 않고 나무판에 못을 치는 방법을 찾아보라고 말했다. 해결책을 찾기 위해 강제적으로 비관습적인 방법을 사용하도록 함으로써 못총nail gun과 같은 더 효율적인 해결방식을 생각해 낼 수 있었다.

이 세 가지 방식 모두 부하들이 문제 해결하는 것을 돕기 위해 기본적인 두 가지를 사용한다(Bass, 1985a; Bass & Avolio, 1994). 문제에 대해 다른 방식으로 생각하도록 강요함으로써 부하들은 문제와 그 문제의 원인이 무엇인지 더 깊이 살펴보아야만 할 것이다. 이것은 부하들에게 가장 분명한 한 측면만이 아니라 문제의 모든 측면을 고려할 수 있도록 해 준다. 부하들을 지적으로 자극하는 이 방법들은 또한 부하들이 문제 해결을 위한 대안적인 방법을 더 많이 깨닫도록 한다(Bass, 1985a; Bass & Avolio, 1994). 각 방법은 부하들이 리더의 격려가 없었다면 그들이 생각해보지 않았을 해결 방식을 생각하도록 해 준다. 이 방법들은 또한 리더가 부하들이 정상적인 방식으로 일을 하는 것에만 고착되지 말고 문제들을 생각해 보기를 원한다는 것을 부하들에게 분명하게 인식시켜 준다. 이런 확신이 없다면 부하들은 리더로부터 그 결과에 대한 책임을 묻는 것이 두려워 지적 자극에 의한 유형의 사고를 하지 않을 것이다.

개인적 배려

변혁적 리더십의 마지막 측면은 개인 적 배려다. **개인적 배려**individual considera-tion는 변혁적 리더가 부하들의 개성을 존중해 주고 그들의 개인적인 요구에 반응하는 것을 말한다(Bass, 1985).

> **개인적 배려**   부하들의 개성을 존중해 주고 그들의 개인적인 요 구에 반응하는 과정

이 배려가 표현되는 구체적인 방식은 여러 가지일 수 있다. Bass는 처음 에는 부하들을 개발하려는 리더의 노력에 초점을 맞추었지만, 후에 Avolio와 Bass(1995)는 부하들에 대한 리더의 일반적인 지지에 초점을 맞추었다. 여기에서 우리는 Bass의 개인적 배려에 대한 초기 정의와 부 하들을 개발하기 위한 변혁적 리더의 노력에 초점을 맞출 것이다.

부하들을 개발하기 위해 변혁적 리더가 사용하는 과정은 다단계 과정 이다. 첫째, 리더는 새로운 기술을 개발하기 위해 각 부하의 기술과 잠재 력을 사정해야만 한다. 한 사람이 갖고 있는 기술뿐만 아니라 미래에 학 습할 수 있는 기술에 초점을 둠으로써 리더는 각 개인이 할 수 있는 것을 기초로 과제를 배당할 수 있다(Bass, 1985a). 변혁적 리더는 그들의 현재 기술로 수행할 수 있는 과제, 미래를 위해 그들의 기술을 개발하는 데 도 움이 될 과제, 리더의 전반적인 목표를 달성하기 위해 필요한 것을 충족 시키는 과제를 배당할 것이다.

변혁적인 리더는 부하들의 개인적인 능력을 고려함으로써 부하들로부

터 더 많은 신뢰를 받게 되고 배당받은 의무를 더 효과적으로 수행할 수 있도록 부하들을 개발한다. 부하들은 리더가 그들을 개인적으로 생각하고 중요하게 배려한다고 믿을 때, 리더에 대한 강한 신뢰감과 애착을 가지게 된다(Bass, 1985). 리더를 존경하기 때문에 그들에 대한 리더의 개인적인 배려는 그들의 자신감을 높여 주고 리더의 목표를 향해 일하도록 하는 동기를 높여 준다. 리더의 부하에 대한 개인적 배려는 그들의 기술 개발도 향상시킨다(Bass, 1985). 부하들은 더 많은 기술을 개발하면서 주어진 과제를 더 성공적으로 완수할 수 있다. 이것은 리더가 그의 전체적인 목표를 더 잘 달성할 수 있도록 해 준다.

진정한 리더십

뛰어난 리더십에 대하여 더 최근에 개발된 접근은 진정한 리더십 이론이다. **진정한 리더십**authentic leadership은 리더의 개인적인 신념과 가치관과 일치하는 리더십이다(Avolio, Gardner, Walumbwa, Luthans, & May, 2004). 이 리더들은 개인적인 신념에 따라 행동하고 그 행동이 그들이 진술한 가치와 일치하기 때문에 부하들로부터 신뢰를 얻는다. 진정한 리더들은 그들이 하고 있는 것을 믿으며 부하들은 자연스럽게 리더의 행동을 믿게 된다. Shamir와 Eilam(2005)은 진정한 리더의 부하들을 **진정한 부하**authentic followers라고 기술한다. 이들은 자신이 깊이 간직하고 있는 신념과 가치관이 리더의 신념, 가치관과 일치하

> **진정한 리더십** 리더의 개인적인 신념과 가치관을 기반으로 하는 리더십
> **진정한 부하** 개인적인 신념과 가치관 때문에 리더를 따르는 사람

기 때문에 리더를 따른다. 진정한 리더들은 자신의 개인적인 이익보다는 다른 사람들의 이익을 위해 리드한다고 흔히 생각된다(George, 2003). 진정한 리더들은 그들의 행동이 모든 사람들의 이익을 위한 것이며, 그들이 리드하는 목표는 무엇이 옳은가 하는 개인적인 생각에 기초해서 사람들의 삶을 개선하기 위한 것이라고 믿는다. 우리는 진정한 리더에 대하여 이야기할 때에도 루터 킹의 예를 사용할 수 있다. 마하트마 간디도 진정한 리더의 한 예로 자주 인용된다. 루터 킹과 간디 모두 개인적으로 옳고 그름에 대한 믿음을 기초로 하는 리더로서 일했다. 우리는 진정한 리더십을 구성하는 다섯 가지 측면을 논의할 것이다. ① 긍정적인 태도, ② 윤리, ③ 자기인식, ④ 자기조절, ⑤ 솔선수범이 그것이다(Avolio & Gardner, 2005). 그다음에 우리는 진정한 리더의 부하들의 특성을 논의할 것이다.

진정한 리더십의 첫 번째 측면은 리더의 긍정적인 태도이다. 이것은 리더의 자신감, 희망, 탄력성, 낙관주의로 구성된다(Luthans & Avolio, 2003). 자신감 혹은 무엇을 성취하기 위한 자신의 능력에 대한 믿음을 보여 줌으로써 리더는 부하들의 신뢰 수준을 향상시킬 수 있다. 또한 부하들의 능력에 대한 자신감을 보여 주는 것은 부하들의 동기와 자신감을 높여 준다. 진정한 리더들은 또한 희망을 보여주고 부하들이 희망을 잃지 않도록 한다. **희망**hope은 과제나 목표가 현실적으로 이루어질 수 있다는 동기의 긍정적인 기분이다. 과제를 성공적으로 완수한다는 희망은 부하들이 그 과제에 쏟는 노력을 증가시킨다. 진

> **희망** 과제나 목표가 현실적으로 이루어질 수 있다는 동기의 긍정적인 기분

탄력성 실패나 부정적인 결과에
대처하는 능력

낙관주의 사건이나 행동이 긍정
적인 방향으로 작용할 것이라는
기대

윤리 옳고 그름에 대한 개인적
인 믿음

자기인식 자기 자신의 가치관,
정체성, 정서, 동기에 대한 인식

정한 리더의 **탄력성**resilience은 후퇴나 부
정적인 결과에 대처하는 능력이다
(Luthans & Avolio, 2003). 진정한 리
더들은 탄력성이 매우 높고 실패를 효
과적으로 대처할 수 있기 때문에 그들
은 부하들의 신뢰를 불러일으킨다. 진
정한 리더의 긍정적인 태도의 마지막
성분은 낙관주의이다. **낙관주의**optimism는 사건이나 행동이 긍정적인 방향
으로 작용할 것이라는 기대이다(Seligman, 1998). 높은 수준의 낙관주의
는 성공적인 리더십을 위해 부하들의 동기, 수행, 사기를 높여 준다
(Seligman, 1998).

진정한 리더십의 다음 측면은 리더의 도덕성 혹은 윤리다. **윤리**ethics는
옳고 그름에 대한 개인적인 믿음이다. 진정한 리더는 이 믿음에 기초해서
결정한다. 진정한 리더의 개인적인 윤리적 코드는 시간이 지나면서 부하
들도 분명히 알게 된다. 리더의 결정이 이 윤리적인 코드에 일치하는 정
도가 부하들로부터 받는 존경과 신뢰 수준을 결정한다. 만일 리더의 행동
이 그 윤리와 불일치하면, 부하들은 그 리더에 대한 신뢰를 잃을 것이다.

진정한 리더십에 결정적인 것이 자기인식의 개념이다(Luthans &
Avolio, 2003; Ilies, Morgeson, & Nahrgang, 2005; Shamir & Eilam,
2005). **자기인식**self-awareness은 진정한 리더가 그의 가치관, 정체성, 정서,
동기를 알고 있는 정도이다. 진정한 리더는 높은 수준의 자기인식을 갖고
있어서 그의 개인적인 가치관과 목표에 부합하는 자신감을 갖고 결정을

한다. 리더 자신의 **가치관**values 혹은 무
엇이 바람직한가에 대한 개인적인 의
견에 대한 자각이 아마도 자기인식에
서 가장 중요할 것이다. 만일 진정한 리
더가 자신이 무엇을 중요하게 생각하
는지 모른다면 무엇을 성취하기 위해
노력할 것인가에 대한 확신이 없을 것
이다.

> **가치관** 어떤 주어진 상황에서
> 무엇이 바람직한가에 대한 개인
> 적인 의견
> **자기조절** 개인이 가치관에 맞도
> 록 목표와 행동을 부합시키는 과정
> **내적 기준** 목표와 행동이 어느
> 정도로 가치관과 일치해야 하는
> 가에 대한 개인적인 제한

자기조절

자기조절self-regulation은 개인이 가치관에 맞게 목표와 행동을 부합하도록
하는 방식이기 때문에 그것은 진정한 리더에게 있어서 내재적인 과정이
다(Avolio & Gardner, 2005). 자기조절은 다음과 같은 세 단계로 구성
된다. ① 내적 기준 설정, ② 불일치 찾기, ③ 불일치 처리하기(Stajkovic
& Luthans, 1998). 첫째, 진정한 리더는 목표와 행동이 어느 정도로 가
치관과 일치해야 하는가에 대한 개인적인 제한을 뜻하는 **내적 기준**internal
standards을 정해야만 한다. 만일 리더의 내적 기준이 그가 하고 있는 것과
부합하지 않으면, 그 불일치는 해소되어야만 한다(Gardner, Avolio,
Luthans, May, & Walumbwa, 2005). 보통 불일치를 해소하기 위해 두
방법 중 하나가 사용된다. 리더가 ① 행동을 변화시키거나 ② 리더의 내
적 기준을 변화시킨다.

솔선수범

부하들에게 영향력을 미치기 위해 진정한 리더들이 사용하는 기본적인 방법은 예를 제시하거나 모델로 행동하는 것이다(Gardner et al., 2005; Ilies et al., 2005). 진정한 리더의 긍정적인 태도에 대한 여러 가지 성분들을 논의할 때, 당신은 이 여러 가지 측면이 부하들이 리더를 관찰함으로써 부하들에게 전달되는 것을 보았을 것이다. 예를 들어, 희망을 보여주는 리더 주위에서 시간을 보내는 부하들은 더 희망적으로 되는 경우가 많다. 이것은 대리 학습 혹은 본보기 학습의 예다. 좋은 본보기가 되는 사람은 높은 신뢰성, 진실성, 신망을 보여 주어야 하기 때문에(Bandura, 1997) 진정한 리더들은 특히 부하들을 위한 좋은 모델이 될 수 있다. 진정한 리더들은 부하들에게 이 모든 특성들을 갖고 있는 것으로 보이기 때문에 부하들은 진정한 리더들을 닮기 위해 노력해야 하는 본보기로 삼아 존경한다.

부하들

우리는 이미 진정한 리더십의 다른 측면들이 부하들에게 미치는 효과를 논의했으며, 따라서 여기서는 부하들이 왜 진정한 리더들에게 매료되는가에 초점을 맞출 것이다. 진정한 리더들은 많은 이유로 부하들에게 매력적이다. 첫째, 진정한 리더들은 부하들이 발달하도록 돕는다. 진정한 리더는 부하들의 기술과 진정성 둘 다 개발한다(Gardner et al., 2005). 진정한 리더들의 부하들은 리더들을 가치 있는 본보기로 생각하며, 따라서 부하들도 마찬가지로 진정한 사람이 되기 위해 노력하고 싶어 한다. 진정한 리더는 종종 무엇이 되고 어떻게 행동하는가 하는 본보기가 되는 것만 으로도 부하들을 발달시킨다(Gardner et al., 2005). 진정한 리더들은 또한 우리가 긍정적 태도에 대해 논의했듯이, 부하들에게 희망과 긍정적 정서를 불러일으킨다. 마지막으로 진정한 리더들은 부하들에 의한 높은 수준의 신뢰를 받는다. 진정한 리더들의 가치관과 행동이 분명히 일치하 기 때문에 부하들은 리더를 깊이 신뢰할 수 있다고 본다(Avolio et al., 2004). 그래서 진정한 리더가 진정하지 못한 리더보다 더 매력적으로 보 인다.

카리스마적 리더십, 이념적 리더십, 실용적 리더십

우리가 논의할 뛰어난 리더십의 마지막 이론은 Mumford와 동료들에 의 해 최근에 개발된 또 다른 개념이다. 이 이론은 카리스마적 · 이념적 · 실 용적 리더십이라는 세 가지 유형의 리더십으로 구성되어 있다. 이 이론은 한 가지 유형의 뛰어난 리더십이 있는 것이 아니라, 뛰어난 리더가 되기 위한 여러 가지 방법이 있다는 아이디어를 보여 준다. 하지만 그 유형들 은 모두 효과적인 잠재력을 갖고 있지만, 그들이 끌어들이는 부하들의 유 형을 포함하여 여러 방식에서 다르다. 세 가지 유형의 리더들 간 차이를 여기에서 논의한다. 세 가지 유형의 뛰어난 리더들 모두가 큰 성공을 하 는 것이 가능하지만 그 리더와 그가 처한 상황이 조화를 이루어야만 한다 는 조건이 따른다. 카리스마적 리더십 모델은 뛰어난 리더십은 위기 시에 나타나는 경향이 있다고 주장한다.

카리스마적 리더십

이 이론의 첫 번째 유형의 리더십은 이제 익숙하게 들릴 것이다. 그것은 바로 카리스마적 리더십이다. 다음에 언급하는 많은 정보들은 이 장의 앞에서 이야기한 리더들과 비슷하다. 카리스마적 리더들은 그들이 제시하는 미래에 대한 비전을 통해서 부하들에게 영향을 미친다(Conger & Kanungo, 1998). 카리스마적 리더들은 다른 뛰어난 리더 유형들과 같이 위기에 나타난다. 카리스마적 리더들은 일반적으로 사람들이 급박한 위기에 대한 강한 정서적 연결을 가질 때 그리고 그 위기가 같은 방식으로 대부분의 사람들에게 영향을 미칠 때 나타난다(Mumford, Scott, & Hunter, 2006). 카리스마적 리더들은 부하들의 정서에 호소하며, 그것은 강한 정서적 성분들을 가지고 있는 위기 시에 가장 효과적이라는 의미다.

카리스마적 리더들은 이 이론에 의하면, 미래에 강한 초점을 맞추고 있다. 카리스마적 리더는 기본적으로 미래에 대한 그의 비전을 사용하여 영향력을 미친다. 카리스마적 리더들은 미래에 대한 간단한 일반적인 비전뿐만 아니라 세상을 긍정적으로 변화시키는 데 초점을 둔 구체적인 목표도 갖고 있다(Keane, 1996). 카리스마적 리더는 비록 그가 사건을 변화시키지 못할지라도 그것이 가능하다고 굳게 믿는다. 그들이 자신들과 다른 사람들을 위해 설정하는 목표는 이 변화를 일으키려는 노력에 바탕을 두고 있다. 위기 시에 카리스마적 리더는 그의 비전을 기초로 해서 많은 집단들이 함께 일하도록 동기화시킬 수 있다(Shamir et al., 1993). 카리스마적 리더의 미래에 대한 비전은 대개 복잡한 여러 가지 변화를 포함하고 있기 때문에 비전의 각 부분들에 따라 다양한 집단들에 호소력이 있다. 그래서 평상시에 함께 일하지 않던 집단들이 공동 목표를 위해 함께 할 수 있게 된다. 리더의 비전은 또한 집단의 새 구성원들에게 정체감을 제공할 수 있다(Mumford, Scott et al., 2006). 집단은 리더의 비전에 기초해서 그들의 정체감을 갖게 되고 이로 인해 새로운 구성원들이 비교적 쉽게 참여할 수 있다. 이것은 그 집단이 하나의 정체감으로 한 단위로 기능하면서 집단의 크기가 빨리 커질 수 있도록 해 준다.

　카리스마적 리더의 부하들은 기본적으로 리더의 미래에 대한 비전에 매료된다(Conger & Kanungo, 1998). 다시 루터 킹과 존 케네디의 예를 보면, 우리는 이 리더들이 일관성 있게 부하들을 동기화시키고 고무하기 위해 미래에 대한 긍정적인 비전을 사용한 것을 알 수 있다. 한 리더의 개인적인 카리스마는 부하들의 호감을 산다. 부하들은 그에 대한 존경 때문에 가능한 한 카리스마적 리더와 비슷하게 행동하려고 애쓸 것이다. 리더와 비슷하게 행동하는 것 외에 부하들은 리더의 인정을 얻기 위해 애쓸 것이다. 이런 부하들은 리더를 존경하기 때문에 리더가 어떤 형식으로라도 인정을 해 주면 그들의 자기가치감은 높아진다.

이념적 리더십

이념적 리더십ideological leadership은 카리스마적 리더십과 같이 그의 부하들에게 비전을 제시하는 리더십이다. 하지만 이 비전은 미래가 아니라 과거에 기반을 둔다(Strange & Mumford, 2002).

> **이념적 리더십** 리더가 이상적인 과거 상태로 돌아가려는 욕구를 표현하는 경향이 있고 리더가 갖고 있는 가치 체계와 비슷한 가치 체계를 갖고 있는 고도로 헌신적인 부하들로 구성된 작은 집단을 매료하는 리더십 유형

이념적 리더들은 또한 부하들에게 정서적으로 영향을 받는 위기 시에 가장 많이 나타나는 경향이 있다. 하지만 이념적 리더들에게 그 위기는 대개 갈등 상황으로, 전쟁이 좋은 예가 된다. 이념적 리더를 탄생시키는 위기는 종종 그 위기의 영향을 받는 사람들에게 오래 지속되는 부정적인 감정으로 남는다. 한 가지 예를 들면, 전쟁 때문에 어떤 지역에서는 오랜 기간 음식물 부족이 문제가 될 수 있다. 전쟁은 빨리 끝날 수 있겠지만, 그 여파는 부정적이고 오래 지속된다. 이념적 리더들은 또한 공통적으로 강한 전통이 있는 문화 속에서 나온다. 이런 문화는 행동에 대한 분명한 규칙과 절차를 가지고 있고 전통이 활발하게 살아있지만 문화적 다양성은 거의 없는 문화를 의미한다(Mumford, Scott et al., 2006). 일반적으로 이념적 리더들로 인용되는 두 사람의 예는 블라디미르 레닌과 조지 W. 부시이다. 둘 다 그들 문화에 대한 강한 부정적인 감정을 초래한 갈등의 시기에 리더로 출현했다. 레닌의 경우, 그를 둘러싼 문화가 분명하게 정의되어 있었다. 조지 W. 부시의 경우 그 문화는 9.11 테러 공격 후에 훨씬 더 명백해지면서 애국심을 고조시켜 권력을 차지하게 했다.

이념적 리더들은 사람들이 갖고 있는 과거에 대한 긍정적인 감정에 호소함으로써 과거에 초점을 둔 비전을 제시한다. 이념적 리더들은 세상의 문제를 해결하기 위해서 유지되거나 다시 소개될 필요가 있는 과거의 가치관과 전통과 관련하여 그들의 비전을 제시한다(Strange & Mumford, 2002). 그들은 일차적으로 현재 문제에 초점을 맞추고 전통적인 방법을 사용하여 이 문제들을 해결하는 것을 중심으로 그들의 목표를 정한다(Mumford, Scott et al., 2006). 과거에 초점을 맞추어 위기를 해결하려는 이념적 리더의 주장은 그 당시의 상황에 친숙한 개인들에게는 더 흥미롭다. 그러므로 만일 누군가가 음식물 부족이 어떤 방식으로 해결된 것을 경험했다면, 그 방법을 다시 사용하는 아이디어는 그들에게는 익숙하지 않은 새로운 방식에 초점을 맞추는 것보다 더 호소력이 있다. 이념적 리더들은 또한 개인들에 의해서가 아니라 외적인 힘에 의해 일차적으로 사건이 발생한다고 믿는다. 이것은 이념적 리더들이 개인들을 바꾸기보다는 정부를 바꾸는 것과 같은 큰 변화에 초점을 둔다는 것을 의미한다 (Mumford, Scott et al., 2006).

마지막으로 이념적 리더들은 전통과 전통적 가치관을 강력하게 지지한다. 이것은 같은 가치관을 갖고 있는 사람들에게 호응을 얻지만(Barreto, Spears, Ellemers, & Shahinper, 2003) 그 가치관을 공유하지 않는 개인들은 소외시킬 수 있다. 이것은 이념적 리더들은 종종 양극화시키는 인물이라는 것을 의미한다. 그들은 부하들 사이에서 최고의 인기를 누리지만 어떤 부하들에게는 증오의 대상이 되기도 한다. 이념적 리더들의 부하들은 그들의 정체성과 집단 정체성을 리더가 지지하는 전통적인 가치관을 중심으로 형성한다. 이 부하들은 그들이 동일시하는 가치관과 전통을 유지하고 지지하는 강한 동기를 갖고 있다(Post, Ruby, & Shaw, 2002). 일반적으로 위기가 더 오래 지속될수록 리더가 전통에 초점을 두는 것이 그 문화 속의 사람들에게 더 호소력이 있을 것이다(Mumford, Scott et al., 2006).

실용적 리더십

마지막으로 우리가 논의할 리더십 유형은 **실용적 리더십**pragmatic leadership 이다. 실용적 리더들은 뛰어난 문제 해결자들이다(Mumford & Van Doorn, 2001). 실용적 리더는 위기 속에서 문제를 확인하고, 분석하고 해결하는 전문가다. 카리스마적 혹은 이념적 리더와는 다르게 실용적 리더는 비전을 가지고 있지 않다. 대신에 현재 문제와 그것을 해결하는 방법에 초점을 둔다. 때문에 실용적 리더들은 객관적인 해결방법이 있는 특수한 문제가 있을 경우에 더 잘 나타나는 경향이 있다. 그들은 또한 직면한 문제에 대하여 사람들이 덜 감정적으로 반응할 때 더 잘 나타나는 경향이 있다(Mumford et al., 2005). 실용적 리더의 고전적인 예는 벤자민 프랭클린이다(Mumford & Van Doorn, 2001). 그는 선동적인 연설이나 부하들을 동기화시키는 능력보다 문제를 해결하는 뛰어난 능력의 소유자로 더 알려져 있다. 그는 복잡한 문제를 고심하고 해결할 수 있었기 때문에 위대한 리더로 간주된다.

실용적 리더는 과거나 미래보다는 현재에 초점을 둔다. 이것은 미래와 과거에 초점을 두는 것은 실용적 리더가 현재의 문제를 해결하는 데에 도움이 되지 않기 때문이다. 오히려 실용적 리더는 현재와 현재 해결될 수 있는 구체적인 위기의 측면들에 초점을 맞춘다(Mumford & Van Doorn, 2001). 실용적 리더는 또한 문제를 해결하기 위해 필요한 경우를 제외하고는 목표와 변화에 초점을 거의 맞추지 않는다. 문제 해결을 위해 분명히 필요

> **실용적 리더십** 이념적 입장을 충실하게 따르거나 신봉하는 것보다 지식 관리, 전문성, 문제 해결, 합의 구축을 강조하는 리더십 유형

한 것이 아니라면 변화는 실용적 리더에게는 불필요한 것으로 보인다. 실용적 리더들은 문제를 해결하려고 할 때 문제의 객관적인 면을 보기 때문에 문제에 따라 통제될 수 있는 수준이 다르다고 믿는다. 이것은 문제에 대한 해결책을 찾는 데 있어서 그들을 카리스마적 리더와 이념적 리더들보다 더 융통성을 발휘하도록 해 준다(Mumford, Scott et al., 2006).

실용적 리더들은 또한 위기에 대처하는 해결책을 생각할 때 가능한 한 긍정적 결론과 부정적 결론의 균형을 이루려고 애쓴다(Mumford & Van Doorn, 2001). 다시 말해, 실용적 리더들은 문제에 대한 완벽한 해결책만을 추구하지 않기 때문에 이념적 리더와 카리스마적 리더보다 더 융통성이 있을 수 있다. 실용적 리더들은 모든 사람들을 완전히 만족시키지 못하더라도 주어진 상황을 가장 잘 해결할 수 있는 방안을 받아들일 것이다. 이것은 카리스마적 리더와 이념적 리더가 그들의 가치체계에 동의하는 사람들에게서만 지지를 받은 것과는 달리 실용적 리더가 더 많은 사람들로부터 지지를 얻을 수 있다는 것을 의미한다. 그들은 또한 다양한 집단의 사람들과 더 쉽게 일할 수 있고 해결책을 찾기 위해 필요하다면 타협을 하려고 한다. 마지막으로 그들은 어떤 행동이 가장 큰 변화를 일으킬 수 있는지 그리고 그 변화가 누구에게 이로울 것인지 더 잘 확인할 수 있다(Thomas & McDaniel, 1990). 따라서 그들은 부하들에 대한 현실적인 기대를 할 수 있고 그것은 리더로서 그들을 신뢰하는 데 도움이 된다.

실용적 리더의 부하들은 문제를 해결할 때 리더가 과거에 했던 방식에 가장 호감을 갖는다(Mumford & Van Doorn, 2001). 만일 실용적 리더들이 지속적으로 문제를 해결할 수 있으면, 그들은 부하들로부터 신뢰를 쌓게 될 것이다. 실용적 리더들이 문제를 해결하지 못할 때마다 부하들과의 관계는 그만큼 나빠질 것이다. 사람들이 실용적 리더를 따르려고 하는 의지는 거의 전적으로 객관적인 결과에 기초한다. 실용적 리더십이 부하들을 매료시키는 또 다른 측면은 다양한 관점에 귀를 기울이려고 하는 실용적 리더들의 의지다. 이것은 다양한 집단들에게 자신들이 귀중하며 리더가 제시하는 모든 해결책에도 자신들의 관심사가 반영된다고 느끼게 해 준다. 실용적 리더들의 부하들은 두 가지 중요한 기능을 가지고 있다. 첫째, 그들은 문제를 해결하기 위해 자신들의 아이디어를 내고 주장한다(Mumford & Licuanan, 2004). 둘째, 그들은 다른 사람들에게는 애매한 문제에 대하여 창의적인 해결책을 더 생성한다(Mumford & Licuanan, 2004). 이것은 실용적 리더의 부하들이 카리스마적 혹은 이념적 리더의 부하들보다 문제에 대한 최종 해결에 있어서 더 직접적인 영향력을 가지고 있다는 것을 의미한다.

요약

이 장에서 우리는 뛰어난 리더십에 대해 생각하는 여러 가지 방법이 있다는 것을 보았다. 카리스마적 리더들은 미래에 대한 비전을 사용하여 부하들을 고무하는 리더들이다. 그들의 목표는 종종 이 비전을 축으로 하고 있으며, 부하들에게 그 목표를 향해 일하도록 한다. 변혁적 리더들은 미래를 위한 비전을 갖고 있다는 점에서 카리스마적 리더들과 비슷하다. 변혁적 리더들이 다른 점은 부하들을 고무하고, 지적으로 자극하고, 개인적으로 배려하려는 그들의 욕구다. 비전보다 부하에 초점을 두는 것이 변혁적 리더들을 구분 짓는 것이다. 다른 한편으로 진정한 리더들은 다른 사람들을 이끌어 가면서 자신과 자신의 가치관에 진실한 것에 초점을 둔다. 그들의 부하들은 이 진정성 때문에 그들을 신뢰한다. 우리는 카리스마적, 이념적, 실용적 틀을 사용하여 뛰어난 리더가 되는 여러 가지 방법이 있을 수 있는 것을 보았다. 카리스마적 리더들은 미래에 초점을 두고, 이념적 리더들은 과거에 초점을 두고, 실용적 리더들은 현재에 초점을 둔다. 이 장을 읽은 후에 당신은 뛰어난 리더가 되는 여러 가지 방법이 있다는 것을 알아야 하고 뛰어난 리더들이 그들 주위의 세계에 영향력을 미칠 수 있다는 것을 이해해야 한다.

핵심 용어

- 가정 의심하기
- 개인적 배려
- 낙관주의
- 변혁적 리더
- 비전
- 윤리
- 자각
- 자기인식
- 자신감
- 전망

- 가치관
- 고무적 의사소통
- 내적 기준
- 비관습적 방법
- 실용적 리더십
- 이념적 리더십
- 자기조절
- 자기효능감
- 재구성
- 지적 자극

- 진정한 리더십
- 카리스마
- 탄력성
- 힘 부여하기
- 진정한 부하
- 카리스마적 리더십
- 희망

복습 문제

1. 이 장에서 논의된 뛰어난 리더십에 대한 네 가지 이론은 무엇인가?

2. 어떤 리더가 부하들을 동기화시키기 위해 비전을 사용하는가?

3. 부하들은 왜 카리스마적 리더에게 끌리는가?

4. 부하들에게 그들이 갖고 있는 문제에 대한 가정을 의심해 보도록 하는 것에는 어떤 장점이 있는가?

5. 진정한 리더십의 다섯 가지 측면은 무엇인가?

6. 진정한 리더십을 위해 자기조절이 왜 중요한가?

7. 이념적 리더의 비전과 카리스마적 리더의 비전의 차이점은 무엇인가?

8. 가장 논쟁의 소지가 많을 것 같은 리더 유형은 무엇인가?

9. 어떤 상황에서 뛰어난 리더가 가장 잘 나타나는가?

논의 문제

1. 당신은 어떤 유형의 뛰어난 리더십이 가장 좋다고 생각하는가?

2. 카리스마적, 이념적, 실용적 리더들 간의 중요한 차이점은 무엇인가?

3. 당신이 알거나 함께 일한 사람들 중에 당신이 뛰어난 리더라고 생각하는 사람이 있는가? 그들이 보통의 리더가 아니라 뛰어난 리더라고 생

각하는 이유는 무엇인가?

4. 뛰어난 리더십의 각 유형에 대한 예가 되는 사람은 누구인가? 각 유형 별로 예를 들어라.

5. 당신은 뛰어난 리더가 나타나기 위해서 실제로 위기가 필요하다고 생 각하는가? 당신의 입장을 설명하라.

개인 활동

개인 활동 1

다음 시나리오를 읽고, 변혁적 리더가 사용하는 접근을 사용하여 가능한 해결책을 작성해 보라.

> 회사가 위기에 처해 있다. 그 조직은 막대한 부채를 가지고 있고, 직원들은 고용되는 것보다 더 빠르게 떠나고 있다. 그리고 최근 시 장에서는 그 조직의 서비스에 대한 수요가 더는 없다. 당신은 그 조 직의 CEO이고 사실상 그 회사에 대한 전적인 통제권을 가지고 있 다. 꺼져가고 있는 상태의 회사를 회복시키기 위해 당신은 어떻게 하겠는가?

개인 활동 2

당신의 인생에서 한 리더를 생각해 보라. 그가 어떤 유형의 리더에 가장 가까운지 설명하라. 그리고 나서 그 리더가 그 유형에 더 잘 들어맞기 위 해서 그리고 이 장에서 당신이 공부한 이론들을 기초로 한 뛰어난 리더라고 하기 위해서 그 사람에게 더 필요한 것이 무엇인지 설명하라.

집단 활동

집단 활동 1

한 집단에서 유명한 리더 한 사람을 선택하라. 이 리더가 왜 이념적 리더, 실용적 리더 혹은 카리스마적 리더라고 할 수 있는지 설명하라. 그러고 나서 그 사람이 어떤 유형의 리더와 가장 가까운지 결정하고 당신의 답을 정당화하라.

집단 활동 2

다음은 존 케네디의 신 개척자 정신(New Frontier) 연설에서 발췌한 것이다. 읽은 후에 그가 카리스마적 리더라는 증거를 어느 부분에서 찾을 수 있는지 설명하라. 어떤 부분이 카리스마적 리더십의 증거가 될 수 있다고 논의할 때 반드시 구체적인 예를 인용하라.

뉴프런티어는 우리가 추구하든 추구하지 않든 여기에 있습니다. 그 경계 저편에는 과학과 우주의 미지의 영역, 전쟁과 평화의 해결되지 않은 문제, 무지와 편견의 정복되지 않은 문제, 빈곤과 잉여의 대답 없는 질문 등이 있습니다. 뉴프런티어로부터 움츠러들고 과거의 중우정치에 안주하고, 선의와 웅변술에 녹아드는 것이 더 쉬울 것입니다. 하지만 이런 것을 더 좋아하는 사람은 나에게 혹은 민주당에 표를 던져서는 안 될 것입니다. 나는 시대가 상상력과 용기와 인내를 필요로 한다고 믿습니다. 나는 여러분들 모두가 뉴프런티어를 향한 개척자가 되기를 요구합니다. 나는 나이나 정당을 초월하여 튼튼한 정신을 가지고 있는 마음이 젊은 사람들에게 말하고자 합니다. "힘과 용기를 가지고 두려워하지 말며 실망하지 마시오." 오늘 우리가 필요로 하는 것은 자기만족이 아니라 용기이며, 상술이 아니라 리더십입니다. 리더십에 대한 유일한 타당한 시험은 강력한 지도력입니다. David Lloyd George는 피로한 국가는 토리(Tory) 국가라고 말했습니다. 미국은 지금 피로한 국가가 될 여유도 없고 토리 국가가 될 여유도 없습니다. 어떤 사람들은 이 집단 혹은 저 집단에 더 좋은 약속을 하고, 크레믈린 정권에 대해 더 심한 비난을 하고, 세금은 항상 적게 내고 정부 보조금은 항상 풍부한 황금빛 미래를 보장하는 말을 듣고 싶어 할 것입니다. 그러나 나의 약속은 여러분들이 채택했던 그 정강(platform)에 있습니다. 수사학만으로는 우리가 원하는 것을 얻을 수 없을 것이며, 우리가 우리 자신을 믿을 때에만 우리는 미래에 대한 믿음을 가질 수 있습니다.

더 읽을거리

Avolio, B. J., & Gardner, W. (2005). Authentic leadership development: Getting to the root of positive forms of leadership. *The Leadership Quarterly, 16*, 315–338.

Bass, B. M., & Riggio, R. (2006). *Transformational leadership* (2nd ed.). Mahwah, NJ: Lawrence Erlbaum Associates.

Conger, J., & Kanungo, R. (1998). *Charismatic leadership in organizations.* Thousand Oaks, CA: Sage Publications.

Mumford, M. D. (2006). *Pathways to outstanding leadership: A comparative analysis of charismatic, ideological, and pragmatic leaders.* Mahwah, NJ: Lawrence Erlbaum Associates.

Strange, J. M., & Mumford, M. D. (2002). The origins of vision: Charismatic versus ideological leadership. *The Leadership Quarterly, 13,* 343–377.

Yukl, G. (1999). An evaluation of conceptual weaknesses in transformational and charismatic leadership theories. *The Leadership Quarterly, 10,* 285–305.

리더십 101

8

앞으로의 방향

- Amanda S. Shipman -

미래는 미래가 분명하게 되기 전에 가능성을 보는 사람에게 속한다.

– 존 스컬리(John Scully)

모든 진보는 현재의 개념에 도전함으로써 시작되고 기존의 제도를 대체함으로써 집행된다.

– 조지 버나드 쇼(George Bernard Shaw)

이 책을 통해서 당신은 리더십의 역사와 리더의 영향력을 설명하는 많은 이론들에 대해 학습했다. 그래서 당신은 "이게 리더십에 대한 전부야?"라고 혼잣말을 할 것이다. 이 질문에 대한 답은 "아니요."이다. 실제로 최근에 연구자들이 답을 얻기 위해 애쓰는 많은 질문들이 있으며, 그 질문들로는 어떤 리더들은 왜 나쁘게 되는가, 리더들은 팀 속에서 어떻게 일하는가, 다양성이 리더십에 어떻게 영향을 미치는가 등이 있다. 이런 문제들에 대해서 이 장에서 논의할 것이다.

역사적으로 자신의 영향력과 힘을 파괴적으로 사용한 리더들이 있었다. 당신은 아마도 역사 수업시간에 자신의 부하들에게까지 부정적인 영향을 미치는 행동을 하는 리더들에 대하여 배웠을 것이다. 우리는 이 파괴적인 리더십에 대하여 언제 그 파괴적인 리더십이 일어나기 쉬운지, 언제 그 파괴적인 리더십이 실제로 작동할 수 있는지에 대하여 이야기할 것이다. 리더를 간단하게 좋은 리더 혹은 나쁜 리더로 말할 수는 없다. 현실적으로 리더가 직면하는 상황은 흑과 백으로 나눌 수 있는 문제와는 달리 매우 복잡하다. 그들은 많은 사람들에게 영향을 미치는 결정을 해야만 한다. 궁극적으로 윤리적으로 결정한다는 것은 상황에 적절하도록 조심스럽게 고심하는 것이다. 윤리적 리더십 연구는 이 장에서 논의되는 미래 연구의 또 하나의 영역이다.

최근에 일어나고 있는 또 다른 연구 영역은 리더 관계이다. 제5장에서 당신은 리더-멤버 교환 이론과 리더들이 부하들과 여러 가지 관계를 어떻게 형성하는가에 대하여 배웠다. 최근 연구는 리더들이 그들의 사회적 네트워크 속에서 다른 사람들과 어떻게 관계를 형성하는가를 살펴보기 시작했다. 리더의 사회적 네트워크의 일부는 자신이 감독하는 그 팀이다. 리더들은 각 부하들과 개별적으로 관계를 갖기만 하는 것이 아니다. 리더들은 팀 내에서 함께 일하거나 팀을 감독하기도 한다. 우리는 팀 속에서의 리더십에 대하여 그리고 리더들이 팀을 더 효과적으로 만드는 행동 방식에 대하여 이야기할 것이다. 팀 리더가 하는 한 가지는 팀 구성원들에게 힘과 책임을 주는 것이다. 이 장에서 우리는 팀 구성원들이 비록 공식적인 리더들은 아니지만 공유된 혹은 분산된 리더십을 통해서 어떻게 팀에 영향을 미칠 수 있는가에 대하여 이야기할 것이다.

우리는 이미 리더십 효과가 상황에 따라 어떻게 다른가를 논의했다. 당신은 또한 리더십 효과가 당신이 어디에 있느냐에 따라 다르지 않을까 생각해 보았을 것이다. 다시 말해서 중국에 있는 리더는 미국에 있는 리더와 다르게 행동할 수 있으며, 그들이 같은 방식으로 행동한다고 해도 다른 결과를 얻을 수 있을 것이다. 이 장에서 우리는 문화적 차이에 따라 요구되는 적절한 리더십 유형이 왜 다른가에 대해 논의할 것이다. 리더들은 그들의 문화에 따라서 다르게 행동할 수 있지만, 성별에 따라서도 다르게 행동하는가? 이 책의 다른 장들에서는 남성 리더와 여성 리더 간의 차이에 대한 연구결과를 구분하지 않는다. 당신은 아마도 프로젝트나 클럽에서는 여성 리더와 남성 리더의 수가 비슷하지만, 회사 CEO와 같은 최고위 리더십 지위에서는 여성의 수가 적은 것을 보았을 것이다. 연구자들은 왜 이런 현상이 나타나는가를 탐색했다. 이 장에서 여성과 남성 리더들 간에 실제로 차이가 있는가에 대해 논의할 것이다.

- 최근에 나타나고 있는 리더십 연구 영역들을 이해한다.
- 리더십의 어두운 면을 알게 된다.
- 사회적 상황이 리더십에 어떻게 영향을 미치는가를 인식한다.
- 리더십에 미치는 다양성의 영향을 알게 된다.

파괴적 리더십

리더십 연구는 전통적으로 리더들의 긍정적인 면을 연구하는 데 초점을 맞추었다. 많은 연구들이 어떤 사람이 좋은 리더들인가, 그들은 무엇을 하는가, 어떤 상황이 다른 사람들을 위한 그들의 목표를 달성하는 데 도움이 되는가를 설명하기 위해 애썼다. 하지만 우리는 모두 리더들이 나쁜 행동을 하는 것을 보아왔다. 당신은 어쩌면 이기적으로 행동하거나 다른 사람들을 못살게 구는 리더를 직접적으로 경험해 본 적이 있을지도 모른다. 사람들이 힘이 있는 지위에 앉게 되면 다른 사람들에게 해가 되는 행동을 하기가 더 쉽다(Mumford, Gessner, Connelly, O'Connor, & Clifton, 1993). 리더십의 이런 어두운 면이 언제 나타날 수 있는지 예측하고 그것을 예방하기 위해 어떻게 해야 하는가를 더 잘 이해하기 위하여 이 분야의 연구가 주목을 받기 시작했다. **파괴적 리더십**destructive leadership 은 리더가 그 조직이나 부하들의 이익과 반대되는 방식으로 행동할 때 일어난다. 다음에는 파괴적 리더십의 성분들을 기술한다.

> **파괴적 리더십** 그 조직이나 부하들의 이익에 반하는 방식의 리더 행동

파괴적 리더

파괴적 리더십을 설명하는 여러 가지 방식이 있으며, 연구자들은 파괴적 리더십을 연구하기 위하여 다양한 방법을 사용했다. 첫 번째 접근은 파괴적 리더의 특성을 묘사하는 것이다. 파괴적 리더들은 부하들이나 더 넓은 조직 혹은 부하들과 조직 모두에게 해가 되는 방식으로 행동한다. 한 모델은 파괴적 리더십을 리더 행동으로 묘사한다(Einarsen, Aasland, & Skogstad, 2007). 그 모델은 리더들은 부하들이나 조직의 최대 이익을 위해 행동할 수도 있고 그렇지 않을 수도 있다고 말한다. 따라서 리더는 조직에도 좋고 부하들에게도 좋은 방식으로 행동할 수도 있고(예 : 생산적 리더십), 조직에도 나쁘고 부하들에게도 나쁘게 행동할 수 있으며, 한쪽에는 좋고 다른 한쪽에는 나쁜 방식으로 행동할 수도 있다. 네 가지 리더십 유형을 그림 8.1에서 볼 수 있다. 하나는 생산적이고 세 가지는 파괴적이다.

세 가지 파괴적 유형에는 지지적−불충적 리더십(부하들을 위해서는

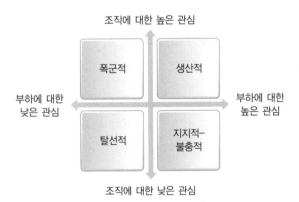

그림 8.1 파괴적 리더의 행동 분류

좋고 조직을 위해서는 나쁜), 폭군적 리더십(조직을 위해서는 좋고, 부하들을 위해서는 나쁜) 그리고 탈선적 리더십(조직을 위해서도 나쁘고 부하들을 위해서도 나쁜) 등이 있다. **지지적-불충적 리더**supportive-disloyal leaders는 부하들과 좋은 관계를 갖는 것에 지나친 관심을 갖고 있으며 조직을 무시한다. 그들은 자료를 훔치거나 일한 시간에 대해 거짓말을 함으로써 조직에 해를 줄 수 있다. 두 번째 유형의 파괴적 리더는 **폭군적 리더**tyrannical leader로서 조직의 최대 이익을 추구하지만 부하들의 최대 이익은 추구하지 않는다. 폭군적 리더들은 조직의 목표와 전략을 성취하는 데 초점을 맞추지만 부하들에게는 나쁘게 대한다. 이 학대적인 상사는 부하들을 조롱하기를 좋아하고, 부하들이 필요로 하는 정보를 주지 않고, 험한 언어를 사용하거나 위협하고 속박하는 방식으로 부하들을 괴롭힌다(Zellars, Tepper, & Duffy, 2002). 당신은 이와 같은 리더를 경험한 적이 있는가? 당신과 다른 부하들을 전혀 생각하지 않고 더 넓은 조직의 목표를 향해 일하는 것처럼 행동하는 사람 말이다. 당신은 아마도 스트레스를 받고, 이직하고 싶고, 그 리더가 불공평하다고 느꼈을 것이다. 그렇다면 당신은 혼자가 아니다. 연구자들은 파괴적 리더의 부하들이 공통적으로 이런 감정을 느낀다는 것을 발견했다(Tepper, 2000). 파괴적 지도자의 마지막 유형인 **탈선적 리더**derailed leader는 조직이나 부하들의 합법적인 이익을 추구하지 않는다. 이런 유형의 리더는 부하들을 조작하고 착취하고 조직의 목표에 방해가 되는 방식으로 행동한다. 이 유형의 리더는 목표를 성취하기 위해 노력할 때 조급하거나 다른 사람들에게 퉁명스럽다. 그 외의 탈선적 리더의 행동들에는 자기 자신의 비전에 대한 멈출 수 없는 헌신 때문에 실수나 문제점들을 무시하는 것들이 될 수 있다.

파괴적 리더 특성

나르시시즘

누가 이런 파괴적인 리더가 될지 우리는 어떻게 알 수 있을까? 특성 중심 접근은 우리가 어떤 유형의 성격이 파괴적으로 행동하는 경향이 더 많은지 예측하는 데 도움이 된다. 한 가지 특성이 나르시시즘이다. 자기애적인 사람은 자신을 사랑하고, 자신이 다른 사람들보다 더 중요하다고 생각하며, 자신이 커다란 보상을 받을 만한 가치가 있다고 생각한다. 자기애로부터 나오는 자신감과 우월감은 실제로 리더십 지위를 갖게 되는 것에 도움이 될 수도 있다(Hogan, Curphy, & Hogan, 1994). 하지만 자기애적인 리더들이 리더십 지위에 오르면, 그들은 부하들이나 조직의 이익보다는 자신의 욕구와 이익에 더 관심이 많기 때문에 파괴적으로 될 수 있다(Rosenthal & Pittinsky, 2006).

카리스마

파괴적 리더들을 묘사할 때 일반적으로 논의되는 또 다른 특성은 카리스마다. 카리스마는 리더가 목표를 달성하기 위해 도움이 되는 긍정적인 특성이라고 생각되기 때문에 처음에는 이상하게 보일 수도 있다(제7장 참조). 이것은 사실이다. 카리스마적인 것은 리더가 미래에 대한 비전을 전달하고 부하들을 고무하고 동기를 부여해서 그 비전을 향해 일하도록 하는 데에 도움이 될 수 있다(Conger, 1989). 다른 한편, 카리스마는 몇 가지 점에서 파괴적 리더가 되게 할 수도 있다. 첫째, 카리스마를 가진 파괴적 리더는 부하들로 하여금 다른 모든 사람들은 개인적인 안전을 위협하는 경쟁자라고 생각하도록 하기 위해서 세상은 무섭고 불안정하다는 비전을 부하들에게 전달할 수도 있다(O'Connor, Mumford, Clifton, Gessner, & Connelly, 1995). 카리스마적인 리더들은 또한 다른 사람들과 의사소통하는 기술이 뛰어나고, 이 기술을 사용하여 다른 사람들이 부정적인 목표를 성취하도록 조작할 수 있다.

세력 지향

이 장의 앞에서 언급했듯이, 어떤 사람에게 세력을 주는 것은 그들로 하여금 다른 사람들을 해치도록 할 수 있다(Mumford et al., 1993). 당신은 아마도 스파이더맨의 신조를 들은 적이 있을 것이다. "큰 힘에는 큰 책임이 따른다." 굳이 스파이더맨의 힘과 관련짓지 않더라도 우리는 리더십 지위와 연관된 힘 또한 이런 종류의 책임이 따른다는 것을 이해할 수 있다. 파괴적인 리더들은 다른 사람들의 요구와 욕구를 무시하거나 그것들에 반하는 행동을 하면서까지 그들의 힘을 사용하여 이기적인 요구와 욕구를 충족시킨다. McClelland(1970, 1975)는 이렇게 이기적으로 힘을 사용하는 것을 **개인화된 세력**personalized power이라고 하고, **사회화된 세력**socialized power은 자기 자신만을 위해서가 아니라 다른 사람들의 이익을 위해서 행동하 도록 한다고 한다. 개인화된 세력 동기 는 그 행동이 다른 사람들에게 미치는

> **개인화된 세력** 다른 사람들의 요구와 욕구를 무시하거나 그에 반대되는 행동을 하면서까지 이 기적인 요구와 욕구를 만족시키 기 위해 사용되는 권력
> **사회화된 세력** 자신만을 위한 것이 아니라 다른 사람들의 이익 을 위해서 사용되는 권력

영향력을 무시하도록 만드는 경향이 있기 때문에 개인화된 세력 동기를 가지고 있는 사람들은 사회화된 세력 동기를 가지고 있는 사람들보다 파 괴적으로 되는 경향이 더 높다.

급진적인 신념 체계

파괴적 리더와 연관된 네 번째이자 마지막 특성은 급진적인 이상과 증오 의 특징이 있는 극단적인 세계관이다. 이상적인 신념과 폭력 간의 관계 에 대한 증거가 Mumford, Espejo 그리고 동료들(2007)에 의한 한 연구 에서 발견되었다. 그들은 강한 이념적 신념과 관련된 어떤 특성들이 리 더들을 폭력적, 파괴적으로 행동하게 하는 성향을 만든다는 결론을 내렸 다. 유명한 알카에다 리더인 오사마 빈 라덴을 생각해 보라. 그는 그의 폭 력적인 목표에 헌신하도록 하는 부하들의 신념 체계에 크게 의존한다. Strange와 Mumford(2002)는 파괴적 지도자들은 그들의 신념을 지지하 지 않는 사람들에 대한 증오로 가득 찬 세계관을 가지고 있다고 했다. 이 증오심은 어떠한 폭력적인 방법에 대해서도 정당성을 제공한다.

위험에 처한 부하들

이 책의 앞 장들에서 부하들의 중요성이 논의되었다(제2장과 제5장 참조). 리더십의 어두운 면과 관련해서도 부하들의 역할이 논의되었다. 파괴적 리더는 적절한 부하들 없이는 영향력을 가질 수 없다. Padilla, Hogan, Kaiser(2007)는 부하들의 여러 가지 성격들을 동조자와 공모자라는 두 가지 유형으로 제안했다. 동조자와 공모자 모두 파괴적 리더와 함께 하며 그의 요구를 만족시키는 경향이 있다. **동조자**conformer는 불안감을 느끼거나 낮은 성숙도 때문에 파괴적 리더를 따른다. 한편 **공모자**colluder는 보통 파괴적 리더의 목표를 지지하기 때문에 그를 따르며, 따르는 사람에게는 어떤 방식으로든 그 목표가 도움이 된다.

파괴적이고 폭력적인 리더의 행동을 전체적으로 지지하는 부하들의 집단은 또한 어떤 특성들을 가지고 있을 수 있다. 배타적 집단은 응집력이 강하고 다른 사회 혹은 더 넓은 사회로부터 다소 격리된 집단이다(Mumford, Espejo et al., 2007). 응집력이 강하고 다른 집단들로부터 독립된 집단들은 외부 사람들을 위협적인 경쟁자로 볼 수 있다. 이 유형의 집단은 좋은 행동에 대한 참조가 되는 외부 집단을 갖고 있지 않기 때문에 폭력적이고 파괴적인 행동을 고무하는 지도자들을 더 잘 받아들일 수 있다.

> **동조자** 안전 욕구가 충족되지 않거나 낮은 성숙도 때문에 파괴적 리더를 지지하는 부하
>
> **공모자** 공유된 목표와 개인적인 이득 때문에 파괴적 리더를 지지하는 부하

파괴적 리더에게 이로운 환경

파괴적 리더가 권력에 오르고 중요한 영향력을 발휘하기 위해서는 그에 적

254

절한 환경이 필요하다. 불안정하고 위험한 시기(예 : 불경기, 전쟁)에 리더가 나서서 통제를 할 수 있다(Bass, 1985a; Conger & Kanungo, 1987). 이 붕괴사태가 신속한 조치를 요구하기 때문에 리더에게 평상시보다 더 많은 힘과 권한이 주어진다. 부하들은 누군가 나타나서 사태를 되도록 빨리 정상적으로 돌려놓기를 바랄 것이다. 따라서 이런 상황이 일어날 때, 파괴적 리더는 그 상황을 자기에게 유리하게 전환시키려고 한다. 아돌프 히틀러의 예를 생각해 보라. 히틀러가 권력을 장악할 수 있었던 이유 중 하나는 그 당시에 독일이 당면하고 있던 비참한 경제 상태였다.

부패한 환경 또한 파괴적 리더들에게는 이롭다(Mumford, Espejo et al., 2007). 부패한 환경은 견제와 균형이 제대로 작동하지 않는 상태에서 조직이 운영될 때 생긴다. 부패한 환경의 또 다른 특징은 리더에게 권력이 어떻게 주어지는가 하는 것이다. 리더에게 권력이 너무 많이 주어지고 책임은 주어지지 않을 때, 그는 파괴적으로 되기가 더 쉬울 수 있다. 리더가 벌을 주기 위해 폭력을 사용할 수 있도록 리더의 권력을 구조화하는 조직은 파괴적 리더십을 양산할 수 있다.

파괴적 리더십의 결과

파괴적 리더들을 특성과 행동으로 묘사하는 것 외에 우리는 또한 그들이 생산하는 결과에 대하여 생각할 수 있다. Padilla와 동료들(2007)은 실제로 파괴적이라는 것이 무엇인지 더 잘 확인하기 위해서 리더가 하는 행동의 장기적 결과를 살펴볼 필요가 있다고 주장했다. 이 틀을 사용하여 살퍼보면, 어떤 좋은 리더(가령 앞에서 논의된 성격 특성을 가지고 있지 않은)가 파괴적 리더가 되고 나쁜 짓을 하는 것이 가능하며, 또한 그 반대의 경우도 있을 수 있다는 것을 알 수 있다. 그래서 카리스마적 리더가 될 수 있지만 반대로 파괴적 리더가 될 수도 있고 그렇지 않을 수도 있는 것이다. 파괴적 리더십이 부하들에게 미치는 효과는 성과의 저하, 비상식적인 행동, 많은 다른 부정적인 결과들이 될 수 있다(Zellers et al., 2002). 파괴적 리더들을 고용하는 조직들은 그 리더가 그 조직의 최고 이익을 위해 행동하지 않을 경우에는 성과가 낮아지기 쉽다. Padilla와 동료들은 파괴적인 리더십의 결과를 논의했다 — 쿠바의 전 대통력인 피델 카스트로. 카스트로 정권 이후 경제는 심각하게 해를 입었고, 국민 네 사람 중 한 사람은 그 나라를 떠나려고 했다.

리더가 파괴적일 때 부정적인 결과가 전형적으로 나타나지만, 한 최근 연구는 대안적인 관점을 제공한다. 리더들이 다른 사람들을 괴롭힐 때 몇 가지 긍정적인 결과가 나타날 수 있다(Ferris, Zinko, Brouer, Buckley, & Harvey, 2007). 더 구체적으로 말하면, 괴롭힘은 리더를 힘이 있다고 생각하도록 만드는 결과가 되고 실제로 생산성을 증가시킬 수 있다. 하지만 이 생산성은 장기적이라기보다 단기적일 것이다. 이 부하들은 학대적인 행동을 피하기 위해 그들의 생산성을 증가시키는 경향이 있다. 그래서 그 조직을 위한 긍정적인 결과가 단기적으로는 일어날 수 있지만, 당신도 짐작할 수 있듯이 부하들의 관점에서는 부정적이다. 그들은 결국 분개하고 비생산적이 되거나 혹은 그 조직을 떠날 것이다.

요약하면, 리더십이 항상 긍정적인 것은 아니다. 사실 리더들은 조직이나 부하들의 최고 이익을 위해서 일하지 않을 수 있다. 이 리더십 행동은 특정한 유형의 성격이나 신념을 가지고 있는 사람들에게서 더 일반적으로 발견될 수 있겠지만, 리더의 성격 하나만이 파괴적 리더십을 완전하게 설명하지는 않는다. 사실 상황과 부하들 둘 다 리더가 파괴적으로 될 것인가 혹은 아닌가에 큰 역할을 한다. 이 세 요소 모두가 함께할 때(리더, 부하, 환경) 파괴적 리더십이 나타나기가 더 쉽다.

윤리적 리더십

파괴적 리더십과 관련된 연구들이 윤리적 리더십의 주제이다. 만일 파괴적 리더십이 그의 조직과 부하들에게 해가 되는 행동을 하는 것이라면, 윤리적 리더십은 그 동전의 다른 면을 나타내는가? 이 질문에 대한 답은 아마도 "아니요."이다. Brown과 Trevino(2006)는 윤리적 행동 수준이 낮은 사람과 적극적으로 비윤리적으로 행동하는 사람(예 : 파괴적인 사람)이 같지 않다고 제안했다. 또한 파괴적인 것이 비윤리적인 것을 포함할 수 있지만, 파괴적이라는 것이 반드시 윤리적인 성분을 포함하는 것은 아니다. 앞으로의 연구에서 파괴적 리더십뿐만 아니라 윤리적 리더십과 비윤리적 리더십 간의 관계도 더 탐색할 필요가 있다.

최근에 **윤리적 리더십**ethical leadership의 정의가 제안되었다 — 적절한 규범에 일치하는 방식으로 행동하고 이 행동을 부하들에게 고취하는 것(Brown, Trevino, & Harrison, 2005). 한 가지 당신이 주목해야 할 것은 그 행동이 규

> **윤리적 리더십** 적절한 규범에 일치하게 행동하고 이 행동을 부하들에게 고취하는 것을 특징으로 하는 리더십

범이나 일반적으로 받아들여지는 행동, 규칙 혹은 어떤 상황의 절차들에 비추어 적절해야만 한다는 것이다. 이것은 도덕 원리와 상관이 없다는 말이 아니다. 사실 도덕 원리는 흔히 규범에 영향을 미친다. 하지만 무엇이 윤리적으로 적절한가 하는 것은 상황에 따라 다르며, 윤리적·비윤리적 혹은 두 가지가 섞인 것 등 여러 종류가 있다. 그 정의에서 보면, 리더가 개인적으로 윤리적으로 행동하는 것만으로는 충분하지 않다는 것을 알 수 있다. 윤리적 리더십은 부하들에게 윤리적 행동을 고취해야 한다. 리더들은 윤리적 가치관을 직원들이나 부하들에게 전달할 수 있다. 만일 리더가 아랫사람들에게 어떤 규칙이 중요하지 않거나 그들 자신의 일에서의 규칙에 어긋난다고 말하면, 부하들은 그에 맞추어 행동하려고 할 것이다. 이런 방식으로 리더는 윤리적 행동을 확립할 수 있다. 그래서 부하들이 리더의 윤리적 행동을 어떻게 인식하는가 하는 것이 중요하다. 이 이유 때문에 우리는 왜 윤리적 리더십이 중요한지 알 수 있다.

이제 윤리적 리더십에 대한 이해를 할 수 있게 되었으니, 우리는 리더십을 묘사하기 위해 제안된 한 가지 모델을 소개할 것이다. Brown과 Trevino(2006)에 의해 개발된 이 모델은 이 영역에서 앞으로의 연구를 위한 기초가 될 것으로 보인다. 이 모델에서 기본적인 가정은 윤리적 리더십이 부하 지각의 측면에서 가장 중요하다는 것이다. 부하들은 리더가 윤리적으로 어떻게 행동하는지 지각하며, 그것은 다시 그들 자신의 윤리적 행동에 영향을 미칠 것이다. 이 모델은 윤리적 행동이 상황적 그리고 리더의 모든 특성에 영향을 준다고 제안한다.

상황적 영향력

윤리적 역할 모델과 윤리적 상황과 같은 상황적 영향력이 리더가 얼마나 윤리적일 것인가에 작용한다. 당신에게도 존경하고 모방하고 싶은 역할 모델이 있었을 것이다. 연구자들은 **윤리적**

> **윤리적 역할 모델** 윤리적으로 행동하고 실수로부터 배우고 겸손을 보이는 사람으로 다른 사람들이 우러러보는 사람
>
> **윤리적 상황** 윤리적 행동을 지시하고 안내하는 조직 내에서의 규정적인 절차와 과정

역할 모델ethical role model — 윤리적으로 행동할 뿐 아니라 자신의 실수로부터도 배우고 겸손을 보이는 사람 — 을 가지고 있다고 하는 부하들에게도 윤리적 리더십이 형성되어 있는 것을 발견했다(Trevino, Hartman, & Brown, 2000). 그 다음의 상황적 영향은 조직 내의 윤리적 상황이다. **윤리적 상황**ethical context은 조직의 윤리적 분위기와 큰 연관이 있으며, 그것은 윤리와 관련한 규정적인 절차와 과정을 다룬다(Victor & Cullen, 1988). 한 조직이 윤리적 분위기를 가질 때, 그 조직의 직원들은 조직에 더 헌신하고 윤리에 대한 더 좋은 태도를 갖는 경향이 있다(Trevino, Weaver, Gibson, & Toffler, 1999).

리더 특성

윤리적 리더는 특정한 속성을 가지고 있을 것이다. 이 성격 특성은 아마도 리더가 윤리적이라고 판단할 수 있는 요인이 무엇일까 생각할 때 가장 먼저 떠오르는 것일 것이다. 당신은 '음, 만일 리더가 좋은 사람이라면 윤리적일 것이다.' 라고 생각했을 수 있다. 하지만 상황적 영향력이 리더가 윤리적일지 혹은 아닐지에 큰 작용을 한다는 것을 기억한다면 이 특별한

요인을 너무 강조하는 것이 옳지 않을 수 있을 것이다. Brown과 Trevino (2006)는 **도덕적 추론**moral reasoning, 즉

도덕적 추론 복잡한 윤리적 상황을 이해하고 대처하는 능력

복잡한 윤리적 상황을 이해하고 대처하는 능력이 윤리적 리더십에 영향을 미친다고 믿는다. 하지만 상황에 대한 도덕적 추론 능력을 가지고 있다는 것이 곧 그 능력을 사용한다는 뜻은 아니다. 이런 이유로 이 도덕적 추론 능력을 실제로 사용하는 사람이 단순히 그 능력을 가지고 있는 사람보다 더 윤리적일 것이다.

리더들이 세력을 가지고 싶어 하는 것은 특별한 일이 아니며 이것은 실제로 그들이 더 효과적인 리더가 되는 데 도움이 될 수도 있다. 리더가 이 세력을 사용하는 방법이 그들이 윤리적으로 행동할 것인가를 예측하는 데 도움이 된다. 자신의 세력을 다른 사람들의 이익을 위해 사용하는 사람들은 자신의 세력을 개인적인 요구를 충당하는 데에만 사용하는 리더들보다 더 가치 있는 역할 모델이라고 부하들은 생각할 것이다(Brown & Trevino, 2006). 윤리적 리더십과 관련된 또 다른 리더 특성은 마키아벨리즘이다(제4장 참조). 이 특성은 리더가 그가 원하는 것을 얻기 위해서 다른 사람들을 조작하는 것과 관련이 있다는 것을 기억하라. 이 특성은 다른 사람들을 조작하는 것을 편하게 생각하기 때문에 이런 사람들은 비윤리적인 행동을 할 여지가 더 많다.

윤리적 리더십의 결과

리더가 윤리적일 때 일어날 수 있는 여러 결과들이 있다(Brown & Trevino,

2006). 이 결과들은 부하들의 행동, 특히 윤리적 행동에 미치는 영향을 반영한다. 첫째, 만일 리더가 윤리적으로 행동하는 것을 부하들이 본 적이 있다면, 그 부하들은 리더의 직접적인 지도가 없어도 윤리적으로 결정하는 방법을 배울 것이다. 윤리적인 결정을 하는 것 외에 부하들은 그들 리더에 대한 신뢰를 가지게 될 것이며 개인적으로 감사한 마음을 갖게 될 것이다. 부하들이 리더에 대하여 개인적으로 고마움을 느낄 때, 그들은 리더와 조직을 위하여 공식적인 업무량 이상을 기꺼이 하려고 할 것이다. 같은 이유로 그들의 리더가 강력한 윤리적 역할 모델이라면 부하들이 조직에 해가 되는 행동을 할 확률은 적을 것이다. 부하 행동 외에 윤리적 리더십은 만족도와 헌신과 같은 부하의 태도에도 영향을 미친다(Brown et al., 2005). 윤리적 리더십이 여러 가지 이유로 도움이 된다는 것은 분명하다.

윤리적인 결정

앞에서 묘사한 모델은 윤리적 리더십의 영향과 결과를 이해하는 데 도움이 된다. 리더가 부하들의 윤리적 행동에 영향을 미칠 수 있기 때문에 부하의 지각에 초점을 맞추는 것이 도움이 되지만, 리더들이 윤리적 갈등이나 문제를 어떻게 헤쳐 나가는가에 대해 생각하는 것도 매우 중요하다. 최근 연구는 과학자들이 어떤 과정을 거쳐서 윤리적 결정을 내리는가를 탐색하려고 한다(Mumford, Connelly et al., 2008). 비록 이 모델은 과학자들의 윤리적 결정에 초점을 두지만, 과학자들과 리더들 모두 복잡하고, 애매한 상황을 대면하기 때문에 사고 과정은 둘 다 비슷할 수 있다.

이 과정은 윤리적 문제를 확인하는 것으로 시작해서 정서적 반응을 경험하고 관리하며, 잠재적인 행동의 가능한 결과 예측, 이 잠재적인 결과를 평가하기 위해 과거 경험에 비추어 보기 등을 한다. 과학자가 이 과정을 거쳐 갈 때 그는 그 상황을 이해할 수 있게 되고, 이후 윤리적인 결정을 하기 위한 준비가 더 잘된다. 리더에게도 이 과정 혹은 비슷한 과정이 관련되는가 하는 문제는 앞으로 연구해야 할 과제이다.

리더가 결정을 한 후 그것이 윤리적인가를 결정하는 것은 몇 가지 요인 ― 그 결정의 목적, 도덕적 기준과의 일치, 마지막으로 그 결정과 연관된 결과 ― 에 근거할 수 있다(Yukl, 2006). 이 세 가지는 갈등적일 수 있다. 예를 들어, 비도덕적인 도덕 기준을 채택하는 것을 목적이 정당화할 수 있다. 전형적으로 어떤 것이 도덕적인가 혹은 아닌가를 판단하는 데에는 많은 요인들이 영향을 미칠 수 있기 때문에 도덕적 성분은 회색 영역이다. 리더 행동에 대한 도덕적 기준은 종종 법에 어긋나는가, 다른 사람들의 권리를 방해하는가, 사람들을 해치는가 혹은 다른 사람들을 속이고 착취하는가 하는 것들에 의해 결정된다(Yukl, 2006). 어떤 결정이 윤리적인가 혹은 그렇지 않은가를 평가하는 데에는 상황적 규범이 고려된다는 점을 기억하라.

결론적으로 윤리적 리더십은 상황적 영향력과 리더 특성을 포함한 많은 요인들에 의한 영향을 받는다. 윤리적 리더란 윤리적으로 행동할 뿐만 아니라 다른 사람들에게 윤리적 행동을 고취시키는 리더를 의미한다. 조직이 적절한 위치에 윤리적 리더들을 배치할 때 바람직한 결과가 더 많이 나타날 수 있을 것이다.

리더의 사회적 네트워크

최근 연구는 리더십이 사회적 상황 속에서 일어난다는 사실을 강조하기 시작했다. Balkundi와 Kilduff(2006)는 리더가 **사회적 네트워크**social network 혹은 사회적 관계를 어떻게 형성하느냐 하는 문제가 리더의 효과성에 영향을 미칠 것이라고 했다. 이들은 또한 리더가 그의 네트워크에 대하여 생각하는 방식이 리더의 효과성에 결정적인 역할을 한다고 제안한다. 리더의 사회적 네트워크의 연구는 리더-멤버 교환(LMX) 이론과 관련이 있다(제5장 참조). LMX는 리더들이 부하들과 관계를 어떻게 형성하는가를 묘사한다는 것을 기억하라. 사회적 네트워크 관점은 더 넓은 접근을 하며 리더가 부하들과 갖는 관계에만 제한되지 않고, 다른 모든 관계들에까지 확장된다.

　사회적 네트워크 연구자들에 대한 세 가지 중요한 개념이 있다(Kilduff, Tsai, & Hanke, 2006). 첫째, 사회적 네트워크 연구자들은 개인이 아니라 여러 개인들, 집단들, 조직들 간의 관계를 연구한다. 둘째, 인간 행동은 진공 속에서 일어나는 것이 아니라 사회적 관계의 상황 속에서 일어난다. 따라서 사회적 네트워크를 고려하지 않고 개인의 행동을 연구하는 것은 부적절하다. 마지막으로 사회적 네트워크 연구에서 중요한 아이디어는 관계가 **사회적 자본**social capital이라고 하는 중요한 자원이라는 것이다. 옳은 사람을 아는 것 — 사회적 자본을 갖는

> **사회적 네트워크**　리더가 다른 사람들, 집단들, 조직들과 맺고 있는 관계
>
> **사회적 자본**　관계가 가치 있는 자원이고 적절한 사람을 아는 것이 리더에게 여러 가지로 도움이 될 수 있다는 아이디어(예 : 정보 제공, 허가, 자금 획득)

것 —은 리더에게 정보, 안정, 자본, 그 외의 많은 것들을 제공하는 것과 같은 방법으로 도움을 줄 수 있다.

리더의 네트워크 유형

그림 8.2는 Balkundi와 Kilduff(2005)에 의해 제안된 리더십 네트워크의 모델을 보여 준다. 이 모델에는 세 가지 유형의 리더십이 있다. 바로 자아 네트워크, 조직 네트워크, 조직 간 네트워크이다. 이 세 가지 네트워크는 리더가 이 네트워크에 대하여 어떻게 생각하는가에 의해서 영향을 받는다. **자아 네트워크** ego network 는 리더가 다른 사람들과 맺는 밀접한 관계를 나타낸다. 효과적이기 위해서 리더는 다양한 다른 사람들과의 관계를 유지해야 한다. 여러 종류의 사람들과 관계를 갖는 것은 리더에게 여러 종류의 정보와 자원의 획득을 가능하게 해 줄 것이다. 하지만 다른 부류의 사람들과 관계를 갖는 것은 일반적으로 말하기는 쉬워도 실제로는 쉽지 않다. 대부분의 사람들은 자신과 비슷한 사람들과 관계를 개발하는 경향이 있다(McPherson, Smith-Lovin, & Cook, 2001). 우리와 비슷한 사람들을 우리 주변의 울타리로 하는 것을 좋아하는 것은 다양한 네트워크를 개발하는 데 방해가 된다.

네트워크의 다음 유형은 **조직 네트워크** organizational network 이다(Balkundi & Kilduff, 2005). 리더의 효과성은 자신의 개인적인 관계뿐만 아니라 조직 속에서 다른 사람들 간의 관계를 얼마나 잘 이해하는가에도 달려 있을 것이

> **자아 네트워크** 리더가 다른 사람들과 맺는 관계
> **조직 네트워크** 개인의 조직 속에 존재하는 관계

조직 간

조직

자아

그림 8.2 리더의 사회적 네트워크의 유형

다(Sparrowe & Liden, 2005; Sparrowe, Liden, Wayne, & Kramer, 2001). 집단 속에서의 다른 사람들의 관계뿐만 아니라 더 넓은 조직에서의 사람들의 관계를 이해하는 것도 리더에게 도움이 된다. 리더는 조직 내 사람들이 문제가 발생할 때 문제의 종류에 따라서 그 조직 속의 누구에게 도움을 청하는지 혹은 어떤 사람들이 어떻게 어울리는지 알 필요가 있다. 리더는 부하들에게 관계를 형성하도록 고취할 수 있으며, 그것은 리더가 더 잘 수행하는 데 도움이 될 수 있고, 그 조직에도 도움이 된다. 그래서 리더는 그가 일하는 집단 속의 부하들이 특별한 지식이나 권한을 가지고 있는 다른 사람들과 관계를 개발하기를 원한다. 마지막 유형의 네트워크는 리더의 조직 밖의 관계에 관련되는 것으로 그의 성과와 그 조직의 성과에 결정적일 수 있다. 이 유형의 네트워크를 **조직 간 네트워크**inter-organizational network 라고 부른다. 다른 조직들이나

> **조직 간 네트워크** 리더와 리더의 조직 내에 있는 사람들이 맺고 있는 조직 바깥의 사람들과의 관계

외부 리더들과 연결을 개발하는 것은 리더가 정보를 공유하거나 동맹을 형성하는 데 도움이 될 수 있다. 리더는 또한 다른 사람들이 그 조직 외부에 있는 중요한 인물들과 맺고 있는 연결을 알고 있어야 한다. 이것은 리더에게 유리하게 사용될 수 있다.

요약하면 리더의 사회적 네트워크에 대한 문헌은 급속하게 성장하고 있다. 이 연구는 리더가 구축하는 관계에 대한 성격과 이 관계가 궁극적으로 리더 수행에 어떻게 영향을 미치는지 더 잘 이해하는 데 도움을 준다. 리더들은 자아 네트워크, 조직 네트워크, 조직 간 네트워크를 포함하는 세 가지 유형의 네트워크 속에서 관계를 개발해야 한다. 하지만 다른 중요한 사람들과 관계를 갖는 것만으로는 충분하지 않다. 리더들은 또한 그들의 네트워크와 그들 주위의 다른 네트워크들이 어떻게 배치되어 있는가를 이해해야 한다.

팀 속에서의 리더십

오늘날 세상에서는 팀으로 일하도록 조직을 구성하는 것이 일반적이다. 리더들은 독립적으로 일하는 직원들만 관리하는 것이 아니다. 팀들이 조직 속에서 일을 하고 있는 것을 볼 수 있다. 팀team은 공유하는 일을 성취하기 위해 협동적으로 일하는 개인들의 집단으로 정의된다(O' Connor & Quinn, 2004). 여기에서는 팀 환경에서의 리더십 성격을 묘사할 것이다.

> **팀** 공유하는 일을 성취하기 위해 협동적으로 일하는 개인들의 집단

효과적인 팀을 구성하는 한 가지 결정적인 성분은 팀 리더십이다(Salas, Sims, & Burke, 2005). 팀 리더십은 팀의 활

동을 조직하고 바람직한 성과를 달성하기 위한 노력을 조정하는 것으로 구성된다. 즉각적인 팀 수행과 별도로 리더는 긍정적인 분위기를 조성함으로써 팀원의 동기화를 유지하는 것뿐만 아니라 팀의 지식, 기술, 능력을 개발함으로써 팀을 위해 더 간접적으로 봉사할 수 있다. 리더들은 팀 행동을 조정하기 위해 다양하고 중요한 역할을 할 수 있다.

리더 중심화

효과적인 팀 리더들은 비공식적인 세력에 의존한다(제5장 참조). 이런 종류의 세력은 관련된 전문성을 가지고 있는 것이나 많은 사랑을 받는 것에서 나올 수 있다. 팀의 사회적 네트워크의 중심이 되면 자원의 흐름을 통제하는 것이 가능하기 때문에 리더들은 팀의 사회적 네트워크의 중심이 됨으로써 비공식적인 권력을 획득할 수 있다(Balkundi & Kilduff, 2006). 자원을 통제하는 것 외에 팀의 중심이 되면 리더는 팀의 일이 되어가는 상태를 항상 알고 있어야 한다.

한편으로, 팀 네트워크의 중심이 되는 것이 항상 좋은 것만이 아닐 수 있다. 예를 들어, 만일 네트워크의 중심이 리더라면 팀원들을 처벌하거나 징계하는 것을 꺼릴 것이다. 그 리더는 관계를 해치는 것을 너무 염려하게 될 수 있다. 또 다른 잠재적인 단점은 리더가 팀원들과 너무 비슷하게 생각할 수 있어서 부족한 수행을 확인하는 것이 어려울 수 있다는 것이다. 비록 팀의 사회적 네트워크의 중심이 되는 것에 여러 단점이 있지만, Balkundi와 Harrison(2006)은 장점이 단점보다 더 많다는 증거를 제공했다. 그들은 팀 네트워크 속에서의 리더 중심화에 대한 연구들을 검토하고, 전체적으로는 팀 네트워크의 중심이 되는 리더를 갖는 것이 팀 수행에 긍정적인 영향을 미친다는 것을 발견했다.

팀 영향력

리더들은 목표를 설정하고 필요로 하는 자원과 함께 그것을 제시함으로써 팀에 도움을 줄 수 있다. 리더만 팀 효과성에 영향을 미치는 것이 아니다. 팀 또한 리더의 효과성에 영향을 미친다(Zaccaro & Klimoski, 2002). 사실 리더십은 팀의 작용에 대한 반응 속에서 발달할 수 있으며, 팀 성과를 높이기 위해 사용될 수 있다(Marks, Mathieu, & Zaccaro, 2001). 한 프로젝트를 완성해야 하는 임무를 맡은 한 위원회를 상상해 보라. 그 위원회는 누가 그 프로젝트의 구체적인 부분들을 책임질 것인가를 함께 결정한다. 그 후에 그들은 나누어져서 각자 맡은 과제를 한다. 만일 한 팀원이 그 프로젝트의 어떤 영역에 대한 전문성을 가지고 있고 여러 팀원들이 그에게 확인을 받아야 하는 경우에는 그가 비공식적인 리더가 될 수 있다. 이 리더는 그 일을 처리하는 방식 때문에 출현했다.

팀 속에서의 리더십은 리더십 연구에 독특한 관점을 제공한다. 권력의 역동성을 이해하는 것이 팀 상황에서 리더가 어떻게 나올 수 있는가를 더 잘 이해하는 데 도움이 된다. 팀 환경에서 일단 리더가 나타나면, 그는 팀 수행에 직접적으로 그리고 간접적으로 공헌하는 행동을 한다.

분산된 리더십

발달된 팀은 리더십이 어떻게 구축되어야 하는가에 대한 더 많은 옵션을

가지고 있을 수 있다. 이 융통성에는 팀
원들이 리더십 책임을 공유하거나 나
누는 것이 포함된다. **분산된 리더십**dis-
tributed leadership 이론은 리더십 책임이
다중의 개인들에 의해 소유될 수 있다
고 제안한다. 이 아이디어는 리더를 개
인적인 사람에게 초점을 맞추는 전통

> **분산된 리더십** 한 사람이 책임
> 을 맡는 것이 아니라 다중의 개
> 인들이 책임을 맡는 리더십
> **공유된 목표** 구성원들이 목표
> 와 목적에 대해 동의하는 팀에서
> 나타나는 특성
> **사회적 지지** 구성원들이 서로
> 배려하고 인정하는 팀에서 나타
> 나는 특성

적인 리더십 연구 분야에서는 비교적 새로운 것이다. 하지만 의사결정과
같이 리더십 책임은 팀 구성원들 간에 공유되며 가장 자격을 갖춘 팀원에
게 위임될 가능성이 더 높다(Yukl, 2006).

촉진적 조건

팀 내의 어떤 조건들은 팀원들이 공유하는 목표, 사회적 지지, 목소리를
포함하는 리더십을 공유하는 것이 가능하도록 한다(Carson, Tesluk, &
Marrone, 2007). 만일 팀 구성원들이 **공유된 목표**shared purpose를 갖는다
면, 그들은 같은 목표를 가지는 배를 함께 타고 더 동기화되고, 힘을 갖게
되고, 그 팀에 더 헌신하게 될 것이다. 더 동기화되고, 힘을 가지게 되고,
헌신하는 것은 팀원들이 팀 내에서 리더십 책임을 공유하는 것을 더 기꺼
이 그리고 자유롭게 하도록 한다(Avolio, Jung, & Sivasubramaniam,
1996). 두 번째 요인은 사회적 지지다. **사회적 지지**social support는 팀 구성원
들이 다른 사람의 공헌을 서로 인정함으로써 서로를 위할 때 팀에 존재한
다. 이 사회적 지지가 있을 때, 팀 구성원들은 일을 함께 더 잘하고 그 집

단의 일에 대한 책임감을 느낀다 (Kirkman & Rosen, 1999). 마지막 요인은 **목소리**voice로 이는 각 팀원들이 팀의 일을 어떻게 수행할 것인가에 대하여 의견을 반영할 수 있다는 느낌이다. 팀 구성원들이 그들의 의견에 대한 목소리를 내는 것을 편안하게 느낄 때 그들은 그 집단의 영향력을 공유할 것이며, 그것은 분산된 리더십과 관련이 있다. 이 세 가지 요인들 모두가 공유된 리더십에 도움이 되는 내재적 팀 환경을 촉진한다.

팀 내에서 결정적인 이 세 가지 요인들 외에 그 팀의 외부에 있는 리더십을 갖는 것도 공유된 리더십 잠재력을 개발하는 데 도움이 된다 (Carson et al., 2007). 그 팀의 외부에 있는 리더십은 침입적이거나 파괴적인 것이 아니라 지지적인 것이라야 한다. 침입적인 외적 리더십은 리더십 책임을 공유하기 위해 필요한 자율성과 자기관리를 개발하는 데 방해가 될 것이다(Morgeson, 2005). 팀 외부에 있는 지지적 리더십은 팀원들의 자기유능감과 팀 내에서의 독립심을 향상시키는 경향이 있을 것이다. 팀원들이 더 많은 자기유능감과 독립심을 가질 때, 그들은 편안하게 느끼고 리더십 책임을 맡을 수 있을 것이다. 이런 지지적인 외부 리더는 팀의 활동이 그 조직의 더 넓은 전략들과 조화를 이룰 수 있도록 팀의 활동을 견제할 수도 있다(Hackman & Wageman, 2005)

분산된 혹은 공유된 리더십의 결과

공유된 리더십과 팀 성과 간의 관계는 간단하지 않다(Mehra, Smith,

Dixon, & Robertson, 2006). 리더십이 분산된 유형에 따라 성과에 다른 영향을 미친다. 더 구체적으로, 팀이 분산-공조 리더십 구조를 가질 때, 팀 성과는 향상된다. **분산-공조 리더십**distributed-coordinated leadership 구조는 비형식적으로 나타난 리더뿐만 아니라 형식적인 리더도 가지고 있는 팀을 말한다. 만일 두 리더들이 서로의 리더십을 인정하고 함께 일을 잘하면, 팀 수행에 긍정적인 영향을 미치게 될 것이다.

> **분산-공조 리더십** 팀이 형식적 리더와 비형식적 리더를 모두 가지고 있고 두 리더들이 서로 다른 사람의 리더십 역할을 인정하는 리더십
>
> **분산-분열 리더십** 팀이 형식적 리더와 비형식적 리더를 모두 가지고 있으면서 두 리더들이 함께 일을 잘하지 않고 서로를 리더로 인정하지 않는 리더십
>
> **리더 중심 팀** 형식적인 리더십 책임을 가지고 있는 사람이 오직 한 사람뿐이고 그 책임을 공유하는 비형식적인 리더가 없는 팀

분산-분열 리더십distributed-fragmented leadership 팀들은 낮은 성과를 내는 경향이 있다. 분산-공조 팀과 마찬가지로 분산-분열 팀도 형식적 리더와 비형식적 리더를 모두 가지고 있다. 하지만 팀이 분열될 때 이 두 리더들은 함께 일을 잘 못하고 서로를 리더로 인정하지 않는다. 마지막 유형의 구조는 전통적인 **리더 중심 팀**leader-centered teams 구조로 오직 한 사람의 형식적 리더가 있고 공유되거나 분산된 리더십은 부족하다. 이 팀들은 분산-공조 팀들보다 수행도가 낮은 경향이 있다. 당신은 왜 많은 팀원들이나 모든 팀원들에게 리더십을 나누지 않고 두 명의 팀원에게 나누는 두 가지의 분산된 리더십 범주(분산-공조 리더십과 분산-분열 리더십)로 나누어지는가 하고 생각할 것이다. 팀이 리더십 책임을 대부분의 혹은 모든 팀원들에게 나누어 주는 것은 흔하지 않으며, 리더십이 소수 몇 명의

팀원들에게 나누어지는 것을 훨씬 더 일반적으로 볼 수 있다(Guetzkow & Simon, 1955).

요약하면, 분산된 리더십은 공유된 목표, 사회적 지지, 목소리를 가지고 있는 팀에서 나타날 가능성이 높다. 이 조건들이 갖추어졌을 때 리더십 책임을 팀 구성원들 간에 공유하는 것이 가능해진다. 하지만 이 공유된 리더십이 팀 수행을 향상시킬 수 있는 것은 리더십 책임을 가지고 있는 사람들이 서로 리더로 인정하는 분산-공조 팀 구조 속에서만 가능하다.

비교문화적 리더십

오늘날 리더들은 그들이 다른 문화에서 온 사람들에게 영향력을 미쳐야만 하는 경우가 종종 있다. 기업들은 여러 나라로 확장되고 있으며 다른 문화에서 온 사람들과 함께 일을 하는 것은 흔한 일이다. 이것은 "리더십의 효과성은 문화에 따라 다른가?" 하는 질문을 하게 만든다. **비교문화적 리더십**crosscultural leadership은 리더의 영향력이 특정한 문화에 따라 어느 정도 특별한가 그리고 그것이 문화에 따라 어느 정도 다른가 하는 것을 다룬다.

> **비교문화적 리더십** 리더의 영향력이 문화에 따라 어떻게 다르고 어느 정도 다른가를 다루는 리더십

비교문화적 차이

Dorfman과 동료들(1997)은 문화에 따라 리더십에 어떤 차이점들이 있는 것을 발견했다. 구체적으로 리더 지지, 조

건적인 보상(예 : 높은 성과에 기초해서 보상 주기), 카리스마적 리더십이 일본, 한국, 타이완, 멕시코, 미국을 포함한 많은 나라들에서 유용한 것으로 간주되었다. 한편 참여적 리더십, 지시적 리더십, 조건적인 벌은 어떤 곳에서는 유용했지만 어떤 곳에서는 그렇지 않았다. 더 구체적으로 조건적인 벌 혹은 낮은 성과에 대한 벌은 미국에서는 효과적인 리더 행동이었지만, 나머지 네 나라에서는 그렇지 않았다. 리더가 권위주의적인 멕시코와 타이완에서는 지시적 리더십을 사용하는 것이 효과가 있었으나, 미국과 한국에서는 참여적 리더십 혹은 부하들에게 더 많은 재량권과 힘을 주는 것이 더 효과적이었다.

비교문화적 연구는 연구하기 쉬운 영역이 아니다. Yukl(2006)은 이 연구 영역이 당면한 여러 가지 이슈들을 제안했다. 예를 들어, 어떤 나라에서 개발된 측정도구나 설문지가 다른 문화에서는 다른 의미를 가지는 것을 발견할 수가 있다. 그밖에 문화적 배경이 다름에 따라서 사람들이 측정도구에 반응하는 방식에 차이가 있을 수 있다. 따라서 어떤 문화에서는 사람들이 설문지에 중간 수준으로 반응하는 것을 편안하게 생각하는 반면에, 어떤 문화에서는 사람들이 높거나 낮은 수준의 반응을 표시하는 경향이 있을 수 있다. 어떤 연구가 잘 설계되었다고 해도 차이가 나타난 이유를 해석하는 데 있어서 여전히 문제가 있을 수 있다. 따라서 연구자는 어떤 특정한 리더십 행동이 어떤 특정한 문화에서 더 효과적이라고 할 수 있겠지만, 왜 그런가를 설명하는 것은 여전히 불가능할 수 있다. 비교문화 연구에서는 이런 독특한 문제점들이 있기 때문에 체계적인 연구가 필요하고 사용된 연구 방법에 대한 조심스러운 평가가 필요하다.

문화적 가치관

리더 행동과 효과에서 발견된 차이점들을 설명하는 한 가지 방법은 문화적 가치관을 사용하는 것이다. 문화적 가치관은 한 문화의 규범에 광범위하게 미치는 영향력을 가지고 있으며, 한 지역에서 성장하는 리더 속에 배어 있는 경향이 있다(Yukl, 2006). Hofstede(1980, 1998)는 네 가지 수준의 문화적 가치관을 제안했다. 이 네 가지는 권력 간격, 불확실성 회피, 개인주의-집단주의, 남성성-여성성이다. 이 가치들은 여러 가지 방식으로 리더십에 영향을 미칠 수 있다(Dickson, Den Hartog, & Mitchelson, 2003). **권력 간격**power distance은 개인이나 기관이 다른 사람들보다 더 많은 권력을 갖는 것을 한 사회의 개인들이 얼마나 기꺼이 인정하는가 하는 것이다. 한 사회가 높은 권력 간격을 가지고 있을 때, 사람들은 불평등한 권력 분산을 더 잘 받아들이고 리더에 대해 반대하는 것을 불편해 할 수 있다. 만일 사회가 낮은 권력 간격을 갖고 있다면, 시민들은 권위를 덜 인정할 것이고 의사결정이나 목표설정에 더 관여하기를 기대할 것이다. Hofstede의 두 번째 문화적 차원은 **불확실성 회피**uncertainty avoidance다. 이 차원은 한 사회의 구성원들이 애매함과 불확실성에 대해 편안해하는 정도를 말한다. 사회가 불확실함을 좋아하지 않을 때 그 사회는 일반적으로 규칙과 규범을 통해서 그것을 회피하거나 그것을 축소하려고 애쓸 것이다. 불확실함을 좋아하지 않는 사람들은 모험을 하는 것을 불안해할 것

권력 간격 개인이나 기관이 다른 사람들보다 더 많은 권력을 갖는 것을 한 사회의 개인들이 기꺼이 인정하는 정도

불확실성 회피 한 사회의 구성원들이 애매함과 불확실성에 대해 편안해하는 정도

이며 신중하고 예측 가능한 리더들이 가장 효과적이라고 생각할 것이다.

세 번째 문화적 차원은 **개인주의−집단주의**individualism-collectivism이다. 집단주의적 사회는 엄격한 사회적 틀을 가지고 있으며 개인들은 그들의 사회적 집단에 대한 충성심이 강하고 헌신을 한다. 그들의 집단에 대한 충성심의 결과,

개인주의−집단주의 한 사회의 개인들이 얼마 만큼 독립적이고 개인적인 성취에 중점을 두는가 혹은 얼마 만큼 집단에 강한 동일시를 하고 집단 성취를 추구하는가 하는 정도

남성성−여성성 한 사회의 개인들이 얼마 만큼 전통적인 남성적 혹은 여성적 특성이나 행동을 가치 있게 생각하는가 하는 정도

집단주의적 사회는 집단의 목표와 리더의 미래에 대한 비전에 더 헌신하는 경향이 있다. 개인주의적 사회는 독특하고 자율적인 것에 가치를 두는 경향이 있다. 이런 개인주의적인 가치관을 가지고 있는 사람들은 집단의 목표나 리더의 비전을 쉽게 받아들이지 않을 수 있으며 개인적인 성취와 보상에 대한 기회에 더 긍정적으로 반응할 수 있다. Hofstede(1998)의 마지막 문화적 차원은 **남성성−여성성**masculinity-femininity이다. 남성적 가치에 편향된 사회는 지배와 일 중심의 특성들을 강조하는 반면에 여성적 가치가 중심인 사회는 다른 사람들을 배려하고 지지하는 것을 강조한다. 남성적인 경향이 있는 문화는 남성적 특성을 가진 리더들을 더 효과적이라고 보고, 여성적인 경향이 있는 문화는 여성적 특성을 가지고 있는 리더들을 더 효과적이라고 본다.

문화적 태도의 이 차원들이 널리 사용되어 왔지만 이것들에 대한 비판이 없는 것은 아니다(Dickson et al., 2003). 그런 비판들에는 네 가지 차원이 너무 간단하다는 점, 정확하지 않은 측정도구 사용, 어떤 특정한 국

가에나 있는 문화적 차이를 무시하는 점들이 포함된다. 그밖에 문화적 가치는 시간에 걸쳐서 변한다(Yukl, 2006)는 점이 이 차원에서 무시되었다고 말하는 사람도 있다. 이런 비판에도 불구하고 Hofstede(1980, 1998)의 네 가지 차원은 비교문화적 연구에 커다란 영향을 미쳤으며 리더십 연구에 미치는 가치관의 영향을 고려하는 중요한 접근으로 자리 잡고 있다.

최근 급증하는 비교문화적 연구는 리더십 분야에서 왜 리더십이 문화에 따라 다를 수 있는가에 대한 새로운 아이디어와 통찰을 제공한다. 권력 간격, 불확실성 회피, 개인주의-집단주의를 포함하는 문화적 가치관이 왜 이 차이가 발생하는가를 설명하기 위해 사용되어 왔다. 차이가 일어나는 원인을 설명하는 데에는 문화적 가치관이 도움이 되지만, 비교문화적 연구가 내포하고 있는 독특한 문제점들에 대하여 조심스럽게 접근해야 한다.

성별과 리더십

21세기에 우리는 50년 전만 해도 남성을 위해 준비되어 있었던 리더십 자리에서 여성을 보기 시작했다. 리더십의 얼굴이 변하면서, 연구자들은 여성 리더와 남성 리더 간에 차이가 있는가를 연구하는 데 관심을 갖게 되었다. 그들은 다르게 행동하고 다르게 수행하는가? 여기에서는 성별과 리더십 분야의 최근 연구를 기술할 것이다.

여성 리더와 남성 리더 간의 차이점

비록 성별에 의한 차이가 좁혀지고 있지만 높은 리더십 지위에서는 여전히 더 많은 남성을 본다. 왜 여성들에게는 조직의 가장 높은 서열까지 오르는 어려움을 뜻하는 천정효과가 나타나는가? 성에 기초한 차별이 그 답이 될 수 있다(Yukl, 2006). 전통적으로 효과적인 리더를 묘사하기 위해 사용되는 자신감, 경쟁심, 적극성 등과 같은 특성들이 남성적이라고 생각되었다(더 많은 특성들을 위해서는 제4장 참조). 하지만 오늘 우리는 리더의 역할에 대해 더 잘 이해하고 있으며 우리는 이 남성적 특성이 가장 효과적인 리더를 묘사하는 것이 아닐 수 있다는 것을 이해한다. 성별에 기초한 차별에 대한 또 다른 설명은 고정관념이다. 과거의 일반적인 믿음은 여자들은 리더십 지위에 관심이 없거나 여자들이 리더십 책임을 다하는 것이 불가능하다는 것이었다. 비록 이 믿음이 사라지고 있지만, 그 영향은 오늘날에도 여전히 남아 있다. 이 설명 모두가 리더십 지위에 여자들이 적은 이유를 설명하는 데 도움이 된다.

어떤 사람들은 리더십 지위에 여자들의 수가 적은 것은 성별 중심의 차이라기보다는 합당한 이유로 설명될 수 있다고 주장할 수 있을 것이다. 다시 말해, 리더십 지위에 여성의 수가 적은 것은 남성 리더와 여성 리더 간의 진정한 차이 때문인가? 이 질문에 답하기 위해서 연구자들은 여성과 남성이 리더로서 다르게 행동하는가를 조심스럽게 연구해 보았다. 어떤 연구들은 여성 행동과 남성 행동에 차이가 있다고 보고했다(Eagly, 1995). 남자들은 더 적극적인 반면에 여자들은 그들의 감정을 더 잘 표현하고 온정적으로 묘사되었다. 다른 한편, 연구자들은 성별과 리더십 행동에 대한 연구결과들을 세심하게 검토하고 여성 리더와 남성 리더의 행동에서 유의미한 차이가 없다는 것을 발견했다(Eagly & Johnson, 1990).

당신은 리더십 행동에 성별 차이가 없다는 사실에 놀랄 수도 있을 것이다. Vecchio(2002)는 리더들이 처하는 조직적 상황은 리더십 행동에 제약을 가하며 조직적 상황에서는 남성적 혹은 여성적 행동이 억제된다고 했다.

리더십 지위에서 여성이 더 효과적인가 혹은 남성이 더 효과적인가 하는 문제는 여전히 생각해 보아야 한다. 즉 한 성별이 다른 성별보다 리더십 지위에서 더 잘 수행하는가? 연구자들은 리더십 효과와 관련된 연구 결과들을 검토했으며(Eagly, Karau, & Makhijani, 1995), 이런 결과가 분명하게 나타났다. 즉 여성과 남성의 리더 효과성에는 차이가 없다. 나아가 성차는 연구에 포함시키는 것이 비교적 간단하기 때문에 성차가 드물게는 존재한다는 단순한 사실은 의미가 있다(Vecchio, 2002). 하지만 효과성이 특정한 리더십 지위에 따라 다를 수 있다는 것을 뜻할 수 있다. 다시 말해, 군사 리더십 지위에서는 여성 리더와 남성 리더의 효과성이 다르게 나타날 수 있다(Eagly, Karau, & Makhijani, 1995). 특정한 리더십 지위에 따라 성별에 따른 리더십 효과에 차이가 있다는 것이 맞는지 확인하기 위해서는 더 많은 연구가 수행될 필요가 있다.

전체적으로 연구는 여성 리더와 남성 리더가 그들의 행동이나 효과성에 있어서 차이가 없다는 것을 보여 준다. 오늘날 리더십 지위에서의 남자와 여자의 수에 차이가 있는 것은 고정관념과 과거의 차별의 잔재일 수 있다. 만일 그렇다면, 성별 간격이 앞으로는 더 작아져야 할 것이다.

요약

이 장은 당신에게 리더십 연구의 미래에 대한 맛보기만을 보여 주었다. 연구자들은 리더십 현상을 점점 더 포괄적으로 그리고 더 현실적으로 묘사하는 데에 초점을 맞추고 있다. 마찬가지로 우리는 리더를 단순히 권력과 인기를 가지고 있는 영웅으로 찬양하지 않는다. 대신에 우리는 리더는 많은 책임과 어려움을 가지고 있는 존재라는 것을 이해한다. 리더들이 인간이기 때문에 우리는 그들도 비효과적일 수 있으며, 나아가 파괴적일 수도 있다고 본다. 그런 파괴적 리더십은 우리가 소위 말하는 리더십의 어두운 면이다. 연구자들은 파괴적 리더십이 단순히 권력을 잡는 파괴적인 개인을 말하는 것이 아니라는 것을 깨달았다. 파괴적 리더십은 파괴적 리더에 의한 것뿐만 아니라 어떤 환경적 특성과 부하 특성을 포함하고 있다. 마찬가지로 윤리적 리더십은 리더십 지위에 있는 윤리적이고 덕이 있는 사람만 말하는 것이 아니다. 윤리적 리더십은 파괴적 리더십과 같이 리더가 그 속에서 작용하는 환경과 조직에 관련된 어떤 요인들의 결과이다. 이 영역의 연구자들은 많은 요인들이 어두운 면과 윤리적인 면 모두에 영향을 미친다는 것을 깨닫기 시작했다. 리더들이 자신들의 사회적 상황에 의한 영향을 받는다는 것이 분명해졌다.

이 사회적 상황은 리더들이 다른 사람들과 어떻게 관계를 형성하는가에 대한 관심을 고조시켰다. 한 리더의 관계, 그 리더 자신과 조직과 조직 간의 관계의 네트워크에 대한 이해 또한 리더십 수행에 매우 중요하다. 리더들은 다른 사람, 집단, 조직과 관계를 가지고 있다. 리더가 관계를 형성하는 한 집단이 리더가 이끄는 팀이다. 리더는 독립적으로 행동하지 않고 팀 내에서 일하게 될 것이다. 이 사회적 상황은 팀의 수행뿐만 아니라 리더의 수행에도 영향을 미친다. 종종 팀 속에서의 리더십은 몇몇 개인들 간에 공유된다. 사실 팀은 제한된 팀 구성원이 리더십 책임을 분산하거나 공유함으로써 팀의 수행을 증가시킬 수 있다. 이 분산된 리더십은 팀 내의 리더가 함께 일하고 각자 서로의 리더십 역할을 인정할 수 있을 때에만 작용할 것이다.

사회적 상황만이 리더십을 연구할 때 고려해야 하는 유일한 상황이 아니다. 문화적 요인들의 영향에 대한 조사는 리더십이 세계적으로 어떻게 다르게 나타나는지를 밝힌다. 연구자들의 관심에 불을 붙인 또 다른 요인은 여성 리더와 남성 리더 간의 차이이다. 대부분의 사람들이 남성과 여성이 다르다는 데 동의하지만, 대부분의 연구는 그들의 리더십 행동이나 효과성에 있어서 차이가 없다는 것을 보여 준다. 따라서 앞으로 우리는 리더십 지위에서 더 동등한 수의 여성과 남성을 볼 수 있을 것이다.

여러분들이 이 장과 이 책을 읽으면서 볼 수 있었듯이, 리더십 연구는 1950년대 초의 특성 접근 이후로 크게 확대되었다. 우리는 이제 상황이 리더에게 커다란 영향을 미친다는 것을 알기 때문에 더 이상 리더의 상황으로부터 리더를 제외시키려고 하지 않는다. 그래서 리더십 연구는 계속 성장하고 변화하고 있다.

핵심 용어

- 개인주의-집단주의
- 개인화된 세력
- 공모자
- 공유된 목표

- 권력 간격
- 도덕적 추론
- 리더 중심 팀
- 분산−공조 리더십
- 분산−분열 리더십
- 비교문화적 리더십
- 사회적 자본
- 사회화된 세력
- 윤리적 상황
- 자아 네트워크
- 조직 네트워크
- 탈선적 리더
- 파괴적 리더십

- 남성성−여성성
- 동조자
- 목소리
- 분산된 리더십
- 불확실성 회피
- 사회적 네트워크
- 사회적 지지
- 윤리적 리더십
- 윤리적 역할 모델
- 조직 간 네트워크
- 지지적−불충적 리더
- 팀
- 폭군적 리더

복습 문제

1. 어떤 성격 특성이 파괴적 리더십과 관련이 있는가?

2. 리더들은 어떻게 윤리적 결정을 하는가?

3. 리더 네트워크에는 어떤 유형이 있는가?

4. 언제 분산된 리더십이 팀 수행에 도움이 되는가?

5. 문화적 가치관은 비교문화적 리더십에 어떤 영향을 미치는가?

6. 리더십 지위에서 남성과 여성은 어떻게 다른가?

7. 왜 리더십 지위에 남성보다 여성의 수가 적은가?

논의 문제

1. 윤리적 결정을 하는 것이 왜 다른 사람들보다 리더에게 더 어려운가?
2. 당신은 리더가 효과가 없고 팀 수행을 해치는 팀에서 일해 본 적이 있는가?
3. 리더 중심화의 중요성은 무엇인가? 리더 중심화의 장점과 단점은 무엇인가?
4. 리더십에서의 성차를 문화가 어떻게 조성할 수 있다고 생각하는가?

개인 활동

개인 활동 1

리더로서 당신의 사회적 네트워크의 현재 혹은 미래의 모습을 그려 보라. 어떤 관계가 당신에게 특히 유용하며 그 이유는 무엇인가? 어떤 관계가 당신이 더 효과적으로 되는 데에 도움이 되겠는가?

개인 활동 2

외국에 있는 성공적인 한 리더를 선택하라. 당신이 Hofstede의 문화적 차원에 대하여 알고 있는 것을 사용하여 그 리더가 그 나라에서 왜 그리고 어떻게 효과가 있는지 기술하라. 이 리더가 미국에서도 효과적일까? 왜 그런지 혹은 왜 그렇지 않은지 설명하라.

집단 활동

집단 활동 1

과거 혹은 현재의 파괴적인 유명한 리더의 예를 들어 보라(예 : 지지적 – 불충적, 폭군적, 탈선적 리더). 그 리더들의 어떤 행동들 때문에 그 리더들을 그렇게 분류했는가?

집단 활동 2

두 명 혹은 세 명의 성공적인 여성 리더의 프로파일을 찾아보라. 그들이 가지고 있는 무엇이 그들에게 성공을 가져다주었는가? 그들의 남성 카운터파트들은 어떻게 다른가?

더 읽을거리

Borgatti, S. P., & Foster, P. C. (2003). The network paradigm in organizational research: A review and typology. *Journal of Management, 29,* 991–1013.

Burke, C. S., Stagl, K. C., Klein, C., Goodwin, G. F., Salas, E., & Halpin, S. M. (2006). What type of leadership behaviors are functional in teams? A meta-analysis. *The Leadership Quarterly, 17,* 288–307.

Ciulla, J. B. (2004). *Ethics, the heart of leadership* (2nd ed.). Westport, CT: Praeger.

House, R. J., Hanges, P., & Ruiz-Quintanila, S. A. (Eds.) (2004). *Leadership, culture, and organizations: The GLOBE study of 62 societies.* Thousand Oaks, CA: Sage Publications.

Lauterback, K. E., & Weiner, B. J. (1996). Dynamics of upward influence: How male and female managers get their way. *The Leadership Quarterly, 7,* 87–107.

Mehra, A., Smith, B. R., Dixon, A. L., & Robertson, B. (2006). Distributed leadership in teams: The network of leadership perceptions and team performance. *The Leadership Quarterly, 17,* 232–245.

용어해설

가설 변인들 간에 기대되는 관계를 나타내는 이론에서 나오는 진술

가정 의심하기 문제에 대한 믿음에 도전하는 과정

가치관 어떤 주어진 상황에서 무엇이 바람직한가에 대한 개인적인 의견

강압적 세력 세력을 갖고 있는 사람으로부터의 처벌을 부하가 회피하려고 할 때 생기는 세력

개인적 배려 부하들의 개성을 존중해 주고 그들의 개인적인 요구에 반응하는 과정

개인주의–집단주의 한 사회의 개인들이 얼마 만큼 독립적이고 개인적인 성취에 중점을 두는가 혹은 얼마 만큼 집단에 강한 동일시를 하고 집단 성취를 추구하는가 하는 정도

개인화된 세력 다른 사람들의 요구와 욕구를 무시하거나 그에 반대되는 행동을 하면서까지 이기적인 요구와 욕구를 만족시키기 위해 사용되는 권력

결속 구성원들이 그 집단의 다른 구성원들과 강한 호감을 갖고 연계될 때의 한 집단의 상태

경로 지향 활동 안내를 하거나 자료를 획득하는 것과 같이 한 집단이 그 집단의 목표를 추구하는 방식을 조성하기 위해 리더가 취하는 행동

경로–목표 이론 목표를 설정하고, 정의하고, 명료화하는 것, 부하들이 그

목표를 달성하게 동기화시키는 것, 부하들이 목표 달성을 향한 분명한
경로를 볼 수 있도록 돕는 것을 리더의 역할로 강조하는 이론

경험 지식이나 기술이 누적되게 하는 적극적인 참여

계획 미래를 위한 가장 훌륭한 행동방침을 결정하기 위해 잠재적인 행동과
그것의 결과를 예측하는 능력

고무적 의사소통 부하의 동기를 증가시키기 위한 정서적으로 강력한 진술이
나 호소

공모자 공유된 목표와 개인적인 이득 때문에 파괴적 리더를 지지하는 부하

공유된 목표 구성원들이 목표와 목적에 대해 동의하는 팀에서 나타나는
특성

과정 중심의 리더십 사람들 간에 일어나는 영향력 과정으로 리더십을 정의
하는 방식

관계 지향 행동 관계를 구축하고 부하를 동기화시키는 리더의 행동

관계적 리더십 이론 관계 형성을 리더가 그의 부하들에게 영향력을 행사하
는 주요한 방법으로 강조하는 이론

구조화 주도 리더가 업무 집단의 활동을 계획하고 조직하는 것

권력 간격 개인이나 기관이 다른 사람들보다 더 많은 권력을 갖는 것을 한
사회의 개인들이 기꺼이 인정하는 정도

권위 세력을 행사하는 정당성을 부여하는 권리나 합법적인 주장

권위주의 권위와 힘을 강조하는 개인의 경향성

귀인 다른 사람들의 행동에 대한 지각

기술 일반적인 방법 및 구체적인 방법으로 무언가를 잘할 수 있는 능력

기존 지식의 재조합 대안적인 해결책을 생성하기 위한 기초로 사용될 수 있
는 새로운 해석을 제공하기 위해 기존 개념을 재구조화 혹은 재조직하는
과정

낙관주의 사건이나 행동이 긍정적인 방향으로 작용할 것이라는 기대

남성성–여성성 한 사회의 개인들이 얼마 만큼 전통적인 남성적 혹은 여성
  적 특성이나 행동을 가치 있게 생각하는가 하는 정도

내용 분석 어떤 변인, 주제 혹은 양식에 대하여 수집된 정보를 검토하는 과
  정, 질적 자료에 수치가 주어질 경우에는 흔히 내용 부호화라고 한다.

내적 기준 목표와 행동이 어느 정도로 가치관과 일치해야 하는가에 대한 개
  인적인 제한

능동적 영향력 시도 한 사람이 다른 사람에게 하는 요구

능동적 영향력 책략 특별한 결과물을 획득하기 위한 방향으로 작동되는
  행동

다수준 연구 한 연구에서 여러 수준에서의 변인들 간의 관계를 조사하는
  연구

다중 연결 모델 관리자 변인, 매개변인, 준거변인, 상황 변인들 간의 관계를
  평가하는 통합적 이론

대인관계 특성 한 사람이 다른 사람들을 대하고 다른 사람들과 상호작용하
  는 방식을 나타내는 특성

대체물 리더십을 불필요하게 만들어서 리더십을 대체하는 과제, 부하 집단,
  조직의 측면들

도덕적 추론 복잡한 윤리적 상황을 이해하고 대처하는 능력

독립변인 연구에서 관심 현상을 설명하는 변인

동조자 안전 욕구가 충족되지 않거나 낮은 성숙도 때문에 파괴적 리더를 지
  지하는 부하

리더 대체 이론 어떤 상황에서 집단이 효과적으로 기능하기 위해 리더를 필
  요로 하지 않는다고 주장하는 이론

리더 문제 해결 이론 리더의 수행을 리더가 문제 해결과 의사결정을 어떻게

잘하느냐로 설명하는 이론

리더 중심 팀　형식적인 리더십 책임을 가지고 있는 사람이 오직 한 사람뿐이
　　고 그 책임을 공유하는 비형식적인 리더가 없는 팀

리더-멤버 교환 이론　리더가 내집단 부하와 외집단 부하를 형성하고 이 두
　　부하 집단에게 다른 방식으로 영향력을 미친다고 제안하는 이론

리더십　공동 목표를 향한 다른 사람들에 대한 영향력

리더십 대체 이론　어떤 상황에서는 효과적으로 기능하기 위해 집단이 리더
　　를 필요로 하지 않는다는 것을 제안하는 이론

마키아벨리즘　개인적인 이득을 위해서 다른 사람들을 속이고 조작하는 경
　　향성

매개변인　독립변인과 종속변인 간의 관계를 설명하는 변인

목소리　팀의 일을 어떻게 수행할 것인가에 대하여 의견을 제시할 수 있다는
　　각 팀원의 느낌

목표 지향 활동　집단 목표를 설정하고, 변경하고, 명료화하고, 정의내리기
　　위해 리더가 취하는 행동

몰개성화　구성원들이 집단에 너무 몰입되어서 자신의 정체성을 잃게 되는
　　상황

무작위배치　연구 참여자들을 다른 실험 집단에 무선적으로 배치하는 행동

문제 해결　문제를 해결하기 위해서 복잡한 여러 측면을 이해하는 과정

배려　부하들의 웰빙에 대한 관심을 나타내는 리더의 행동

변인　여러 가지 양이나 유형으로 존재할 수 있는 성분, 특성, 조건

변혁적 리더　부하들이 기대하는 것 이상으로 성취하도록 동기화시킬 수 있
　　는 리더

변혁적 리더십 이론　부하들이 자신들, 그들의 세상, 세상 속 그들의 위치를
　　인식하는 방식을 리더가 어떻게 만들고 조성하는가에 의해 리더의 효과

성을 설명하려고 하는 이론

변화 지향 행동   조직 내의 변화를 독려하고 촉진하는 리더의 행동

보상적 세력   세력을 갖고 있는 사람이 제공하는 보상을 부하가 추구하려고
할 때 생기는 세력

부하   리더가 공동 목표를 달성하기 위해 발휘하는 영향력을 받는 사람들

분산-공조 리더십   팀이 형식적 리더와 비형식적 리더를 모두 가지고 있고
두 리더들이 서로 다른 사람의 리더십 역할을 인정하는 리더십

분산-분열 리더십   팀이 형식적 리더와 비형식적 리더를 모두 가지고 있으
면서 두 리더들이 함께 일을 잘하지 않고 서로를 리더로 인정하지 않는
리더십

분산된 리더십   한 사람이 책임을 맡는 것이 아니라 다중의 개인들이 책임을
맡는 리더십

불확실성 회피   한 사회의 구성원들이 애매함과 불확실성에 대해 편안해하는
정도

비관습적 방법   그 유형의 문제와 일반적으로는 연상이 되지 않는 방식으로
문제를 해결하는 방법

비교문화적 리더십   리더의 영향력이 문화에 따라 어떻게 다르고 어느 정도
다른가를 다루는 리더십

비실험 연구   관심 있는 변인들이 자연스럽게 일어나는 대로 관찰하거나 측
정함으로써 그 관계를 알아보는 연구

비전   어떤 이상적인 미래를 성취하기 위해 사람들이 어떻게 행동하고 상호
작용해야 하는가에 대한 믿음

빅 파이브   일반적인 다섯 가지 성격 특성-개방성, 성실성, 외향성, 상냥성,
신경성

사람 중심의 리더십   어떤 사람을 리더로 만들어 주는 특성이나 기술로 리더

십을 정의하는 방식

사회 교환 이론　시간에 따른 리더와 부하 간의 관계로 세력의 변화를 정의하는 이론

사회적 네트워크　리더가 다른 사람들, 집단들, 조직들과 맺고 있는 관계

사회적 자본　관계가 가치 있는 자원이고 적절한 사람을 아는 것이 리더에게 여러 가지로 도움이 될 수 있다는 아이디어(예 : 정보 제공, 허가, 자금 획득)

사회적 지각력　한 조직에 대한 요구, 잠재적 문제, 잠재적 기회를 지각하는 능력

사회적 지능　대인관계 상황에 대처하기 위한 가장 좋은 방법을 인식하고 선택하는 능력

사회적 지지　구성원들이 서로 배려하고 인정하는 팀에서 나타나는 특성

사회적 판단 기술　문제 영역 내에서의 사회적 역동성을 이해하고 감시하는 능력 및 잠재적 해결책을 한 조직의 실제적인 요구와 통합하는 능력

사회화된 세력　자신만을 위한 것이 아니라 다른 사람들의 이익을 위해서 사용되는 권력

상황적 리더십 이론　리더들은 그들이 직면하는 상황을 인식할 수 있어야 하고 그 상황에 맞추기 위해 그들의 리더십 유형을 조정해야만 한다는 이론

서베이　연구 참여자들이 그들의 반응을 선택하여 사용할 수 있도록 하는 숫자 척도로 된 질문들

서베이 연구　자료를 수집하기 위해 참여자 표본에게 설문지를 시행하는 연구 방법

성격 특성　한 사람이 어떤 상황에서 행동하는 방식에 영향을 미치는 비교적 안정적인 특성

성취 욕구 어려운 과제를 완수할 때 느끼는 만족감에 의해 동기화 되는 사람
들의 특성

세력 다른 사람의 행동이나 태도에 영향을 미치는 한 사람의 능력

세력 욕구 다른 사람들에게 영향을 미치고 다른 사람들을 통제할 수 있는 자
신들의 능력에 의해 동기화되는 사람들의 특성

실용적 리더십 어떤 이념적 입장을 따르거나 집착하는 것보다 합의 형성을
종용하고, 지식 관리, 전문성, 문제 해결을 강조하는 유형의 리더십

실험 연구 연구자가 관심 있는 독립변인을 조작하고 모든 다른 변인들을 통
제함으로써 관심 있는 변인들을 직접적으로 격리시키는 연구

실험 조건 독립변인의 다른 처치가 적용되도록 참여자들을 다르게 집단 구
성을 하는 것

암묵적 리더십 이론 리더십에 대하여 사람들이 갖고 있는 신념과 가정이 리
더십을 향한 그들의 지각과 행동에 어떻게 영향을 미치는가를 알아보는
이론

양적 연구 특별한 가설을 검증하기 위해 변인들을 측정하는 연구

업무 지향 행동 업무 집단의 활동을 계획하고 조직하는 리더의 행동

에너지 수준과 스트레스 관대함 오랜 기간 동안 주의를 늦추지 않고 심한 스
트레스 상황을 처리할 수 있는 능력

역할 모델링 리더가 직장 분위기를 조성하기 위해 사용하는 행동

역할 중심의 리더십 어떤 사람이 리더의 역할을 할 때 나타나는 행동이나 활
동으로 리더십을 정의하는 방식

연구 관심 있는 현상에 대한 지식의 확장에 공헌할 수 있는 결론을 내리기
위해 관찰이나 실험을 활용하여 그 주제에 대한 정보를 수집하는 형식적
이고 체계적인 과정

연구 대상자(혹은 참여자) 자료 수집의 대상이 되는 사람

연구 방법 연구에 대한 정보를 수집하기 위해 사용되는 테크닉 혹은 절차

연구설계 연구에서 사용될 연구 방법과 절차로 구성되는 최종 계획

영향력 주어진 목표를 달성하기 위해 다른 사람의 동기나 지각을 각성시키는 것

영향력 과정 리더의 지각이나 상황과 같은, 리더가 다른 사람들에게 영향을 미치는 것에 관련한 과정

영향력 시도 바라는 결과를 가져오기 위해 시도하는 행동

영향력 책략 의도적으로 다른 사람들의 태도와 행동을 변화시키려고 하는 행동

옹호 새로운 프로젝트를 위한 관심과 흥분을 일으키기 위해 리더가 사용하는 행동

요구 혹은 동기 한 사람이 어떤 특정한 방식으로 행동하게끔 하는 충동

유관성 리더십 이론 어떤 상황에는 적절한 리드가 다른 상황을 리드하기에는 적절하지 않을 수 있다고 제안하는 이론

윤리 옳고 그름에 대한 개인적인 믿음

윤리적 리더십 적절한 규범에 일치하게 행동하고 이 행동을 부하들에게 고취하는 것을 특징으로 하는 리더십

윤리적 상황 윤리적 행동을 지시하고 안내하는 조직 내에서의 규정적인 절차와 과정

윤리적 역할 모델 윤리적으로 행동하고 실수로부터 배우고 겸손을 보이는 사람으로 다른 사람들이 우러러보는 사람

의사결정 고부담의 결정을 하는 데 필요한 복잡한 상황을 이해하는 과정

이념적 리더십 리더가 이상적인 과거 상태로 돌아가려고 하는 욕구를 표현하는 경향이 있고 리더와 비슷한 가치 체계를 갖고 있는 매우 헌신적인 부하들로 구성된 작은 집단을 끌어들이는 유형의 리더십

이론　특정한 현상에 대하여 설명할 수 있는 개념(혹은 아이디어)

인상 관리　리더들과 부하들이 다른 사람들이 그들을 어떻게 지각하는가에 영향을 미치기 위한 행동을 하는 과정

인상 관리 책략　리더와 부하가 어떻게 인식되는가에 영향을 미치는 행동

인지　지각, 기억, 사고가 처리되는 정신적 사건

인지적 리더십 이론　리더 효과를 결정하는 데 있어서 리더의 사고방식과 의사결정 방식을 강조하는 이론

인지적 자원 리더십 이론　문제 해결이나 의사결정을 할 때 리더가 사용하는 지능의 유형을 강조하는 이론

인지적 자원 리더십 이론　문제를 처리하거나 의사결정을 할 때 리더가 사용하는 지능의 유형을 강조하는 이론

인지적 특성　한 사람이 사고하는 능력이나 사고 유형의 특성

인지적 틀　사람들이 사건, 행동, 대상, 속성, 개념으로 분류하는 범주와 그것들의 연결

자기인식　자기 자신의 가치관, 정체성, 정서, 동기에 대한 인식

자기조절　개인이 가치관에 맞도록 목표와 행동을 부합시키는 과정

자기효능감　자신이 어떤 특정한 활동을 수행하기 위한 자격이 있다고 믿는 정도

자료　연구를 통해 관찰되거나 획득된 정보의 조각들

자신감　어려운 과제를 성취하기 위한 자신의 능력에 대한 믿음

자아 네트워크　리더가 다른 사람들과 맺는 관계

재구성　문제를 다른 상황에 두거나 다른 방식으로 보는 행위

전략적 유관성 이론　한 조직 속에서 다양한 하위조직이나 부서 간에 세력이 어떻게 분배되는가를 기술하려는 이론

전망　어떤 문제들이 해결된다면 어떤 세상이 될 것인가 하는 예측

전문가 세력   세력을 갖고 있는 사람이 지식이 많고 능력이 있다고 부하가 믿는 것에서 생기는 세력

전문성   특정한 영역이나 상황에 대한 깊은 이해와 지식

정서 지능   자기 자신의 감정과 타인의 감정을 인식하는 능력

정서적 성숙   자신의 정서와 능력에 대한 현실적인 인식

정치적 책략   개인이나 조직의 이익을 위하여 광범위한 조직의 결정이나 결정 방법에 의도적으로 영향을 미치는 행동

조작   연구자가 다른 집단에 미치는 영향을 알아보기 위해 독립변인을 바꾸는 것

조절변인   변인들 간의 관계의 강도에 영향을 미치는 변인

조직 간 네트워크   리더와 리더의 조직 내에 있는 사람들이 맺고 있는 조직 바깥의 사람들과의 관계

조직 네트워크   개인의 조직 속에 존재하는 관계

종단적 연구   오랜 시간에 걸쳐 여러 시점에서 자료를 수집함으로써 장기간의 현상을 조사하는 연구

종속변인   독립변인에 의존하는 혹은 독립변인에 의해 영향을 받는 변인

준거적 세력   세력을 갖고 있는 사람을 부하가 좋아하거나 존경함으로써 생기는 세력

중화물   리더의 권위의 부족이나 부하의 관심의 부족과 같이 리더를 비효과적으로 만드는 상황의 측면들

지능   지식을 획득하고 저장하고 적용하는 능력(일반적인 정신 능력, 언어 추리력, 분석적 추리력 등)

지시적 리더십   부하들에게 그들이 해야 할 일을 알려 주고, 구체적으로 안내를 하고, 부하들에게 규칙과 절차를 따르도록 요구하고, 작업 일정을 잡고 조정하는 것

지적 자극 부하들로 하여금 문제와 가능한 해결책을 알도록 만드는 과정. 부
하들로 하여금 문제에 대해 그들이 생각하는 방식을 바꾸도록 하는 것

지지 직원들이 충분한 시간과 자원을 가지고 그들의 과제를 완수하도록 해
주는 리더 행동

지지적−불충적 리더 부하들의 최대 이익을 위한 방식으로 행동하는 한편
조직의 최고 이익을 무시하거나 그것에 반대되는 방식으로 행동하는
리더

지혜 공동선에 도달하기 위해 지능, 창의성, 경험을 성공적으로 사용하
는 것

직관적 상황을 깊이 분석하지 않고 빨리 생각하는 특성

진정한 리더십 리더의 개인적인 신념과 가치관을 기반으로 하는 리더십

진정한 부하 개인적인 신념과 가치관 때문에 리더를 따르는 사람

질적 연구 리더 행동을 관찰하거나 리더나 부하들을 면접하고 상세한 기록
을 해서 자료를 수집하는 연구

참여적 리더십 중요한 의사결정과 과제를 수행하는 데 있어서 부하들을 참
여시키는 리더의 행동

창의성 중재 창의적인 문제 해결 기술을 향상시키기 위해 설계된 훈련

창의적 문제 해결 새롭고 유용한 해결책을 내는 인지적 과정

초보 어떤 분야나 활동에 생소한 사람

최소 선호 동료 모델(LPC 유관성 모델) 가장 많이 인정받고 가장 많이 적용되
는 유관성 리더십 이론으로, 과제 지향과 관계 지향의 두 가지 유형의 리
더를 설명한다.

측정 변인에 대해 수집한 자료를 숫자로 나타내는 것

측정도구 수치 자료를 수집하기 위해 사용되는 질문지나 검사도구

친애 욕구 다른 사람들이 좋아해 주고 승인받는 것에 의해 동기화되는 사람

들의 특성

카리스마 다른 사람들로 하여금 그들이 비상하다고 생각하도록 만드는 개인의 성질. 이 생각이 리더들을 따르도록 동기화시킨다.

카리스마적 리더십 리더가 긍정적인 미래의 비전을 제시하고, 자신감이 높고, 정직하고 인자하게 보이며, 리더의 의제나 조직보다는 리더에게 충성하는 광범위하게 다양한 추종자들을 매료시키는 경향이 있는 리더십의 한 가지 유형

탄력성 실패나 부정적인 결과에 대처하는 능력

탈선적 리더 부하들과 조직의 최고 이익을 무시하거나 그것에 반대되는 방식으로 행동하는 리더

통계 연구자가 양적 자료를 조직하고 이해하고 결론을 이끌어 내는 데 도움을 주는 개념, 규칙, 절차

통제 소재 자기 행동의 원인을 생각하는 방식(예 : 내적 혹은 외적)

통제 집단 실험에서 처치가 주어지지 않는 집단

통제변인 연구자가 통제하고 싶거나 변하지 못하게 하고 싶은 변인

통합성 한 사람의 행동이 그의 가치관, 정직성, 윤리성과 일치하는 정도

특성 사고, 성격, 동기 혹은 사람들을 대하는 방법을 기술하는 한 사람의 특징

특성 리더십 이론 리더는 자신을 리더로 만들어 주는 독특한 특성을 가지고 있다고 말하는 이론

특이 신용 리더가 오랫동안 성공적인 아이디어로 쌓아가는 신용

팀 공유하는 일을 성취하기 위해 협동적으로 일하는 개인들의 집단

파괴적 리더십 그 조직이나 부하들의 이익에 반하는 방식의 리더 행동

폭군적 리더 조직의 최대 이익을 위한 방식으로 행동하는 한편 부하들의 최고 이익을 무시하거나 그것에 반대되는 방식으로 행동하는 리더

피드백 부하의 일에 대한 평가와 지시를 제공하는 행동

학습 능력 자기 자신의 생각과 행동을 살펴보고 개선시킬 방법을 생각하려고 하는 능력과 의지

합법적 세력 세력을 갖고 있는 사람에게 권리를 인정해 주는 가치나 규범을 부하가 내면화하는 세력

행동 리더십 이론 리더를 그들이 가지고 있는 특성이 아니라 그들이 취하는 행동으로 묘사하는 이론

행동 유연성 상황에 따라서 자신의 반응 행동을 변화시키려고 하는 의지와 그 능력

현장 연구 자연스러운 상황에서 수행되는 연구

희망 과제나 목표가 현실적으로 이루어질 수 있다는 동기의 긍정적인 기분

힘 부여하기 리더가 부하들이 자신의 능력과 그 집단에서 자신의 중요성에 대한 자신감을 더 갖게 만드는 과정

Mumford의 뛰어난 리더십 이론 리더가 집단을 이끌어 가는 방식에 의해 카리스마적 리더, 이념적 리더 혹은 실용적 리더로 분류할 수 있다고 주장하는 이론

참고문헌

Amabile, T. M., Schatzer, E. A., Moneta, G. B., & Kramer, S. J. (2004). Leader behaviors and work environment for creativity: Perceived leader support. *The Leadership Quarterly, 15*, 5-32.

Ancona, D., & Caldwell, D. (1992). Demography and design: Predictors of new product team performance. *Organization Science, 3*, 321-341.

Anderson, L. R. (1966). Leader behavior, member attitudes, and task performance of intercultural discussion groups. *Journal of Social Psychology, 69*, 305-391.

Antes, A. L., & Mumford, M. D. (in press). Effects of time frame on creative thought: Process versus problem-solving effects. *Creativity Research Journal*.

Ashour, A. S. (1973). The contingency model of leadership effectiveness: An evaluation. *Organizational Behavior and Human Performance, 9*, 336-355.

Avolio, B. J., & Bass, B. M. (1995). Individual consideration viewed at multiple levels of analysis: A multi-level framework for examining the diffusion of transformational leadership. *The Leadership Quarterly, 6*, 199-218.

Avolio, B. J., & Gardner, W. (2005). Authentic leadership development: Getting to the root of positive forms of leadership. *The Leadership Quarterly, 16*, 315-338.

Avolio, B. J., Jung, D. I., & Sivasubramaniam, N. (1996). Building highly developed teams: Focusing on shared leadership processes, efficacy, trust, and performance. In M. M. Beyerlein & D. A. Johnson (Eds.), *Advances in interdisciplinary study of work teams: Vol. 3. Team leadership* (pp. 173-209). Greenwich, CT: JAI Press.

Avolio, B. J., Gardner, W., Walumbwa, F., Luthans, F., & May, D. (2004). Unlocking the mask: A look at the process by which authentic leaders impact follower attitudes and behaviors. *The Leadership Quarterly, 15,* 801–823.

Balkundi, P., & Harrison, D. (2006). Ties, leaders, and time in teams: Strong inference about network structure's effects on team viability and performance. *Academy of Management Journal, 49,* 49–68.

Balkundi, P., & Kilduff, M. (2006). The ties that lead: A social network approach to leadership. *The Leadership Quarterly, 17,* 419–439.

Bandura, A. (1997). *Self-efficacy: The exercise of control.* New York: W. H. Freeman/Times Books/Henry Holt & Co.

Barreto, M., Spears, R., Ellemers, N., & Shahinper, K. (2003). Who wants to know? The effect of audience on identity expression among minority group members. *British Journal of Social Psychology, 42,* 299–318.

Barrow, J. C. (1977). The variables of leadership: A review and conceptual framework. *Academy of Management Review, 2,* 231–251.

Bass, B. M. (1960). *Leadership, psychology, and organizational behavior.* New York: Harper.

Bass, B. M. (1985a). *Leadership and performance beyond expectations.* New York: Free Press.

Bass, B. M. (1985b). Leadership: Good, better, best. *Organizational Dynamics, 13,* 26–40.

Bass, B. M. (1990). *Bass & Stogdill's handbook of leadership: Theory, research, and managerial application* (3rd ed.). New York: Free Press.

Bass, B. M. (1999). Current developments in transformational leadership: Research and applications. *Psychologist-Manager Journal, 3,* 5–21.

Bass, B. M., & Avolio, B. J. (1990). The implications of transactional and transformational leadership for individual, team, and organizational development. In W. Pasmore & R. W. Woodman (Eds.), *Research in organizational change and development: Vol. 4* (pp. 231–272). Greenwich, CT: JAI Press.

Bass, B. M., & Avolio, B. J. (1993). Transformational leadership: A response to critiques. *Leadership theory and research: Perspectives and directions* (pp. 49–80). San Diego, CA: Academic Press.

Bass, B. M., & Avolio, B. J. (1994). *Improving organizational effectiveness through transformational leadership.* Thousand Oaks, CA: Sage Publications.

Bass, B. M., & Avolio, B. J. (1995). *Manual for the multifactor leadership questionnaire: Rater form (5X short)*. Palo Alto, CA: Mind Garden.

Bass, B. M., & Riggio, R. (2006). *Transformational leadership* (2nd ed.). Mahwah, NJ: Lawrence Erlbaum Associates.

Bennis, W., & Nanus, B. (1985). *Leaders: The strategies of taking charge*. San Francisco: Harper-Collins.

Berson, Y., Shamir, B., Avolio, B. J., & Popper, M. (2001). The relationship between vision strength, leadership style, and context. *The Leadership Quarterly, 12*, 53–73.

Beyer, J., & Browning, L. (1999). Transforming an industry in crisis: Charisma, routinization, and supportive cultural leadership. *The Leadership Quarterly, 10*, 483–520.

Blank, W., Weitzel, J. R., & Green, S. G. (1999). A test of situational leadership theory. *Personnel Psychology, 43*, 579–597.

Bliese, P. D., Halverson, R. R., & Schriesheim, C. A. (2002). Benchmarking multilevel methods in leadership: The articles, the model, and the data set. *The Leadership Quarterly, 13*, 3–14.

Borden, D. F. (1980). *Leader-boss, stress, personality, job satisfaction, and performance: Another look at the interrelationship of some old constructs in the modern large bureaucracy*. Doctoral dissertation, University of Washington, Seattle.

Brown, D. J., & Keeping, L. M. (2005). Elaborating the construct of transformational leadership: The role of affect. *The Leadership Quarterly, 16*, 245–272.

Brown, M. E., & Trevino, L. K. (2006). Ethical leadership: A review and future directions. *The Leadership Quarterly, 17*, 595–616.

Brown, M. E., Trevino, L. K., & Harrison, D. (2005). Ethical leadership: A social learning perspective for construct development and testing. *Organizational Behavior and Human Decision Processes, 97*, 117–134.

Bryman, A. (2004). Qualitative research on leadership: A critical but appreciative review. *The Leadership Quarterly, 15*, 729–769.

Burke, W. (1986). Leadership as empowering others. In S. Srivastra (Ed.), *Executive power* (pp. 51–77). San Francisco: Jossey-Bass.

Burns, J. M. (1978). *Leadership*. New York: Harper & Row.

Cantoni, L. J. (1955). Emotional maturity needed for success in business. *Personnel Journal, 34*, 173–176.

Carson, J. B., Tesluk, P. E., & Marrone, J. A. (2007). Shared leadership in teams: An investigation of antecedent conditions and performance. *Academy of Management Journal, 50*, 1217–1234.

Coch, L., & French, J. R. P., Jr. (1948). Overcoming resistance to change. *Human Relations, 1*, 512–532.

Conger, J. (1989). *The charismatic leader: Behind the mystique of exceptional leadership.* San Francisco, CA: Jossey-Bass.

Conger, J. (1993). Max Weber's conceptualization of charismatic authority: Its influence on organizational research. *The Leadership Quarterly, 4*, 277–288.

Conger, J. (1999). Charismatic and transformational leadership in organizations: An insider's perspective on these developing streams of research. *The Leadership Quarterly, 10*, 145–179.

Conger, J., & Kanungo, R. (1987). Toward a behavioral theory of charismatic leadership in organizational settings. *Academy of Management Review, 12*, 637–647.

Conger, J., & Kanungo, R. (1988). *Charismatic leadership: The elusive factor in organizational effectiveness.* San Francisco, CA: Jossey-Bass.

Conger, J., & Kanungo, R. (1998). *Charismatic leadership in organizations.* Thousand Oaks, CA: Sage Publications.

Connelly, M. S., Gilbert, J. A., Zaccaro, S. J., Threlfall, K. V., Marks, M. A., & Mumford, M. D. (2000). Exploring the relationship of leader skills and knowledge to leader performance. *The Leadership Quarterly, 11*, 65–86.

Dickson, M. W., Den Hartog, D. N., & Mitchelson, J. K. (2003). Research on leadership in a cross-cultural context: Making progress, and raising new questions. *The Leadership Quarterly, 14*, 729–768.

Dorfman, P. W., Howell, J. P., Hibino, S., Lee, J. K., Tate, U., & Bautista, A. (1997). Leadership in Western and Asian countries: Commonalities and differences in effective leadership processes across cultures. *The Leadership Quarterly, 8*, 233–274.

Eagly, A. H. (1995). The science and politics of comparing women and men. *American Psychologist, 50*, 145–158.

Eagly, A. H., & Johnson, B. T. (1990). Gender and leadership-style: A meta-analysis. *Psychological Bulletin, 108*, 233–256.

Eagly, A. H., Karau, S. J., & Makhijani, M. G. (1995). Gender and the effectiveness of leaders: A meta-analysis. *Psychological Bulletin, 117*, 125–145.

Eden, D., & Leviatan, U. (1975). Implicit leadership theory as a determinant of the factor structure underlying supervisory behavior scales. *Journal of Applied Psychology, 60*, 736–741.

Einarsen, S., Aasland, M. S., & Skogstad, A. (2007). Destructive leadership behavior: A definition and conceptual model. *The Leadership Quarterly, 18*, 207–216.

Ekvall, G., & Ryhammer, L. (1999). The creative climate: Its determination and effects at a Swedish University. *Creativity Research Journal, 12*, 303–310.

Fernandez, C. F., & Vecchio, R. P. (1997). Situational leadership theory revisited: A test of an across-jobs perspective. *The Leadership Quarterly, 8*, 67–84.

Ferris, G. R., Zinko, R., Brouer, R. L., Buckley, M. R., & Harvey, M. G. (2007). Strategic bullying as a supplementary, balanced perspective on destructive leadership. *The Leadership Quarterly, 18*, 195–206.

Fiedler, F. E. (1967). *A theory of leadership effectiveness.* New York: McGraw-Hill.

Fiedler, F. E. (1970). *Personality, motivational systems, and behavior of high and low LPC persons* (Tech. Rep. No. 70–12). Seattle: University of Washington, Department of Psychology.

Fiedler, F. E. (1973). The contingency model: A reply to Ashour. *Organizational Behavior and Human Performance, 9*, 356–368.

Fiedler, F. E. (1977). A rejoinder to Schriesheim and Kerr's premature obituary of the contingency model. In J. G. Hunt & L. L. Larson (Eds.), *Leadership: The cutting edge.* Carbondale: Southern Illinois University Press.

Fiedler, F. E. (1986). The contribution of cognitive resources and leader behavior to organizational performance. *Journal of Applied Social Psychology, 16*, 532–548.

Fiedler, F. E., & Garcia, J. E. (1987). *New approaches to effective leadership: Cognitive resources and organizational performance.* New York: Wiley.

Fiedler, F. E., & Leister, A. F. (1977). Leader intelligence and task performance: A test of a multiple screen model. *Organizational Behavior and Human Performance, 20*, 1–14.

Fiedler, F. E., Potter, E. H., III, Zais, M. M., & Knowlton, W. A., Jr. (1979). Organizational stress and the use and misuse of managerial intelligence and experience. *Journal of Applied Psychology, 64*, 635–647.

Fleishman, E. A. (1951). *Leadership climate and supervisory behavior* (Personnel Research Board). Columbus: Ohio State University.

Fleishman, E. A. (1953). The description of supervisory behavior. *Journal of Applied Psychology, 37*, 1–6.

Fleishman, E. A. (1973). Twenty years of consideration and structure. In E. A. Fleishman & J. G. Hunt (Eds.), *Current developments in the study of leadership.* Carbondale: Southern Illinois University Press.

Foundation for Research on Human Behavior. (1954). *Leadership patterns and organizational effectiveness*. Report of a seminar conducted by the Foundation for Research on Human Behavior, March 12–13, 1954, at Corning, NY; April 23–24, 1954, at Ann Arbor, MI; and May 14–15, 1954, at Pocono Manor, PA.

French, J., & Raven, B. H. (1959). The bases of social power. In D. Cartwright (Ed.), *Studies of social power* (pp. 150–167). Ann Arbor, MI: Institute for Social Research.

Friedlander, F., & Walton, E. (1964). Positive and negative motivations toward work. *Administrative Science Quarterly, 9,* 194–207.

Frost, D. E. (1983). Role perceptions and behavior of the immediate supervisor: Moderating effects on the prediction of leadership effectiveness. *Organizational Behavior and Human Performance, 31,* 123–142.

Gabler, N. (2006). *Walt Disney: The triumph of the American imagination*. New York: Vintage.

Gardner, W., Avolio, B. J., Luthans, F., May, D., & Walumbwa, F. (2005). Can you see the real me? A self-based model of authentic leader and follower development. *The Leadership Quarterly, 16,* 343–372.

George, W. (2003). *Authentic leadership: Rediscovering the secrets to creating lasting value*. San Francisco: Jossey-Bass.

Gibson, F. W., Fiedler, F. E., & Barrett, K. M. (1993). Stress, babble, and the utilization of the leader's intellectual abilities. *The Leadership Quarterly, 4,* 189–208.

Goldberg, L. R. (1999). A broad-bandwidth, public domain, personality inventory measuring the lower-level facets of several five-factor models. In I. Mervielde, I. Deary, F. De Fruyt, & F. Ostendorf (Eds.), *Personality psychology in Europe: Vol. 7, Selected papers from the Eighth European Conference on Personality held in Ghent, Belgium, July 1996* (pp. 7–28). Tilburg, The Netherlands: Tilburg University Press.

Goleman, D. (1995). *Emotional intelligence*. New York: Bantam Books.

Graef, C. L. (1983). The situational leadership theory: A critical review. *Academy of Management Review, 8,* 285–296.

Graen, G. B. (1976). Role making processes within complex organizations. In M. D. Dunnette (Ed.), *Handbook of industrial and organizational psychology*. Chicago: Rand McNally.

Graen, G. B., Alvares, K. M., Orris, J. B., & Martella, J. A. (1970). Contingency model of leadership effectiveness: Antecedent and evidential results. *Psychological Bulletin, 74,* 285–296.

Graen, G. B., & Cashman, J. F. (1975). A role-making model of leadership in formal organizations: A developmental approach. In J. G. Hunt & L. L. Larson (Eds.), *Leadership frontiers*. Kent, OH: Kent State University Press.

Graen, G. B., Novak, M., & Sommerkamp, P. (1982). The effects of leader-member exchange and job design on productivity and satisfaction: Testing a dual attachment model. *Organizational Behavior and Human Performance, 30*, 109–131.

Graen, G. B., & Uhl-Bien, M. (1995). Relationship-based approach to leadership: Development of leader-member exchange (LMX) theory of leadership over 25 years: Applying a multi-level multi-domain approach. *The Leadership Quarterly, 6*, 219–247.

Graziano, A. M., & Raulin, M. L. (2004). *Research methods: A process of inquiry* (5th ed.). Boston: Pearson Education.

Green, S. G., & Mitchell, T. R. (1979). Attributional processes of leaders in leader-member exchanges. *Organizational Behavior and Human Performance, 23*, 429–458.

Guetzkow, H., & Simon, H. (1955). The impact of certain communication nets upon organization and performance in task-oriented groups. *Management Science, 1*, 233–250.

Hackman, J. R., & Wageman, R. (2005). A theory of team coaching. *Academy of Management Review, 30*, 269–287.

Hackman, J. R., Brousseau, K. R., & Weiss, J. A. (1976). The interaction of task design and group performance strategies in determining group effectiveness. *Organizational Behavior and Human Performance, 16*, 350–365.

Halpin, A. W., & Winer, B. J. (1957). A factorial study of the leader behavior descriptions. In R. M. Stogdill & A. E. Coons (Eds.), *Leader behavior: Its description and measurement*. Columbus: Ohio State University, Bureau of Business Research.

Hersey, P., & Blanchard, K. H. (1969). Life cycle theory of leadership. *Training & Development Journal, 23*, 26–34.

Hersey, P., & Blanchard, K. H. (1972). The management of change: Change and the use of power. *Training & Development Journal, 26*(1), 6–10.

Hersey, P., & Blanchard, K. H. (1993). *Management of organizational behavior: Utilizing human resources* (6th ed.). Englewood Cliffs, NJ: Prentice Hall.

Hofstede, G. (1980). *Culture's consequences: International differences in work-related values* (Abridged ed.). Newbury Park, CA: Sage Publications.

Hofstede, G. (1998). Attitudes, values, and organizational culture: Disentangling the concepts. *Organization Studies, 19*, 477–493.

Hogan, R., Curphy, G. J., & Hogan, J. (1994). What we know about leadership: Effectiveness and personality. *American Psychologist, 49*, 493–504.

Hollander, E. P. (1958). Conformity, status, and idiosyncrasy credit. *Psychological Review, 65*, 117–127.

Hollander, E. P. (1978). *Leadership dynamics: A practical guide to effective relationships.* New York: Free Press.

House, R. J. (1971). A path goal theory of leader effectiveness. *Administrative Science Quarterly, 16*, 321–338.

House, R. J., Hanges, P., & Ruiz-Quintanila, S. A. (Eds.) (2004). *Leadership, culture, and organizations: The GLOBE study of 62 societies.* Thousand Oaks, CA: Sage Publications.

House, R. J., & Mitchell, T. R. (1974). Path-goal theory of leadership. *Journal of Contemporary Business, 3*, 81–97.

House, R. J., & Podsakoff, P. (1994). Leadership effectiveness: Past perspectives and future directions for research. In J. Greenberg (Ed.), *Organizational behavior: The state of the science* (pp. 45–82). Hillsdale, NJ: Lawrence Erlbaum Associates.

House, R. J., & Shamir, B. (1993). Toward the integration of transformational, charismatic, and visionary theories. In M. M. Chemers & R. Ayman (Eds.), *Leadership theory and research: Perspectives and directions* (pp. 81–108). San Diego, CA: Academic Press.

Howell, J. M., & Boies, K. (2004). Champions of technological innovation: The influence of contextual knowledge, role orientation, idea generation, and idea promotion on champion emergence. *The Leadership Quarterly, 15*, 123–143.

Howell, J. P., Dorfman, P. W., & Kerr, S. (1986). Moderator variables in leadership research. *Academy of Management Review, 11*, 88–102.

Hunt, J. G., Boal, K. B., & Dodge, G. E. (1999). The effects of visionary and crisis-responsive charisma on followers: An experimental examination of two kinds of charismatic leadership. *The Leadership Quarterly, 10*, 423–448.

Hunter, S. T., Bedell-Avers, K. E., & Mumford, M. D. (2007). The typical leadership study: Assumptions, implications, and potential remedies. *The Leadership Quarterly, 18*, 435–446.

Ilies, R., Morgeson, F., & Nahrgang, J. (2005). Authentic leadership and eudaemonic well-being: Understanding leader-follower outcomes. *The Leadership Quarterly, 16*, 373–394.

Jaussi, K. S., & Dionne, S. D. (2003). Leading for creativity: The role of unconventional leader behavior. *The Leadership Quarterly, 14,* 475–498.

Jelinek, M., & Schoonhoven, C. B. (1990). *The innovation marathon: Lessons learned from high technology firms.* Oxford, England: Blackwell.

Johnson, S. K. (2008). I second that emotion: Effects of emotional contagion and affect at work on leader and follower outcomes. *The Leadership Quarterly, 19,* 1–19.

Kanter, R. M. (1983). *The change masters.* New York: Simon & Schuster.

Katz, D., Maccoby, N., Gurin, G., & Floor, L. (1951). *Productivity, supervision, and morale in an office situation.* Ann Arbor, MI: Institute for Social Research.

Keane, M. (1996). On adaptation in analogy: Tests of pragmatic importance and adaptability in analogical problem solving. *The Quarterly Journal of Experimental Psychology, 49A,* 1062–1085.

Kerr, S. (1977). Substitutes for leadership: Some implications for organizational design. *Organization and Administrative Sciences, 8,* 135–146.

Kerr, S., & Jermier, J. (1978). Substitutes for leadership: Their meaning and measurement. *Organizational Behavior and Human Performance, 22,* 374–403.

Kilduff, M., Tsai, W., & Hanke, R. (2006). A paradigm too far? A dynamic stability reconsideration of the social network research program. *Academy of Management Review, 31,* 1031–1048.

Kirkman, B. L., & Rosen, B. (1999). Beyond self-management: Antecedents and consequences of team empowerment. *Academy of Management Journal, 42,* 58–74.

Knowlton, W. (1979). *The effects of stress, experience, and intelligence on dyadic leadership performance.* Doctoral dissertation, University of Washington, Seattle.

Kotter, J. P. (1990). *A force for change: How leadership differs from management.* New York: Free Press.

Kouzes, J. M., & Posner, B. Z. (1987). *The leadership challenge: How to get extraordinary things done in organizations.* San Francisco: Jossey-Bass.

Latham, G. P., Erez, M., & Locke, E. A. (1988). Resolving scientific disputes by the joint design of crucial experiments: Application to the Erez-Latham dispute regarding participation in goal setting. *Journal of Applied Psychology, 73,* 753–777.

Leana, C. R., Locke, E. A., & Schweiger, D. M. (1990). Fact and fiction in analyzing research on participative decision making: A critique of Cotton, Vollrath, Froggatt, Lengnick-Hall, and Jennings. *Academy of Management Review, 15,* 137–146.

Levay, C. (in press). Charismatic leadership in resistance to change. *The Leadership Quarterly.*

Lewin, K., Lippitt, R., & White, R. K. (1939). Patterns of aggressive behavior in experimentally created social climates. *Journal of Social Psychology, 10,* 271–301.

Liden, R. C., & Maslyn, J. M. (1998). Multidimensionality of leader-member exchange: An empirical assessment through scale development. *Journal of Management, 24,* 43–72.

Likert, R. (1967). *The human organization: Its management and value.* New York: McGraw-Hill.

Lord, R. G., Brown, D. J., Harvey, J. L., & Hall, R. J. (2001). Contextual constraints on prototype generation and their multilevel consequences for leadership perceptions. *The Leadership Quarterly, 12,* 311–338.

Lord, R. G., & Hall, R. J. (2005). Identity, deep structure, and the development of leadership skill. *The Leadership Quarterly, 16,* 591–615.

Lord, R. G., & Maher, K. J. (1991). *Leadership and information processing: Linking perceptions and performance.* Boston: Unwin-Hyman.

Luthans, F., & Avolio, B. J. (2003). Authentic leadership: A positive development approach. In K. S. Cameron, J. E. Dutton, & R. E. Quinn (Eds.), *Positive organizational scholarship* (pp. 241–258). San Francisco: Berrett-Koehler.

Maney, K. (2003). *The maverick and his machine: Thomas Watson, Sr. and the making of IBM.* Hoboken, NJ: Wiley.

Marcy, R. A. & Mumford, M. D. (in press). Leader cognition: Improving leader performance through causal analysis. *The Leadership Quarterly.*

Marks, M. A., Mathieu, J. E., & Zaccaro, S. J. (2001). A temporally based framework and taxonomy of team processes. *Academy of Management Review, 26,* 356–376.

Marta, S., Lertiz, L. E., & Mumford, M. D. (2005). Leadership skills and the group performance: Situational demands, behavioral requirements, and planning. *The Leadership Quarterly, 16,* 97–120.

McCall, M., & Lombardo, M. (1983). *Off the track: Why and how successful executives get derailed* (Tech. Rep. No. 21). Greensboro, NC: Center for Creative Leadership.

McClelland, D. C. (1970). The two faces of power. *Journal of International Affairs, 24,* 29–47.

McClelland, D. C. (1975). *Power: The inner experience.* New York: Irvington.

McClelland, D. C. (1985). How motives, skills, and values determine what people do. *American Psychologist, 40,* 812–825.

McGrath, J. E. (1984). *Groups: Interaction and performance.* Englewood Cliffs, NJ: Prentice-Hall.

McIntosh, N. J. (1988, August). *Substitutes for leadership: Review, critique, and suggestions.* Paper presented at the Academy of Management Annual Meeting, Los Angeles.

McMahon, J. T. (1972). The contingency theory: Logic and method revisited. *Personnel Psychology, 25,* 697–711.

McPherson, M., Smith-Lovin, L., & Cook, J. M. (2001). Birds of a feather: Homophily in social networks. *Annual Review of Sociology, 27,* 415–444.

Mehra, A., Smith, B. R., Dixon, A. L., & Robertson, B. (2006). Distributed leadership in teams: The network perceptions and team performance. *The Leadership Quarterly, 17,* 232–245.

Mitchell, T. R., & Kalb, L. S. (1982). Effects of job experience on supervisor attributions for a subordinate's peer performance. *Journal of Applied Psychology, 67,* 181–188.

Morgeson, F. P. (2005). The external leadership of self-managing teams: Intervening in the context of novel and disruptive events. *Journal of Applied Psychology, 90,* 497–508.

Mumford, M. D. (2006). *Pathways to outstanding leadership: A comparative analysis of charismatic, ideological, and pragmatic leaders.* Mahwah, NJ: Lawrence Erlbaum Associates.

Mumford, M. D., Antes, A. L., Caughron, J. J., & Friedrich, T. L. (2008). Charismatic, ideological, and pragmatic leadership: Multi-level influences on emergence and performance. *The Leadership Quarterly, 19,* 144–160.

Mumford, M. D., & Connelly, M. S. (1991). Leaders as creators: Leader performance and problem solving in ill-defined domains. *The Leadership Quarterly, 2,* 289–315.

Mumford, M. D., Connelly, M. S., Brown, R. P., Murphy, S. T., Hill, J. H., Antes, A. L., Waples, E. P., & Devenport, L. D. (2008). A sensemaking approach to ethics training for scientists: Preliminary evidence of training effectiveness. *Ethics and Behavior, 18,* 315–339.

Mumford, M. D., Connelly, M. S., & Gaddis, B. (2003). How creative leaders think: Experimental findings and cases. *The Leadership Quarterly, 14*, 411–432.

Mumford, M. D., Espejo, J., Hunter, S. T., Bedell-Avers, K. E., Eubanks, D. L., & Connelly, S. (2007). The sources of leader violence: A comparison of ideological and non-ideological leaders. *The Leadership Quarterly, 18*, 217–235.

Mumford, M. D., Eubanks, D. L., & Murphy, S. T. (2007). Creating the conditions for success: Best practices in leading for innovation. In J. A. Conger & R. E. Riggio (Eds.), *The practice of leadership: Developing the next generation of leaders* (pp. 129–149). San Francisco: Jossey-Bass.

Mumford, M. D., Friedrich, T. L., Caughron, J. J., & Antes, A. L. (in press a). Leadership development and assessment. In K. A. Ericsson (Ed.), *The development of professional performance.*

Mumford, M. D., Friedrich, T. L., Caughron, J. J., & Antes, A. L. (in press b). Leadership research: Traditions, developments and current directions. In D. A. Buchanan & A. Bryman (Eds.), *Handbook of organizational research methods.*

Mumford, M. D., Friedrich, T. L., Caughron, J. J., & Byrne, C. L. (2007). Leader cognition in real-world settings: How do leaders think about crises? *The Leadership Quarterly, 18*, 515–543.

Mumford, M. D., Gessner, T. E., Connelly, M. S., O'Connor, J. A., & Clifton, T. C. (1993). Leadership and destructive acts: Individual and situational influences. *The Leadership Quarterly, 4*, 115–147.

Mumford, M. D., Hunter, S. T., Eubanks, D. L., Bedell, K. T., & Murphy, S. T. (2007). Developing leaders for creative efforts: A domain-based approach to leadership development. *Human Resource Management Review, 17*, 402–417.

Mumford, M. D., Licuanan, B. (2004). Leading for innovation: Conclusions, issues, and directions. *The Leadership Quarterly, 15*, 217–221.

Mumford, M. D., Marks, M. A., Connelly, M. S., Zaccaro, S. T., & Reiter-Palmon, R. (2000). Development of leadership skills: Experience and training. *The Leadership Quarterly, 11*, 87–114.

Mumford, M. D., Schultz, R. A., & Osburn, H. K. (2002). Planning in organizations: Performance as a multi-level phenomenon. In F. J. Yammarino & F. Dansereau (Eds.), *Research in multi-level issues: The many faces of multi-level issues* (pp. 3–35). Oxford, England: Elsevier Science.

Mumford, M. D., Schultz, R. A., & Van Doorn, J. R. (2001). Performance in planning: Processes, requirements, and errors. *Review of General Psychology, 5*, 213-240.

Mumford, M. D., Scott, G. M., Gaddis, B., & Strange, J. M. (2002). Leading creative people: Orchestrating expertise and relationships. *The Leadership Quarterly, 13*, 705-750.

Mumford, M. D., Scott, G., & Hunter, S. (2006). Charismatic, ideological, and pragmatic leaders: How do they lead, why do they lead, and who do they lead? In M. D. Mumford (Ed.), *Pathways to outstanding leadership* (pp. 25-50). Mahwah, NJ: Lawrence Erlbaum Associates.

Mumford, M. D., Strange, J., & Bedell, K. (2006). Charismatic, ideological, and pragmatic leaders: Are they really different? In M. D. Mumford (Ed.), *Pathways to outstanding leadership* (pp. 3-24). Mahwah, NJ: Lawrence Erlbaum Associates.

Mumford, M. D., Strange, J., Scott, G., & Gaddis, E. (2006). What history remembers and predicts for outstanding leaders. In M. D. Mumford (Ed.), *Pathways to outstanding leadership* (pp. 51-80). Mahwah, NJ: Lawrence Erlbaum Associates.

Mumford, M. D., Van Doorn, J. (2001). The leadership of pragmatism: Reconsidering Franklin in the age of charisma. *The Leadership Quarterly, 12*, 279-309.

Mumford, M. D., Zaccaro, S. J., Connelly, M. S., & Marks, M. A. (2000). Leadership skills: Conclusions and future directions. *The Leadership Quarterly, 11*, 155-170.

Mumford, M. D., Zaccaro, S. J., Harding, F. D., Jacobs, T. O., & Fleishman, E. A. (2000). Leadership skills for a changing world: Solving complex social problems. *The Leadership Quarterly, 11*, 11-35.

Murphy, S. E., & Ensher, E. A. (2008). A qualitative analysis of charismatic leadership in Teams: The case of television directors. *The Leadership Quarterly, 19*, 335-352.

Norris, W. R., & Vecchio, R. P. (1992). Situational leadership theory: A replication. *Group and Organization Management, 17*, 331-342.

Northouse, P. G. (2007). *Leadership: Theory and practice.* Thousand Oaks, CA: Sage Publications.

O'Connor, J., Mumford, M. D., Clifton, T. C., Gessner, T. L., & Connelly, M. S. (1995). Charismatic leaders and destructiveness: An historiometric study. *The Leadership Quarterly, 6*, 529-555.

O'Connor, P. M. G., & Quinn, L. (2004). Organizational capacity for leadership. In C. D. McCauley & E. Van Velsor (Eds.), *The Center for Creative Leadership handbook of leadership development* (2nd ed., pp. 417–437). San Francisco: Jossey-Bass.

Padilla, A., Hogan, R., & Kaiser, R. B. (2007). The toxic triangle: Destructive leaders, susceptible followers, and conducive environments. *The Leadership Quarterly, 18,* 176–194.

Peters, L. H., Hartke, D. D., & Pohlmann, J. T. (1985). Fiedler's contingency theory of leadership: An application of the meta-analysis procedures of Schmidt and Hunter. *Psychological Bulletin, 97,* 274–285.

Peters, T. J., & Waterman, R. H., Jr. (1982). *In search of excellence: Lessons from America's best-run companies.* New York: Harper & Row.

Petty, R., & Cacioppo, J. (1981). *Attitudes and persuasion: Classic and contemporary approaches.* Dubuque, IA: Brown.

Podsakoff, P. M., MacKenzie, S. B., Ahearne, M., & Bommer, W. H. (1995). Searching for a needle in a haystack: Trying to identify the illusive moderators of leadership behaviors. *Journal of Management, 21,* 423–470.

Podsakoff, P. M., Niehoff, B. P., MacKenzie, S., & Williams, M. L. (1993). Do substitutes for leadership really substitute for leadership? An examination of Kerr and Jermier's situational leadership model. *Organizational Behavior and Human Decision Processes, 54,* 1–44.

Porter, L. W., & Lawler, E. E. (1968). *Managerial attitudes and performance.* Homewood, IL: Irwin-Dorsey.

Post, J., Ruby, K., & Shaw, E. (2002). The radical group in context: 1. An integrated framework for the analysis of group risk for terrorism. *Studies in Conflict & Terrorism, 25,* 73–100.

Potter, E. H. (1978). *The contribution of intelligence and experience to the performance of staff personnel.* Doctoral dissertation, University of Washington, Seattle.

Rafferty, A., & Griffin, M. (2004). Dimensions of transformational leadership: Conceptual and empirical extensions. *The Leadership Quarterly, 15,* 329–354.

Roberts, N., & Bradley, R. (1988). Limits of charisma. In J. Conger & R. Kanungo (Eds.), *Charismatic leadership: The elusive factor in organizational effectiveness* (pp. 253–275). San Francisco: Jossey-Bass.

Rosenthal, S. A., & Pittinsky, T. L. (2006). Narcissistic leadership. *The Leadership Quarterly, 17,* 617–633.

Rotter, J. B. (1966). Generalized expectancies for internal versus external control of reinforcement. *Psychological Monographs: General & Applied, 80,* 1–28.

Sagie, A., & Koslowsky, M. (2000). *Participation and empowerment in orga-nizations*. Thousand Oaks, CA: Sage Publications.

Salas, E., Sims, D. E., & Burke, C. S. (2005). Is there a "Big Five" in team-work? *Small Group Research, 36*, 555–599.

Scandura, T. A., & Graen, G. B. (1984). Moderating effects of initial leader-member exchange status on the effects of leadership inter-vention. *Journal of Applied Psychology, 69*, 428–436.

Schriesheim, C. A., Neider, L. L., Scandura, T. A., & Tepper, B. J. (1992). Development and preliminary validation of a new scale (LMX-6) to measure leader-member exchange in organizations. *Educational and Psychological Measurement, 52*, 135–147.

Schwartz, S. (1999). A theory of cultural values and some implica-tions for work. *Applied Psychology: An International Review, 48*, 23–47.

Seligman, M. (1998). *Learned optimism*. New York: Pocket Books.

Shamir, B., & Eilam, G. (2005). What's your story? A life-stories approach to authentic leadership development. *The Leadership Quarterly, 16*, 395–417.

Shamir, B., House, R., & Arthur, M. (1993). The motivational effects of charismatic leadership: A self-concept based theory. *Organization Science, 4*, 577–594.

Shea, C., & Howell, J. (1999). Charismatic leadership and task feedback: A laboratory study of their effects on self-efficacy and task perfor-mance. *The Leadership Quarterly, 10*, 375–396.

Shiflett, S. C. (1973). The contingency model of leadership effectiveness: Some implications of its statistical and methodological properties. *Behavioral Science, 18*, 429–440.

Sosik, J., Kahai, S., & Avolio, B. J. (1999). Leadership style, anonymity, and creativity in group decision support systems: The mediating role of optimal flow. *Journal of Creative Behavior, 33*, 227–256.

Sparrowe, R. T., & Liden, R. C. (2005). Two routes to influence: Integrat-ing leader-member exchange and network perspectives. *Administra-tive Science Quarterly, 50*, 505–535.

Sparrowe, R., Liden, R. C., Wayne, S. J., & Kraimer, M. L. (2001). Social networks and the performance of individuals and groups. *Academy of Management Journal, 44*, 316–325.

Spectors, P. E. (1986). Perceived control by employees: A meta-analysis of studies concerning autonomy and participation at work. *Human Relations, 39*, 1005–1016.

Stajkovic, A., & Luthans, F. (1998). Social cognitive theory and self-efficacy: Going beyond traditional motivational and behavioral approaches. *Organizational Dynamics, 26*, 62–74.

Sternberg, R. J. (2007). A systems model of leadership: WICS. *American Psychologist, 62*, 34–42.

Stogdill, R. M. (1948). Personal factors associated with leadership: A survey of the literature. *Journal of Psychology, 25*, 35–71.

Strange, J. M., & Mumford, M. D. (2002). The origins of vision: Charismatic versus ideological leadership. *The Leadership Quarterly, 13*, 343–377.

Strauss, G. (1977). Managerial practices. In J. R. Hackman & J. L. Suttle (Eds.), *Improving life at work: Behavioral science approaches to organizational change* (pp. 297–363). Santa Monica, CA: Goodyear.

Strube, M. J., & Garcia, J. E. (1981). A meta-analytic investigation of Fielder's contingency model of leadership effectiveness. *Psychological Bulletin, 90*, 307–321.

Tannenbaum, R., & Schmidt, W. H. (1958). How to choose a leadership pattern. *Harvard Business Review, 36* (March–April), 95–101.

Tepper, B. J. (2000). Consequences of abusive supervision. *Academy of Management Journal, 43*, 178–190.

Thomas, J., & McDaniel, R. (1990). Interpreting strategic issues: Effects of strategy and the information-processing structure of top management teams. *Academy of Management Journal, 33*, 286–306.

Thomas, K., & Velthouse, B. (1990). Cognitive elements of empowerment: An "interpretive" model of intrinsic task motivation. *Academy of Management Review, 15*, 666–681.

Treviño, L. K., Hartman, L. P., & Brown, M. (2000). Moral person and moral manager: How executives develop a reputation for ethical leadership. *California Management Review, 42*, 128–142.

Treviño, L. K., Weaver, G. R., Gibson, D. G., & Toffler, B. L. (1999). Managing ethics and legal compliance: What hurts and what works. *California Management Review, 41*, 131–151.

Vecchio, R. P. (1983). Assessing the validity of Fiedler's contingency model of leadership effectiveness: A closer look at Strube and Garcia. *Psychological Bulletin, 93*, 404–408.

Vecchio, R. P. (2002). Leadership and gender advantage. *The Leadership Quarterly, 13*, 643–671.

Victor, B., & Cullen, J. B. (1988). The organizational bases of ethical work climates. *Administrative Science Quarterly, 33*, 101–125.

Vroom, V. H., & Jago, A. G. (2007). The role of the situation in leadership. *American Psychologist, 62*, 17–24.

Vroom, V. H., & Yetton, P. W. (1973). *Leadership and decision making.* Pittsburgh, PA: University of Pittsburgh Press.

Walster, E., Aronson, E., & Abrahams, D. (1966). On increasing the persuasiveness of a low prestige communicator. *Journal of Experimental Social Psychology, 2*, 325–342.

Weber, M. (1947). *The theory of social and economic organization* (Trans. T. Parsons). New York: Free Press.

Wofford, J. C., & Liska, L. Z. (1993). Path-goal theories of leadership: A meta-analysis. *Journal of Management, 19*, 858–876.

Yukl, G. (1970). Leader LPC scores: Attitude dimensions and behavioral correlates. *Journal of Social Psychology, 80*, 207–212.

Yukl, G. (2006). *Leadership in organizations* (6th ed.). Upper Saddle River, NJ: Prentice Hall.

Yukl, G., & Chavez, C. (2002). Influence tactics and leader effectiveness. In L. L. Neider & C. A. Schriesheim (Eds.), *Leadership* (pp. 139–165). Greenwich, CT: New Information Age Publishing.

Yukl, G., & Falbe, C. M. (1991). The importance of different power sources in downward and lateral relations. *Journal of Applied Psychology, 76*, 416–423.

Yukl, G., & Tracey, B. (1992). Consequences of influence tactics used with subordinates, peers, and the boss. *Journal of Applied Psychology, 77*, 525–535.

Zaccaro, S. J., Gilbert, J. A., Thor, K. K., & Mumford, M. D. (1991). Leadership and social intelligence: Linking social perspectives and behavioral flexibility to leader effectiveness. *The Leadership Quarterly, 2*, 317–342.

Zaccaro, S. J., & Klimoski, R. (2002). The interface of leadership and team processes. *Group Organization Management, 27*, 4–13.

Zaccaro, S. J., Mumford, M. D., Connelly, M. S., Marks, M. A., & Gilbert, J. A. (2000). Assessment of leader problem-solving capabilities. *The Leadership Quarterly, 11*, 37–64.

Zais, M. M. (1979). *The impact of intelligence and experience on the performance of army line and staff officers.* Master's thesis, University of Washington, Seattle.

Zellars, K. L., Tepper, B. J., & Duffy, M. K. (2002). Abusive supervision and subordinates' organizational citizenship behavior. *Journal of Applied Psychology, 87*, 1068–1076.

찾아보기

Dr. Michael D. Mumford는 오클라호마대학교 심리학과의 우수 연구 교수이며 응용사회연구소를 책임지고 있다. 그는 1983년 조지아대학교에서 산업 및 조직 심리학 분야와 심리측정학 분야에서 박사학위를 받았다. Dr. Mumford는 미국 심리학회(3, 5, 14분과), 산업 및 조직 심리학 협회, 그리고 미국 심리학협회의 펠로이다. 그는 창의성, 혁신, 계획, 리더십, 그리고 윤리에 대한 250편 이상의 논문을 썼다. 그는 「Leadership Quarterly」의 고참 편집자이며 「Creativity Research Journal」, 「Journal of Creativity Behavior」, 「IEEE Transactions on Engineering Management」, 그리고 「Journal of Business Ethics」의 편집위원으로 활동하고 있다. Dr. Mumford는 국가 과학재단, 국가보건기구, 국방부, 노동부, 국무부로부터 3,000만 달러 이상의 보조금을 받는 프로젝트의 수석 연구원으로 일하고 있다. 그는 산업 및 조직 심리학 협회로부터 M. Scott Myers Award for Applied Research in the Workplace 상을 받았다. 전문적인 관심 분야는 높은 수준의 재능에 대한 평가와 개발이며, 현재 집중하고 있는 연구 영역은 창의적인 사고 기술의 판별과 측정, 역동적인 조직 환경 속에서의 성공적인 리더십 기술, 직장 구조와 기술의 성장 및 개발 간의 관계, 그리고 개인의 생활사를 적용한 진로발달(career development)의 이해다.

■■■■■ 저자 소개

Alison L. Antes

오클라호마대학교 산업 및 조직심리학과 박사과정 수료

Jay J. Caughron

오클라호마대학교 산업 및 조직심리학과 박사과정 수료

Jamie D. Barrett, BA

오클라호마대학교 산업 및 조직심리학과

Tamara L. Friedrich

오클라호마대학교 산업 및 조직심리학과 박사과정 수료

Cheryl K. Beeler

오클라호마대학교 산업 및 조직심리학과 박사과정 수료

Amanda S. Shipman, MS

오클라호마대학교 산업 및 조직심리학과

Cristina L. Byrne, MS

오클라호마대학교 산업 및 조직심리학과

William B. Vessey, BA

오클라호마대학교 산업 및 조직심리학과

■■■■■ 역자에 대하여

김정희 journey@hongik.ac.kr

이화여자대학교 영어영문학과 졸업
이화여자대학교 교육대학원, M.Ed. (교육심리학 전공)
University of Southern California, Ph.D. (교육심리학 전공)
현재 홍익대학교 교육대학원 교육심리전공 부교수

연구 및 관심분야
창의성, 지능, 천재, 동기, 리더십

저서 및 역서
창의성 101(역), 창의성을 부르는 심리학(역), 창의성 이론과
주제(공역), IQ 검사 101(공역), 지혜 지능 그리고 창의성의 종합
(역), 지능과 능력(역), 천재 101(역), 영재성의 개념과 이론(공
역), 영재교육의 주요 이슈와 실제(공역), 영재교육과정 연구(공
역), 예술 · 음악 영재학생(공역), 인간의 동기(공역), 교육심리
학 이론과 실제(공역), 교수학습의 이론과 실제(공역), 교육과정
및 교수학습 이론과 실제(공저) 등